제1권

국경을 넘나드는 상속과 세금

Cross-Border Estates & Taxation at Death

김시현 변호사 (캐나다, 미국)
김준식 세무사 (대한민국)

박영사

추천의 글

글로벌의 상속과 세금 문제는 더 이상 한 나라의 제도만 이해해서는 해결할 수 없는 복합적 과제가 되었습니다. 해외에 거주하는 가족, 여러 국가에 분산된 자산, 서로 다른 과세 방식이 맞물리며 예상치 못한 세 부담과 법적 분쟁이 빈번하게 발생하고 있습니다.

이러한 시대적 요구 속에서 김준식 세무사와 김시현 변호사가 함께 집필한 제1권 「국경을 넘나드는 상속과 세금」 그리고 「국경을 넘나드는 유언장 작성과 집행」 제2권은 그 의미와 필요성이 매우 크다고 하겠습니다.

두 저자는 오랜 실무경험과 다양한 국제 사례를 바탕으로 국가마다 상속 시점의 과세 방식이 어떻게 다른지, 이중과세가 어떤 구조로 발생하는지, 이를 예방하기 위해 어떤 사전 준비가 필요한지를 독자가 명확히 이해할 수 있도록 정교하게 안내하고 있습니다. 유언장 작성, 상속재산 분할협의서, 여러 나라의 상속 절차와 아포스티유 인증 등 실무적으로 반드시 알아야 할 절차를 구체적으로 소개한 점은 매우 실용적으로 높이 평가할 만합니다.

각국의 유언 제도와 신탁 구조, 국제사법이 작동하는 해외 자산의 보고 의무 등 전문적 지식이 요구되는 분야를 체계적으로 풀어내어 글로벌 시대의 상속 계획을 어떻게 설계해야 하는지 실질적 방향을 제시합니다. 사전에 필요한 정보를 확보하고 국가별 제도를 정확히 이해하며 가족 간 분쟁을 예방하기 위한 전략을 미리 세우는 것이 얼마나 중요한지를 강조한 점은 현장 전문가로서 크게 공감되는 부분입니다.

무엇보다 본 저서에서 강조하듯이 한국의 상속세와 캐나다의 간주처분 양도소득세(유산)는 법적 성격이 달라 외국납부세액공제를 적용할 수 없다는 사실은 해외 자산을 보유한 납세자들에게 반드시 필요한 경고이자 핵심 정보입니다.

아울러 캐나다-미국 조세조약은 비거주 외국인에게도 폭넓은 공제혜택을 부여하지만, 한국-미국 조세조약에는 이러한 규정이 없어 제도적 불균형이 존재한다는 지적은 앞으로 우리나라 조세정책이 풀어가야 할 중요한 과제임을 다시 한 번 일깨워줍니다. 이 책이 던지는 이러한 메시지는 실무뿐 아니라 정책적 논의에도 시사점이 매우 크다고 하겠습니다.

저는 이 두 권의 책이 단순한 상속·세무 해설서가 아니라 국경을 넘는 세대와 가족을 잇는 '준비의 지혜'를 담은 실천적 지침서라고 생각합니다. 많은 국민과 전문가들이 본 저서를 통해 글로벌 환경 속에서 현명하게 미래를 설계하고, 소중한 유산을 안전하게 다음 세대로 이어가는 데 큰 도움이 되기를 기대합니다.

두 저자의 정성과 헌신에 깊이 감사드리며, 이 책이 널리 읽혀 국제 상속·세무 분야의 올바른 이해를 넓히는 데 중요한 역할을 진심으로 응원합니다.

2026년 1월

한국세무사회 회장

구재이

추천의 글

글로벌 자산 시대를 위한 명쾌한 상속 전략서

오늘날 자산은 국경을 쉽게 넘나들고 있습니다. 가족 구성원과 자산이 여러 국가에 분산되어 있는 '글로벌 시대'의 상속 문제는 더 이상 일부 특권층만의 고민이 아닙니다. 그러나 개인의 사망 시 국가별로 상속자산에 대한 과세 방식이 달라 발생하는 이중과세 문제와 복잡한 상속 승계 방식은 많은 이들에게 혼란을 주고 있습니다.

이러한 시대적 요구에 응답하여 김준식 세무사와 김시현 변호사 두 분이 오랜 실무 경험과 통찰을 모아 이 책을 출간했습니다. 저자들은 독자들이 여러 나라의 과세 방식을 명확하게 이해하고, 이를 바탕으로 소중한 유산을 지키는 '절세 전략'을 세울 수 있도록 실질적인 지침을 제공합니다.

특히 이 책은 국경을 넘는 지혜와 세대를 잇는 마음으로 미리 상속을 준비하는 것의 중요성을 강조합니다. 단순히 법률과 세금 지식을 나열하는 데 그치지 않고, 독자들이 복잡한 글로벌 상속 환경 속에서 '어떻게 유산을 보전하고 현명하게 승계할 것인가'라는 핵심 질문에 답하고 있습니다.

또한 이 책은 법률적 리스크를 사전에 제거하고, 피상속인의 진정한 뜻이 실현될 수 있도록 국제적인 시각에서 증여, 상속, 유언장 작성, 신탁(Trust) 활용 등 다양한 법률적 도구를 민법과 세무적인 관점에서 승계 구조를 잡는 방법을 명쾌하게 설명합니다.

결론적으로 이 책은 '미리 준비하는 것'의 중요성을 일깨웁니다. 복잡한 국제 상속 문제로 고민하는 분들에게 이 책이 복잡하게 얽힌 국제 상속 문제의 실타래를 풀어줄 가장 명쾌하고 실용적인 나침반이 될 것이라 확신합니다.

저는 세무는 물론 사업자와 개인들을 위하는 컨설팅 전문세무사로서 국경을 초월하여 상속을 준비하는 모든 분께 이 책을 강력히 추천합니다. 통찰력과 실무 경험이 녹아있는 귀한 저서 출간에 축하의 말씀을 전합니다.

2026년 1월

한국세무사회 회장(2019~2023)

원 경 희

서문: 국경을 넘어 마음을 잇는 마지막 준비

오늘날 많은 한인 가정의 삶은 한국, 미국, 캐나다 등 여러 국가에 걸쳐 있습니다. 자녀가 해외 유학 후 현지에 정착하기도 하고, 더 나은 미래를 위해 이민을 가기도 하며, 은퇴 후에는 편안한 노후를 위해 여러 나라에 투자 자산을 보유하기도 합니다. 이처럼 가족과 자산이 여러 국가에 흩어져 있는 경우, 다음 세대에게 자산을 안전하게 물려주기 위해서는 국경을 넘나드는 상속 계획(Cross-Border Estate Planning)이 필요합니다.

상속 계획은 단순히 재산을 어떻게 나누고 세금을 어떻게 줄일지 고민하는 것에 그치지 않습니다. 그것은 평생을 살아오며 깨달은 삶의 의미를 되돌아보고 사랑하는 이들에게 마지막으로 전할 말을 생각해 보는 깊은 성찰의 시간이기도 합니다. 가족과의 따뜻했던 추억, 우리가 속했던 사회와 국가에 대한 감사, 그리고 지금까지 나에게 주어졌던 아름다운 시간에 대한 감사한 마음을 담아내는 과정입니다.

그러나 이렇게 소중한 마음을 담아 준비한 상속 계획이라 할지라도, 국경이라는 현실의 벽 앞에서는 그 진심이 전달되지 못하는 상황이 발생하곤 합니다. 각 나라의 상속법과 세금 제도가 다르며, 법률 용어의 해석마저 달라 자칫 잘못하면 동일한 상속재산에 대해 이중으로 과세될 위험이 있습니다.

전 세계적으로 사망 시 상속재산에 대한 과세 방식은 다양합니다. 캐나다처럼 사망 시 자본 자산을 공정시장가치로 처분한 것으로 간주하여 양도소득세를 부과하는 방식이 있는가 하면, 미국이나 한국처럼 고인의 순자산 가치에 상속세를 부과하는 방식도 있습니다. 여기에 더해 프랑스처럼 상속인이 재산을 받은 만큼 세금을 내는 국가들도 존재합니다.

이렇게 서로 다른 과세 방식은 피상속인 또는 상속인에게 '이중 과세(Double Taxation)'라는 위험으로 다가올 수 있습니다. 가령, 캐나다 거주자가 미국 부동산을 보유한 상태에서 사망하여 프랑스에 거주하는 자녀에게 상속을 했을 경우, 캐나다에서는 양도소득세, 미국에서는 상속세, 프랑스에서는 승계세가 발생할 수 있습니다. 이러한 이중 과세 위험은 우리가 상속 계획을 준비할 때, 단순히 한 국가의 법령에만 집중할 수 없음을 보여줍니다.

많은 분들이 각 나라의 세금 제도에 대해 막연한 인식을 가지고 계십니다. 예를 들어, 한국은 상속세율이 높아 부담이 크다는 인식이 널리 퍼져 있습니다. 반면 캐나다는 '상속세가 없다'는 말 때문에 세금 걱정이 전혀 없을 것이라고 오해하기도 합니다. 미국 역시 높은 연방 상속세 면제 한도 때문에 대부분의 사람에게는 해당 사항이 없을 것이라고 생각하기 쉽습니다.

하지만 현실은 훨씬 복잡합니다. 각국의 과세 범위와 공제 혜택은 고인의 거주지(Residency), 그리고 미국의 경우 시민권(Citizenship) 보유 여부에 따라 극명하게 달라지기 때문입니다. 예를 들어, 한국 거주자는 전 세계 자산에 대해 상속세가 부과되지만 비거주자는 한국 내 자산에 대해서만 과세되며 공제 혜택도 크게 줄어듭니다. 캐나다는 거주자의 전 세계 자본 자산(Capital Property)에 대해 사망 시 양도소득세를 부과하지만, 비거주자에게는 캐나다 내 특정 자산(Taxable Canadian Property)에 대해서만 과세하되 가장 중요한 '배우자 세금 이연(Spousal Rollover)' 혜택을 제공하지 않아 사망 시 막대한 세금이 즉시 부과될 수 있습니다.

미국은 시민권자나 거주자에게는 전 세계 자산에 대해 높은 면제 한도를 제공하지만, 비거주 외국인에게는 미국 소재 자산(U.S. Situs Assets)에 대해서만 과세하되 면제 한도가 매우 낮아 상당한 금액의 상속세가 발생할 수 있습니다. 이처럼 세법상 거주자 신분 판정과 그에 따른 규정의 차이를 정확히 이해하지 못하면 불완전한 상속 계획으로 이어져 예상치 못한 세금 부담으로 이어질 수 있습니다.

이 책은 국경을 넘나드는 상속 계획을 준비하는 여러분의 진심이 법적·세무적 어려움에 부딪히지 않도록 돕기 위한 안내서입니다. 한국과 캐나다, 그리고 미국을 오가는 다양한 사례들을 바탕으로, 국제 상속 계획 시 반드시 짚고 넘어가야 할 핵심 개념과 세법 이슈들을 자세하게 설명합니다. 이 책에 등장하는 인물들은 가상이지만, 각각의 사연은 우리가 실제로 마주할 수 있는 현실적인 고민들을 담고 있습니다.

부디 이 책이 독자 여러분의 소중한 유산을 다음 세대로 안전하게 이어가는 데 큰 도움이 되기를 바랍니다.

감사합니다.

2026년 1월

김시현 변호사 (캐나다, 미국)

김준식 세무사 (대한민국)

차례

01 Part 국경을 넘나드는 상속과 세금

Cross-Border Estates & Taxation at Death

PART 01

국경을 넘나드는
상속과 세금

국경을 넘나드는 상속 계획은 각 국가 간의 서로 다른 세금 제도를 이해하는 것부터 시작됩니다.

한국은 피상속인의 총 상속재산가액을 기준으로 상속세를 부과합니다. 세율은 각종 공제를 차감한 후 산출된 과세표준을 기준으로, 30억 원 초과 시 50%입니다. 과세 범위는 한국 거주자일 경우, 전 세계 자산입니다. 한국은 과세표준을 계산할 때 상속개시일 전 10년 이내에 상속인에게 증여한 재산까지 포함됩니다. 상속세는 상속인들이 연대 납부합니다.

미국은 피상속인의 총 유산(Gross Estate)과 조정된 과세 대상 증여재산(Adjusted Taxable Gifts)의 합계가 '기본 면제액 한도(Basic Exclusion Amount)'인 15,000,000 USD(2026년 기준)을 초과하는 경우에만 연방 상속세(Federal Estate Tax)를 신고 및 납부합니다. 세율은 과세표준 기준으로 $1,000,000 초과 시 40%입니다. 과세 범위는 미국 시민권자 또는 거주자일 경우, 전 세계 자산입니다.

미국은 한국과 달리 총 유산의 가치가 기본 면제액 한도 미만일 경우, 상속세를 신고할 필요가 없습니다. 다만, 특정 주(州)에서는 주정부 차원의 상속세(State Estate Tax)가 부과될 수 있음으로 해당 주의 면제 한도를 확인한 후 최종 상속세 신고 여부를 결정해야 합니다. 상속세는 유산의 집행자(Executor)가 유산의 재산으로 납부합니다.

캐나다는 상속세가 없습니다. 대신, 피상속인이 사망 당시 보유하고 있던 전 세계 자본 자산(Capital Property)을 사망 직전 공정시장가치(Fair Market Value)로 처분한 것으로 간주하여 양도소득세(Capital Gains Tax)를 부과합니다. 일반적으로 양도소득의 50%만 과세소득에 포함됨으로 여기에 피상속인의 개인 한계세율(Individual Marginal Tax Rate)을 곱해 양도소득세를 산출합니다. 2025년 기준, 최고 한계세율은 BC주 거주자일 경우 53.50%, Ontario주 거주자일 경우 46.16%입니다. 양도소득세는 유산 집행자(Executor)가 피상속인의 최종 소득세 신고서(Terminal Tax Return)에 반영하여 납부합니다.

한국, 미국, 캐나다는 서로 이중 과세(Double Taxation)를 방지하기 위해 조세조약(Tax Treaty)을 체결하고 있습니다. 사망 시 이중 과세가 발생할 수 있는 이유는 피상속인의 거주지(Residency) 또는 국적(Citizenship)에 따라 전 세계 자산이 과세 대상에 포함될 수 있기 때문입니다. 다만, 상속재산과 관련해서는, 미국-캐나다 조세조약을 제외하고는 이중 과세를 방지하는 규정이 없습니다.

따라서, 동일한 자산에 대해 한국에서 납부한 상속세를 캐나다에서 외국납부세액공제(Foreign Tax Credit)로 인정받을 수 없습니다. 마찬가지로, 캐나다에서 납부한 양도소득세를 한국에서 세액공제로 혜택 받을 수 없습니다. 이는 한국-캐나다 조세조약상 두 세금의 법적 성격이 서로 다르기 때문입니다. 캐나다의 양도소득세는 '소득(Income)'에 대한 세금인 반면, 한국의 상속세는 '재산의 이전에 대한 세금(Wealth Transfer Tax)'이기 때문입니다. 결과적으로, 동일한 자산에 대해 양국에 각각 다른 종류의 세금을 납부해야 하는 이중 과세가 발생하는 것입니다.

한국과 미국의 상황은 조금 다릅니다. 한국의 상속세(Inheritance

Tax)와 미국의 상속세(Estate Tax)는 상속재산액을 기준으로 과세한다는 점에서 동일한 법적 성격을 갖고 있습니다. 그럼에도 불구하고 한국-미국 조세조약은 상속과 관련하여 이중 과세 방지 규정을 갖고 있지 않습니다. 이는 미국이 캐나다, 영국, 독일, 프랑스 등 소수의 국가와만 상속세 관련 조약을 맺고 있기 때문입니다.

하지만, 실무적으로 미국의 높은 기본 면제액 한도 덕분에 외국납부세액공제가 애초부터 필요 없거나 발생하지 않을 가능성이 높습니다. 따라서, 많은 한국 거주 미국 시민권자에게는 한국 상속세가 주된 납세 의무가 될 것입니다.

제1부에서는 각국의 상속세 규정을 살펴봅니다.

제1장에서는 '다중 유언장(Multiple Wills)' 전략을 소개합니다. 이는 각 국가에 위치한 자산을 기준으로 별도의 유언장을 작성하는 방법으로, 어느 나라의 유언 집행자가 어느 국가의 자산을 사용해 해당 국가의 상속세를 납부할 것인지를 사전에 설정하는 방식입니다. 여기서 주의해야 할 점은, 여러 개의 유언장이 존재하더라도 캐나다와 미국 세법상 고인의 상속재산은 항상 '하나의 유산(One Estate)'으로 간주되기 때문에 한국 상속세를 납부하기 위해 유언 집행자가 아닌 상속인들이 개인 현금을 사용해 납부할 경우, 유산에게만 주어지는 여러 세제 혜택을 상실할 수 있습니다.

제2장에서는 상속법과 상속세의 적용 범위를 결정하는 '본적지(Domicile)'와 '거주지(Residence)'의 개념을 살펴봅니다. 한국, 미국, 캐나다, 그리고 유럽연합은 이 개념들을 각기 다르게 정의하고 있

습니다. 여러 국가에 거주 이력이 있거나 자산을 보유하고 있을 경우, 사망 당시 고인의 본적지와 거주지 판단은 어느 나라의 상속법이 어느 자산에 적용되고 전 세계 자산이 상속세 과세 대상이 되는지 여부를 결정합니다.

제3장에서는 캐나다 부동산을 보유한 분들을 위해 캐나다 최고의 절세 혜택인 '주 거주지 면제(Principal Residence Exemption)'를 소개합니다. 특히, 상속인이 한국에 거주할 경우 발생할 수 있는 특별한 행정 절차와 외국인 부동산 취득세 및 공실세를 상세히 다룹니다.

제4장에서는 검인 수수료(Probate Fee) 절감을 위해 캐나다에서 흔히 사용되는 '공동 명의(Joint Tenancy)'의 위험성을 분석합니다. 한국의 공유 개념과 달리 캐나다의 공동 명의는 생존자 우선권(Right of Survivorship)을 부여하여 사망 시 검인 절차 없이 생존자에게 소유권이 자동으로 이전됩니다. 다만, 캐나다 대법원은 Pecore v. Pecore, 2007 SCC 17 판례를 통해 부모가 성인 자녀에게 아무런 대가 없이 부동산을 공동 명의로 변경할 경우, 명확한 증여 의도가 동반되지 않으면 법원은 생존자 우선권이 없는 단순한 '환원 신탁(Resulting Trust)'으로 추정할 수 있다고 확립한 바 있습니다.

제5장에서는 한국과 캐나다 양쪽에 자산을 보유한 경우 발생할 수 있는 이중 과세 위험을 다룹니다. 캐나다는 사망 시 양도소득세를, 한국은 상속세를 부과하지만, 두 세금의 법적 성격이 달라 외국납부세액공제 혜택을 받을 수 없습니다. 이 장에서는 한국-캐나다 조세조약의 한계를 보여줍니다.

제6장에서는 캐나다 또는 한국 거주자가 미국 부동산이나 주식을 보유한 경우 발생할 수 있는 미국 상속세 및 증여세 문제를 다룹니다. 미국 시민권자 및 거주자와는 달리, '비거주 외국인(Non-Resident Non-Citizen)'에게는 60,000 USD라는 매우 낮은 면제 한도가 적용됩니다. 따라서, 비거주 외국인이 사망 시 보유한 미국 소재 자산(U.S. Situs Assets)의 총 가치가 $60,000를 초과한다면 미국 연방 상속세를 신고 및 납부해야 합니다. 아울러, 이번 장에서는 캐나다-미국 조세조약과 한국-미국 조세조약을 비교 분석하여, 동일한 미국 자산을 두고 거주 국가에 따라 상속세 금액이 얼마나 달라지는지 구체적으로 살펴봅니다.

제7장에서는 상속인이 미국 시민권자이거나 미국 거주자인 경우 발생할 수 있는 여러 보고 의무(Form 3520, FBAR, FATCA 등)를 다룹니다. 또한 캐나다 거주 피상속인이 미국 거주 자녀를 유언 집행자로 지정할 경우, 유산(Estate)의 거주지가 미국으로 변경될 가능성을 살펴봅니다. 이는 한국법에는 없는 개념으로 유언 집행자 선정 시 집행자의 의사결정 장소가 해외로 판정되지 않도록 주의해야 합니다.

제8장과 **제9장**에서는 캐나다 거주자가 한국 부모로부터 재산을 상속받는 과정을 단계별로 설명합니다. 제8장은 한국 부동산을 상속받기 위한 절차와 구비 서류가 무엇인지 소개합니다. 제9장은 부동산 매각 대금을 해외로 반출하기 위해서는 무엇이 필요한지 설명합니다.

제10장에서는 역이민한 한국 거주자가 캐나다 부동산을 보유한 상태로 한국에서 사망할 경우, 양국에서 밟아야 하는 상속 절차가 어떻

게 진행되는지 설명합니다.

제11장에서는 한국에서 은퇴를 꿈꾸는 미국 시민권자의 한국 정착 여정을 소개합니다. 특히, 한국 거소증을 신청하는 과정에서 미국 여권과 부동산 등기부등본에 기재된 영문 이름과 한국 거소증에 기재될 영문·국문 성명이 모두 일치해야 한다는 점을 강조합니다.

마지막으로, **제12장**에서는 캐나다, 미국, 한국의 연금 제도를 비교 분석합니다. 특히, 해외에서 각 국가의 공적연금을 수령할 수 있는지 여부와 과세 방법에 대해서 알아봅니다.

이처럼 제1부에서는 국경을 넘나드는 상속 계획에 반드시 필요한 각 국가의 상속세 규정들을 다양한 사례들을 통해 알아봅니다.

사례 1

미국에 자녀를 둔 글로벌 자산 보유 부부 (The Couple with a Child in the US and Global Assets)

60대 후반의 김씨 부부는 캐나다 밴쿠버에 거주하고 있습니다. 부부의 주요 자산은 BC주에 있는 주택과 미국 투자 자산입니다. 하지만 막내 자녀는 미국 시애틀에서 거주하고 있으며, 부부는 한국 제주도에도 작은 휴가용 콘도를 소유하고 있습니다. 이들은 캐나다, 미국, 한국 세 국가에 걸친 모든 재산 분배를 체계적으로 조율하여 세금 및 법적 절차를 최소화하기를 원합니다.

CHAPTER 01 국경을 넘나드는 우리 가족의 재산, 어떻게 지킬까?

김씨 부부의 고민: 평화로운 노후, 안개 속의 유산

어느 화요일 아침, 캐나다 밴쿠버의 자택 거실에서 김씨 부부는 아름답게 펼쳐진 산과 바다를 바라보며 커피를 마시고 있었습니다. 평생의 노력으로 이룬 안락한 집, 성공적으로 자리 잡은 자녀들, 모든 것이 평화로워 보였습니다. 하지만 60대 후반에 접어든 부부의 마음속에는 안개처럼 불확실한 고민이 자리 잡고 있었습니다.

"여보, 우리가 평생 일군 재산들 말이에요. 나중에 아이들한테 제대로 전달될 수 있을까요?" 김 여사가 조심스럽게 말문을 열었습니다.

남편 김 씨는 신문을 내려놓으며 한숨을 쉬었습니다.

"나도 그게 계속 마음에 걸렸소. 여기 밴쿠버 집이야 그렇다 쳐도, 시애틀에서 자리 잡은 우리 아들 몫은 미국법을 따라야 할 테고, 우리가 휴가 때마다 가는 제주도 콘도는 또 한국법을 따라야 할 텐데… 생각만 해도 머리가 지끈거리네."

"맞아요. 세금은 세금대로 걱정이고, 절차가 복잡해서 아이들이 고생할까 봐 염려돼요. 우리가 남겨준 재산이 짐이 되면 어떡하죠?"

김씨 부부의 고민은 오늘날 국경을 넘나드는 삶을 사는 많은 한인 가정의 현실적인 걱정거리입니다. 캐나다, 미국, 한국이라는 세 개의 다른 **관할권(Jurisdiction)**에 흩어져 있는 자산을 어떻게 하면 자녀들에게 가장 효율적이고 순조롭게 물려줄 수 있을까요? 세금은 최소화하고 법적 분쟁은 피할 수 있을까요?

이것이 바로 김씨 부부가, 그리고 이 책을 읽는 많은 독자분들이 마주한 중요한 과제입니다. 이번 장에서는 이렇게 복잡한 상황에 처한 분들을 위한 가장 기본적이면서도 핵심적인 전략, **다중 유언장(Multiple Wills)**에 대해 설명 드리고자 합니다.

하나의 유언장으로 모든 것을 해결할 수 있을까요?

김씨 부부처럼 여러 국가에 자산을 보유한 경우, 단 하나의 유언장에만 의존하는 데는 한계가 있을 수 있습니다.

각국의 상속법이 서로 다르기 때문에 하나의 유언장으로는 집행 과정에서 예상치 못한 결과가 발생할 수 있습니다. 예를 들어, 사망 당시 캐나다에 거주하였지만 유언 작성자의 본적지(Domicile)가 한국으로 판정될 경우, 한국의 유류분(Forced Heirship) 제도가 캐나다에서 작성된 유언장에 적용될 수 있어 유언 내용과 무관하게 특정 상속인에게 캐나다 자산의 일부가 돌아갈 수 있습니다.

이러한 위험을 줄이기 위해서는, 각 관할권의 법률에 맞춰 여러 개의 유언장을 작성하는 다중 유언장(Multiple Wills) 전략을 고려할 수 있습니다.

다중 유언장 전략이란?

다중 유언장 전략은 자산이 위치한 각 국가의 법률에 맞춰 별도의 유언장을 작성하는 것을 말합니다. 예를 들어, 김씨 부부는 캐나다 BC주 자산을 위한 유언장, 미국 거주 아들에게 상속될 미국 자산을 위한 유언장, 그리고 한국 제주도 콘도를 위한 유언장을 각각 준비할 수 있습니다.

왜 다중 유언장이 현명한 선택일까요?

다중 유언장 전략은 국경 간 상속 계획(Cross-Border Estate Planning)을 적극적으로 관리하고 최적화할 수 있다는 장점이 있습니다.

우선, 여러 국가에 자산을 보유하고 있다면 각 국가의 법과 언어에 맞는 유언장을 작성하여 서로 다른 법학 용어의 해석으로 인한 혼란과 상속 분쟁을 막을 수 있습니다.

대표적인 사례로 '배우자(Spouse)'의 정의를 들 수 있습니다. 한국 민법과 달리 캐나다 BC주의 Wills, Estates and Succession Act(WESA)는 사망 직전 2년 이상 동거한 사실혼 배우자도 법정 상속인으로 인정합니다. 이 때문에 고인이 갑작스러운 사고로 사망하거나, 말년에 간병인과 사실혼 관계를 형성한 상태에서 사망하는 경우, 당시 법적 배우자와 헤어졌지만 아직 이혼이 확정되지 않은 상태였다면 사실혼 배우자에게도 상속권이 인정될 수 있습니다. 그 결과 두 명의 배우자가 상속인으로 남는 상황이 발생할 수도 있습니다.

하지만 만약 한국과 BC주에 각각 별도의 유언장을 마련해 두었다면, 한국 유언장에는 한국법이 적용되었을 겁니다. 그 결과, 사실혼 배우자는 한국 내 부동산에 대해서는 유류분을 포함한 어떠한 상속권도 주장할 수 없게 됩니다. 이처럼 다중 유언장 전략은 각 국가마다 다른 용어 해석으로 발생할 수 있는 분쟁을 사전에 효과적으로 방지해 주는 장점이 있습니다.

둘째, 각 국가마다 유언장을 작성하면 자산을 보다 신속하고 효율적으로 관리할 수 있습니다. 단일 유언장을 사용할 경우, 한국에 있는 재산을 처리하기 위해 먼저 캐나다에서 유언 검인증서(Grant of Probate)를 받은 뒤, 그 결과를 번역하고 아포스티유(Apostille) 인증을 거친 후, 상황에 따라 한국 법원에서 추가 승인을 받아야 합니다. 반면, 다중 유언장을 활용하면 각 국가에서 독립적으로 절차를 진행할 수 있어 전체 비용과 시간을 절약할 수 있습니다.

셋째, 자산 정보의 기밀 유지가 가능합니다. 각 유언장에는 해당 관할권의 자산만 기재되므로, 유언자의 전 세계 자산 현황이 불필요하게 여러 국가에 공개되는 것을 막아 사생활을 보호할 수 있습니다.

마지막으로, 각 유언장에 적용될 준거법(Governing Law)을 명확히 지정할 수 있어 때로는 유류분과 같은 강행 규정의 적용을 피할 수 있습니다(예: 유럽연합 상속 규정).

다중 유언장 전략, 신중해야 할 점은 무엇일까요?

물론, 다중 유언장 전략에도 단점은 존재합니다. 철저한 계획 없이 진행하면 오히려 예측하지 못한 문제가 발생할 수 있습니다.

가장 흔한 실수는, 새로 작성한 유언장이 과거에 다른 국가에서 작성한 유언장을 의도치 않게 철회하는 것입니다. 대부분의 유언장에는 "이전의 모든 유언을 철회한다"는 문구가 담겨 있습니다.

캐나다 온타리오주 고등법원 판례 Corbin v. The Shepherds' Trust, 2024 ONSC 4402에서는, 고인의 온타리오 유언장에 담긴 '일반적 철회 조항(General Revocation Clause)'이 의도치 않게 이전 이탈리아 유언장까지 철회하는 문제가 발생했습니다. 법원은 온타리오 유언장에 이탈리아 소재 부동산을 처분하는 잔여재산(Residue) 조항이 포함되어 있지 않다는 점을 근거로 '부분적 무유언 상속(Partial Intestacy)'이 발생했다고 보았습니다. 그 결과, 이탈리아 소재 부동산은 이탈리아의 무유언 상속 규정에 따라 분배되어야 한다고 판결했습니다.

한국 민법 역시 명시적 철회 조항이 없더라도, 전후의 유언이 저촉되거나 유언후의 생전행위가 유언과 저촉되는 경우, 저촉된 부분의 유언은 철회된 것으로 본다고 명시하고 있습니다 (민법 제1109조). 여기서 궁금한 점은, 한국에서 유언장을 작성한 후 캐나다나 미국으로 이민 가 새로운 유언장을 작성했을 때 한국 법원이 한국 유언장을 모두 철회한 것으로 볼지 여부입니다.

한국 민법 제1108조는 '유언자는 언제든지 유언 또는 생전행위로써 유언의 전부나 일부를 철회할 수 있다'고 규정하고 있습니다. 그러나 해외 유언장이 한국 유언장을 명시적으로 철회하지 않았고, 한국 내 자산에 대한 구체적인 처분 내용도 포함하고 있지 않았다면, 이를 어떻게 해석할지에 대해서는 여전히 불투명합니다.

또한, 설령 한국 유언장이 전부 철회된 것으로 판단되더라도, 캐나다나 미국 유언장에 담긴 잔여재산(Residue) 처분 조항만으로 한국 부동산을 원활하게 처분할 수 있을지는 아직 확실하지 않아, 법적 해석의 여지가 존재합니다.

이와 별개로, 한국 법원이 해외에서 작성된 유언장과 관련하여 재판 관할권(Territorial Competence)을 가질지는 또 다른 문제입니다. 다만 부동산(Immovable)에 관해서는 일반적으로 해당 부동산이 소재한 국가의 법원이 배타적 관할권(Exclusive Jurisdiction)을 가지므로, 한국 부동산의 처분과 관련한 사안이라면 한국 법원이 한국 유언장과 해외 유언장을 모두 검토하여 판단할 가능성이 높습니다(한국 국제사법 제76조).

이러한 불확실성을 해소하려면, 각 국가에서 작성한 유언장들이 서로 의도치 않게 철회하지 않도록 철회 조항의 적용 범위를 해당 관할권으로 명확히 제한하는 것이 중요합니다. 즉, 각 유언장에 "이 유언장은 오직 [해당 국가] 내 자산에만 적용되며, 다른 국가의 자산을 대상으로 한 유언장의 효력에는 영향을 미치지 않는다"는 내용을 명시해야 합니다. 이는 다중 유언장 전략에서 가장 핵심적이고 주의가 필요한 부분입니다.

둘째, 다중 유언장 전략에는 채무와 세금 부담 주체를 명확히 지정하는 것이 필수적입니다. 유언자가 사망하면 재산뿐만 아니라 채무와 세금도 남기 때문입니다. 특히 피상속인의 거주지 판정에 따라 전 세계 자산에 대해 한국에서는 상속세(Inheritance Tax)를, 캐나다에서는 사망 시 간주 처분으로 발생하는 양도소득세(Capital Gains Tax)를, 그리고 미국에서는 유산세(Estate Tax)를 신고하고 납부해야 합니다.

중요한 점은, 여러 개의 유언장이 존재하더라도 캐나다와 미국 세법상 고인의 상속재산은 항상 '하나의 유산(One Estate)'으로 간주된다는 사실입니다. 따라서 각 유언장에는 어느 나라의 유언 집행자가 어느 국가의 자산을 사용해 해당 국가의 상속세, 양도소득세 또는 유산세를 납부할 것인지를 명확히 기재하는 것이 중요합니다.

일반적으로 유언자의 '본적지(Domicile)' 또는 '주 거주지(Primary Residency)'에서 작성된 유언장이 전체 유산을 총괄하는 역할을 맡게 됩니다. 그리고 각국의 유언 집행자들은 필요한 현금을 확보하고, 국가별 은행 계좌를 개설하며, 관련 서류를 준비하고, 현지 전문가를 선임하는 등의 절차를 거쳐 모든 세금과 채무가 각국의 법령에 따라 정확하고 제때 처리될 수 있도록 긴밀히 소통하고 조율합니다.

마지막으로, 유언 집행자의 권한 범위에 대한 문제입니다. 예를 들어, 여러 유언장에 동일한 유언 집행자를 지정한 경우, 캐나다 BC주에서 적법하게 검인(Probate)을 받은 집행자라 하더라도 한국 내 자산을 처분하려면 법적 상속인들로부터 별도의 위임장(Power of Attorney)을 받아야 할 수도 있습니다.

반대로, 한국 유언장에서 임명된 유언 집행자가 캐나다 BC주 내 자산을 처분하려면, BC주 법원에 '보조 유언 검인증서(Ancillary Grant)'를 신청해 해당 관할권에서의 집행 권한을 추가로 인정받아야 합니다.

따라서 다중 유언장 전략을 활용할 때에는 각 국가의 유언장마다 해당 국가에 거주하는 유언 집행자를 지정하는 것이 가장 바람직합니다. 다만, 유언 집행자의 거주지 판단에 따라 유산(Estate)의 세법상 거주지(Residency)가 달라질 수 있으므로, 유언 집행자를 선정할 때는 집행자의 의사결정 장소가 해외(예: 한국)로 판정되지 않도록 주의해야 합니다.

캐나다 내에서도 유언장이 여러 개 필요할 때: '이중 유언장' 전략

지금까지는 국가 간의 문제에 초점을 맞췄습니다. 그런데 김씨 부부처럼 BC주 내에 다양한 자산을 보유한 경우, BC주 안에서만 적용되는 또 다른 형태의 다중 유언장 전략을 활용할 수 있습니다. 이는 바로 유언 검인 수수료(Probate Fees) 절감을 목적으로 하는 **이중 유언장(Dual Wills)** 전략입니다.

이중 유언장 전략이란?

캐나다 BC주에서는 유언 검인(Probate) 절차를 밟을 때 유산 가치에 비례하여 약 1.4%의 수수료를 부과합니다. 이중 유언장 전략은 BC주 내의 자산을 두 그룹으로 나누어 두 개의 유언장을 작성하는 것을 말합니다. '주요 유언장(Primary Will)'은 부동산, 은행 계좌처럼 유언 검인이 반드시 필요한 자산을 다루며, '보조 유언장(Secondary Will)'은 개인적으로 소유한 비상장 회사 주식, 미술품, 보석 등 유언 검인이 필요 없는 자산을 다룹니다. 이 전략의 핵심은 유언 검인을 받는 주요 유언장의 자산 가치를 최소화하여 수수료를 절감하는 것입니다.

이 전략은 BC주에서도 그 유효성이 확인되었고(Re Berkner Estate, 2017 BCSC 619), 성공적인 실행을 위해서는 몇 가지 조건을 충족해야 합니다.

첫째, BC주의 Wills, Estates and Succession Act (WESA) Section 122 규정에 따라, 두 유언장의 유언 집행자를 '서로 다른 사람'으로 지정해야 합니다. 이 조항은 유언 검인을 신청하는 집행자가 '유언 집행자로서의 자격으로 관리하는' 모든 자산을 공개하도록 요구합니다. 만약 동일 인물이 두 유언장의 집행자라면, 법원은 보조 유언장의 자산까지 포함하여 검인 수수료를 부과할 수 있어 전략의 본래 목적이 무의미해질 수 있습니다.

둘째, BC주에서 보조 유언장에 포함된 자산은 언제든지 유언 변경 청구(Wills Variation Claim)의 대상이 될 수 있다는 사실을 염두에 두어야 합니다. WESA Section 61는 유언 변경 청구는 반드시 유언 검인증서(Grant of Probate) 발급일로부터 180일 이내에 제기되어야 한다고 규정하고 있습니다. 그러나 보조 유언장은 유언 검인 절차를 거치지 않기 때문에, 이 180일의 소멸시효가 개시되지 않아, 해당 자산은 잠재적으로 무기한 법적 분쟁에 노출될 수 있습니다.

셋째, 보조 유언장(Secondary Will)의 유언 집행자는 집행 과정에서 실무적인 어려움을 겪을 수 있습니다. 예를 들어, 보조 유언장에 따른 자산을 관리하기 위해 은행 계좌를 개설하려고 할 때, 유언 검인증서(Grant of Probate)가 없다는 이유로 절차가 지연되거나 거절될 수 있습니다. 이는 보조 유언장에 포함된 비상장 회사 주식의 배당금이나 매각대금과 같은 수익을 수령해야 할 경우 특히 문제가 될 수 있습니다.

결론적으로, 김씨 부부가 마주한 상속 문제는 단 하나의 유언장으로 해결될 수 없습니다. 각국의 법률 지형과 각 자산의 유형에 맞춘 여러 개의 정밀한 유언장이 필요합니다. 그리고, 그 유언장들이 하나의 유산(One Estate)으로 원활하게 집행될 수 있도록 상호 간에 정교하게 조율되어야 합니다. 이는 초기 비용이 더 들더라도, 미래에 발생할 수 있는 막대한 법적 비용과 가족 간의 분쟁을 예방할 수 있는 가장 확실한 투자입니다.

유언장이 없다면 어떻게 될까? (Intestate Succession)

지금까지 유언장을 통한 상속 계획의 중요성을 살펴보았습니다. 하지만 만약 유언장 없이 사망한다면 재산은 어떻게 될까요? 이를 **'무유언 상속(Intestate Succession)'**이라 하며, 각 나라의 법률이 정한 순서와 비율에 따라 재산이 분배됩니다. 캐나다 BC주와 한국의 무유언 상속 규정은 상당한 차이를 보입니다.

캐나다 BC주의 무유언 상속

BC주 유언 없는 사망 시 상속 순위 및 분배 방식 (WESA 기준)

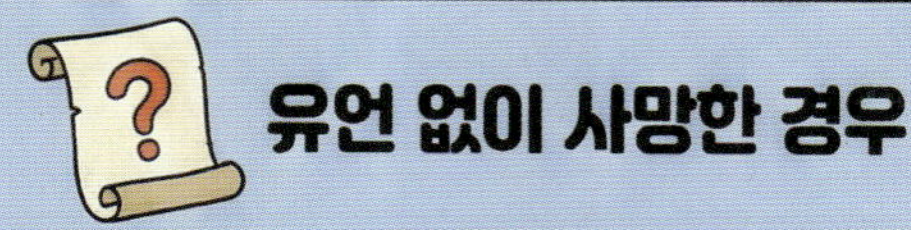

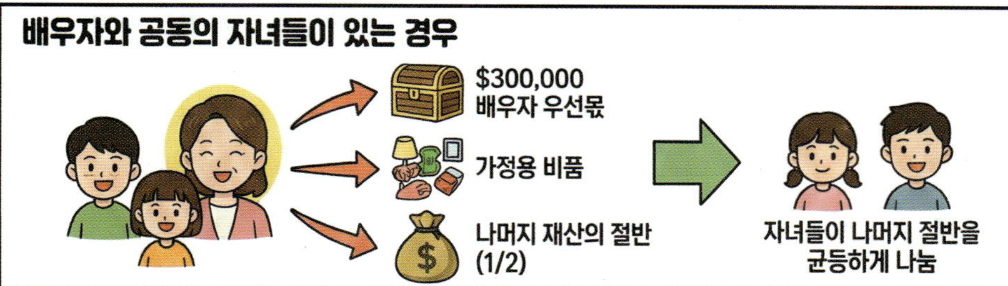

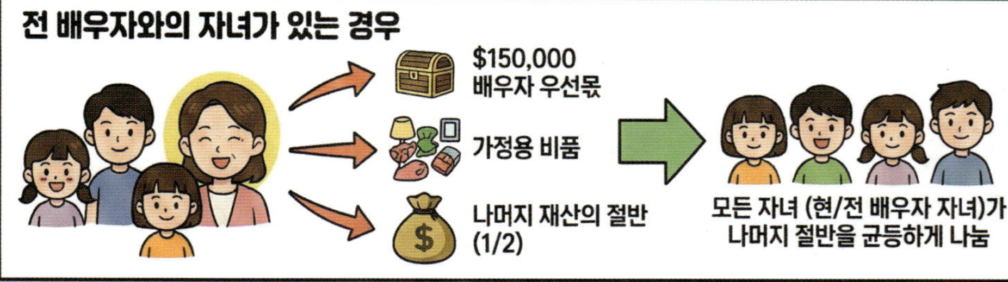

한국의 무유언 상속 (법정 상속)

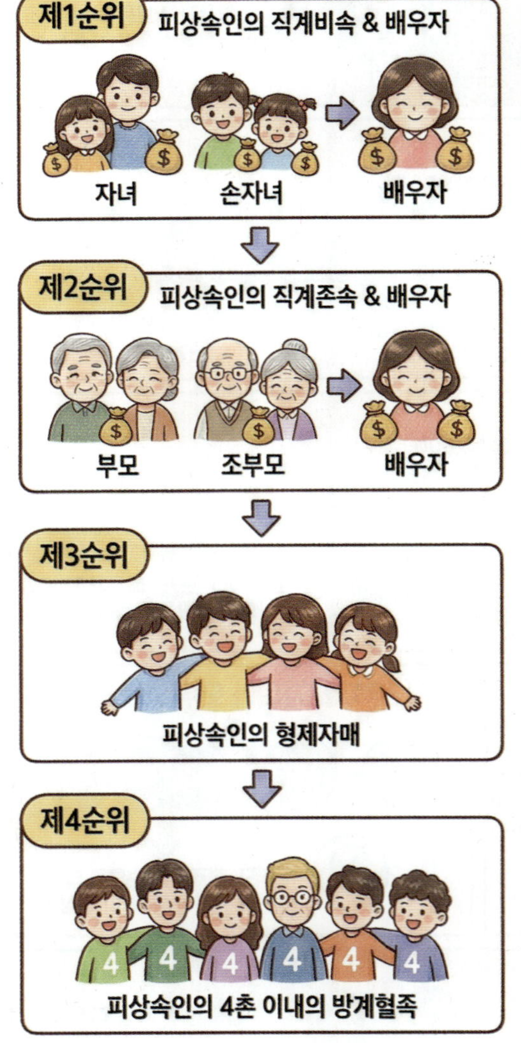

한국의 상속 절차

한국의 상속 절차
한국에서 상속 절차는 법적 기한이 정해져 있는 몇 가지 중요한 단계로 이루어집니다.
사망 신고 및 상속 개시
시·구·읍·면사무소
1개월 이내
사망 사실을 안 날로부터 1개월 이내에 시·구·읍·면사무소에 사망 신고를 하면서 상속 절차가 공식적으로 시작됩니다.
상속재산 조회
안심상속 원스톱 서비스
TAX
상속인은 정부가 제공하는 '안심상속 원스톱 서비스'를 통해 피상속인의 금융거래, 토지, 자동차, 세금 체납 내역 등 모든 재산을 한 번에 조회할 수 있습니다. 이는 상속받을 재산과 빚을 파악하는 데 필수적인 단계입니다.
상속 승인 또는 포기 결정
3개월 이내
단순승인
부채
자산과 부채를 모두 상속받습니다. 별도의 절차 없이 3개월이 지나면 자동으로 단순승인으로 간주됩니다.
한정승인
부채
상속받은 자산의 한도 내에서만 부채를 갚는 조건으로 상속받습니다. 빚이 자산보다 적을 것으로 예상될 때 유용합니다.
상속포기
부채
자산과 부채 모두를 포기합니다. 이 경우 상속권은 다음 순위의 상속인에게 넘어갑니다.
상속재산 분할
공동상속인들은 협의를 통해 재산을 나눕니다.
협의
협의가 이루어지지 않으면 가정법원에 '상속재산분할심판'을 청구하여 법원의 결정에 따릅니다.
상속세 신고 및 납부
세무서
6개월 이내
해외 거주 9개월 이내
상속 개시일이 속한 달의 말일부터 6개월 이내에 관할 세무서에 상속세를 신고하고 납부해야 다만, 상속인 또는 피상속인이 해외에 거주하는 경우에는 9개월 이내 신고 납부해야 됩니다.
상속 등기 및 명의 이전
부동산, 자동차, 예금 등은 상속인 명의로 이전 등기 또는 명의 변경 절차를 거쳐야 소유권을 완전히 취득하고 처분할 수 있습니다.
부동산
자동차
예금

유언의 자유를 제한하는 안전장치: 유류분 제도

유언은 고인의 뜻을 존중하는 중요한 법적 장치이지만, 한국 민법은 이 자유를 일부 제한하여 가족 구성원의 최소한의 생계를 보장하는 **'유류분(遺留分) 제도'**를 두고 있습니다. 즉, 피상속인이 유언을 통해 전 재산을 특정인(예: 장남)이나 단체에 기부하더라도, 법정 상속인 중 일부는 자신의 법정 상속분의 일정 비율을 보장받을 권리가 있습니다.

직계비속(자녀 등)과 배우자

↓

법정상속분의 1/2

직계존속(부모 등)

↓

법정상속분의 1/3

형제자매

유류분권 상실

(2024년 4월 25일 헌법재판소 위헌 결정)

만약 유증이나 생전 증여로 인해 자신의 유류분만큼의 재산을 상속받지 못하게 된 상속인은, 재산을 더 많이 받아 간 다른 상속인이나 수증자를 상대로 부족한 부분을 돌려달라고 청구할 수 있습니다. 이를 **'유류분반환청구권'**이라고 합니다. 이 권리는 유류분이 침해된 사실을 안 날로부터 1년, 상속이 개시된 날로부터 10년 이내에 행사해야 합니다.

상속 재산, 내 몫을 되찾는 방법:
유류분반환청구권
이를 '유류분반환청구권'이라고 합니다.

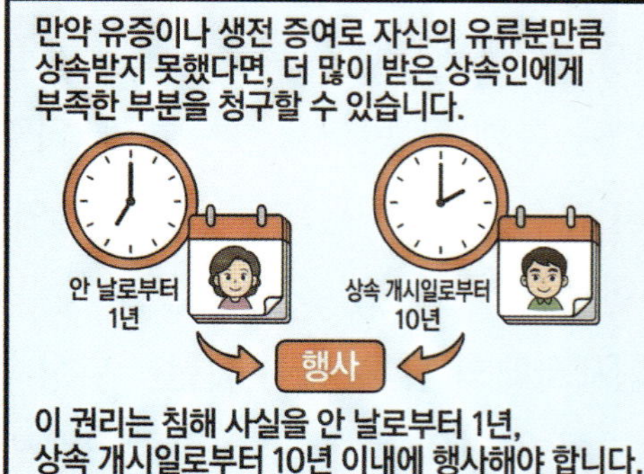
만약 유증이나 생전 증여로 자신의 유류분만큼 상속받지 못했다면, 더 많이 받은 상속인에게 부족한 부분을 청구할 수 있습니다.
안 날로부터 1년
상속 개시일로부터 10년
행사
이 권리는 침해 사실을 안 날로부터 1년, 상속 개시일로부터 10년 이내에 행사해야 합니다.

아버지가 7억 원을 남기고 사망.
상속인은 어머니, 장남, 차남.
아버지는 유언으로 장남에게만 물려주었습니다.
전 재산을 장남에게!
7억 원

법정상속분 계산
(상속 비율 1.5 : 1 : 1)
어머니: 7억 × 1.5/3.5 = 3억 원
장남: 7억 × 1/3.5 = 2억 원
차남: 7억 × 1/3.5 = 2억 원
유류분 계산
(법정상속분의 1/2)
어머니의 유류분: 3억 × 1/2 = 1.5억 원
차남의 유류분: 2억 × 1/2 = 1억 원

장남이 7억 전부를 받았지만, 어머니(1.5억)와 차남(1억)은 최소 몫을 보장받을 수 있습니다.
1.5억
1억
7억 원
따라서 어머니와 차남은 장남에게 '유류분반환청구소송'을 제기하여 자신들의 몫을 되찾을 수 있습니다.

유류분 제도의 변화: 2024년 헌법재판소 결정 (2020헌가4등)

1977년 도입된 유류분 제도는 2024년 4월 25일, 헌법재판소의 역사적인 판결을 통해 큰 변화를 맞이하게 되었습니다. 헌법재판소는 시대 변화와 개인의 재산권 존중 필요성을 반영하여 유류분 제도의 일부 조항에 대해 위헌 및 헌법불합치 결정을 내렸습니다.

형제자매의 유류분권 (위헌): 피상속인의 형제자매는 상속재산 형성에 대한 기여가 거의 없음에도 유류분을 인정하는 것은 피상속인의 재산 처분 자유를 과도하게 침해한다고 보아 단순 위헌으로 결정했습니다. 이 결정으로 형제자매는 더 이상 유류분을 주장할 수 없게 되었습니다.

유류분 상실 사유 부재 (헌법불합치): 현행법이 피상속인을 장기간 유기하거나 학대하는 등 패륜적인 행위를 한 상속인의 유류분까지 인정하는 것은 국민의 법 감정과 상식에 반한다고 판단했습니다. 이에 유류분 상실 사유를 규정하지 않은 조항에 대해 헌법불합치 결정을 내렸습니다.

기여분 미반영 (헌법불합치): 피상속인을 특별히 부양하거나 재산 유지 및 증가에 기여한 상속인의 '기여분'을 유류분 산정 시 고려하지 않는 것 또한 불합리하다고 보았습니다. 이로 인해 기여분이 인정된 상속인이 오히려 다른 상속인에게 유류분을 반환해야 하는 모순이 발생할 수 있기 때문입니다.

향후 전망 (입법 과제): 헌법재판소는 국회에 2025년 12월 31일까지 관련 법률을 개정하라고 요구했습니다. 이 기한까지 법이 개정되지 않으면 해당 조항들은 효력을 잃게 됩니다. 따라서 앞으로 상속인의 패륜적 행위에 대한 유류분 상실 규정, 기여분을 유류분에 반영하는 방식 등이 새롭게 입법될 예정이므로, 상속 계획 시 이러한 변화의 가능성을 반드시 염두에 두어야 합니다.

캐나다 BC주와 한국의 비교: 핵심 차이점

구분	캐나다 BC주 (WESA)	대한민국 (민법)
배우자 상속 방식	정액 우선 배분 (Preferential Share) 후 비율 배분	비율 가산 방식 (상속분에 50% 가산)
배우자의 정의	법률혼 및 사실혼 (2년 이상) 배우자 포함	법률혼 배우자만 인정
배우자/자녀 보호 (유언 시)	유언 변경 청구 (Wills Variation Claim): 법원이 유언의 공정성을 판단하여 재량으로 내용을 변경할 수 있음	유류분 제도 (Forced Heirship): 법으로 정해진 최소한의 상속분을 보장 (단, 2024년 헌재 결정으로 개정 예정)
상속 순위 결정	친족 관계의 근접성에 따른 'Parentelic' 시스템 (복잡할 수 있음)	명확한 1~4순위의 단계적 시스템
손자녀의 상속	자녀가 먼저 사망한 경우 그 자녀의 몫을 손자녀가 상속 (대습상속과 유사)	'대습상속(代襲相續)' 제도를 통해 명시적으로 규정
주요 법적 기한	주로 유언 검인 및 채권자 통지 관련 기한	3개월 (상속 포기/한정승인) 6개월 / 9개월 (상속세 신고)
재산 조회	상속인이 개별적으로 기관에 문의하여 파악	'안심상속 원스톱 서비스'로 통합 조회 가능

마무리하며: 복잡한 세상, 현명한 준비

김씨 부부의 사례에서 보았듯이, 오늘날의 상속 계획은 더 이상 한 장의 유언장으로 해결될 수 없는 복잡한 퍼즐과 같습니다. 우리의 삶과 자산이 국경을 넘나들수록, 그 계획 또한 국경을 넘는 정교한 전략을 필요로 합니다. 자산이 위치한 국가별 법률에 맞춘 '다중 유언장'과, 캐나다 BC주 내에서 검인 수수료를 최소화하는 '이중 유언장' 전략은 그 첫걸음이라 할 수 있습니다.

그러나 재산이 어디에 있는지 만큼 중요한 문제가 또 있습니다. 바로 유언을 남기는 유언자의 생활이 여러 국가에 터전을 두고 있을 때입니다. 이런 경우, "내 유언은 과연 어느 나라 법에 따라 집행되는가?"라는 더 근본적인 질문에 직면하게 됩니다.

다음 장에서는 이 중요한 질문에 대한 해답을 찾아보겠습니다. 유언의 유효성과 과세 범위를 결정하는 '본적지(Domicile)'와 '거주지(Residency)'에 대해 깊이 있게 파헤쳐 보겠습니다.

사례 2

여러 거주지와 본적지를 둔 교수님
(The Professor with Multiple Residences and Domicile)

오 씨 교수님은 70대 중반의 캐나다 영주권자입니다. 매년 약 6개월은 밴쿠버의 자택에서, 나머지 6개월은 한국의 종갓집에 머물며 지역 사회 활동에 적극적으로 참여하고 있습니다. 교수님은 캐나다와 한국 양국에 상당한 재산을 보유하고 있기에, 사망 시 거주지나 본적지가 어느 국가로 판단되더라도 자신의 유언이 의도한 대로 정확하게 집행되기를 원합니다.

CHAPTER 02 두 개의 고향, 하나의 유언 - 당신의 법적 뿌리 '본적지'는 어디입니까?

70대 중반의 오 교수님은 캐나다 영주권자입니다. 그는 한국과 밴쿠버의 아름다움을 모두 만끽하며 살아가고 있습니다. 매년 절반은 UBC 캠퍼스에서 연구에 몰두하는 학자로서, 나머지 절반은 수백 년의 역사를 간직한 한국 종갓집에서 지역 사회의 어른이자 집안의 종손으로서 시간을 보냅니다. 캐나다와 한국, 양국에 상당한 자산을 보유한 교수님의 유일한 바람은, 언젠가 자신이 세상을 떠났을 때 유언장이 분쟁 없이 자신의 의도대로 명확하게 집행되는 것이었습니다.

특히 교수님을 밤잠 못 이루게 하는 고민이 하나 있었습니다.

"나의 국적과 삶의 뿌리는 한국에 있지만, 내 커리어와 일상은 캐나다에 있네. 만약 내가 죽으면 나의 본적지와 거주지는 어디로 판단될까?"

 당신의 진짜 집은 어디입니까?

많은 사람들이 '본적지(Domicile)'와 '거주지(Residency)'를 혼동하지만, 법적으로 두 개념은 명확히 구분됩니다. 특히 미국, 캐나다, 한국 등 여러 국가에 생활 기반을 두고 있는 경우, 각 나라가 이 개념을 어떻게 정의하고 판정하는지를 이해하는 것이 국제 상속 계획의 첫걸음이라 할 수 있습니다.

거주지 (Residence) vs. 본적지 (Domicile)

'거주지(Residence)'는 현재 내가 물리적으로 살고 있는 '주소' 또는 세법상의 '거주자' 신분을 의미합니다. 여러 국가에 집을 두고 오가는 오 교수님처럼, 개인은 여러 곳에 거주지를 둘 수 있으며, 각국의 세법 기준, 예를 들어 미국 소득세법의 '실질적 거주 테스트(Substantial Presence Test)'나 한국 소득세법의 183일 거소 기준 등에 따라 여러 국가에서 '세법상 거주자'로 분류될 수 있습니다.

'본적지(Domicile)'는 법률상 나의 '진정한 집'으로 간주되는 단 한 곳의 장소를 의미합니다. 일시적으로 다른 곳에 거주하더라도, 언젠가 돌아가려는 영구적인 삶의 터전, 즉 나의 법적 고향을 뜻합니다. 법적으로 사람은 단 하나의 본적지만을 가질 수 있으며, 동산(Movable)의 상속 및 유증에 적용될 준거법(Governing Law)을 결정하는 기준이 됩니다.

미국법상 본적지와 거주자의 정의

미국법은 세금의 목적에 따라 '본적지'와 '거주지'를 명확히 구분합니다.

먼저, 상속 · 증여세법상의 본적지(Domicile)는 단순히 미국에 거주하는 것을 넘어, 미국에 영구적으로 머무르려는 '의도'를 가지고 실제 거주하는 것을 의미합니다. 이 의도를 판단하기 위해 법원은 비자 상태, 체류 기간, 가족 및 사회적 관계, 사업 활동, 자산 소재지, 유언장 내용 등을 종합적으로 검토합니다.

미국 시민권자나 미국에 본적지를 둔 사람(Domiciliary)은 전 세계 자산에 대해 미국 상속 · 증여세가 부과되며, 2026년 기준 약 15,000,000 USD의 높은 **기본 면제액**(Basic Exclusion Amount) 혜택을 받을 수 있습니다. 반면, 미국에 본적지가 없는 비거주 외국인(Non-Resident Alien)은 미국 내 소재한 자산에 대해서만 상속세가 부과되고, 면제액은 60,000 USD로 매우 제한적입니다.

이와 구별되는 '소득세 목적의 거주자(Resident for Income Tax Purposes)'는 시민권자, 영주권자, 또는 '실질적 거주 테스트(Substantial Presence Test)'를 충족하는 개인을 뜻합니다. 이 테스트는 현재 연도에 최소 31일 이상, 그리고 최근 3년간의 체류 일수를 가중 평균하여(현재 연도 × 1 + 직전 연도 × 1/3 + 전전 연도 × 1/6) 183일 이상 미국에 체류한 경우를 기준으로 합니다. 즉, 증여·상속세법상 미국에 본적지를 두지 않았어도 소득세법상 거주자가 될 수 있으며, 그 반대도 가능합니다.

한국법상 거주자의 정의와 과세 범위

한국 세법상 '거주자'의 정의는 소득세법과 상속·증여세법이 동일한 기준을 따릅니다. 한국법상 거주자는 국내에 '주소'를 두거나 183일 이상의 '거소'를 둔 개인을 말합니다(소득세법 제1조의2, 상속세 및 증여세법 제2조).

'주소'와 '거소'의 구분을 살펴보면, '주소'란 국내에서 가족과 생계를 함께하거나, 국내 소재 자산과 관련된 생활관계가 객관적으로 형성된 장소를 의미합니다. 반면 '거소'는 주소 외의 장소 중 상당 기간 거주하는 장소로서, 주소만큼 밀접한 생활 관계가 형성되지 않은 곳을 말합니다(소득세법 시행령 제2조).

이러한 구분에 따른 '과세 범위의 차이' 또한 명확합니다. 거주자로 판정될 경우, 전 세계 모든 상속·증여 재산에 대해서만 과세됩니다. 반면, 비거주자는 국내에 있는 상속·증여 재산에 대해서만 과세됩니다.

앞서 다룬 세금 문제와는 별개로, 고인의 재산을 실제로 어떻게 분배할지(상속인의 범위, 순위, 상속분 등)를 결정하는 법률을 '준거법(Governing Law)'이라고 합니다. 한국 국제사법 제77조에 따르면, 상속 준거법은 원칙적으로 사망 당시 피상속인의 '본국법(Nationality)'을 따릅니다.

다만, 피상속인이 유언을 통해 명시적으로 특정 국가의 법을 준거법으로 지정한 경우에는 예외가 인정됩니다. 인정되는 예외로는 피상속인의 사망 시 '일상거소지법' 또는 '부동산 소재지법'이 있습니다. 예를 들어, 오 교수님이 한국 국적자라면 원칙적으로 한국 상속법이 적용되지만, 만약 유언으로 미국을 일상거소지로 지정하고 사망 시까지 미국에 거주했다면 상속 분배에 미국법이 적용될 수 있습니다.

캐나다법상 본적지와 거주자의 정의

캐나다는 상속재산의 분배(준거법)와 과세(세금) 문제를 명확히 분리하여 접근합니다.

첫째, BC주와 같은 캐나다의 보통법(영미법) 관할권(Common Law Jurisdiction)에서는 상속 준거법(Governing Law)을 결정할 때 본적지(Domicile) 개념을 사용합니다. 전통적인 보통법 원칙에 따라, 부동산(Immovable)의 상속은 해당 부동산의 소재지법(Lex Situs)을 따르고, 동산(Movable)의 상속은 피상속인의 사망 당시 본적지법(Lex Domicilii)을 따릅니다.

둘째, 세금 문제는 이와는 별개의 사안입니다. 캐나다는 미국이나 한국처럼 연방 상속세(Inheritance/Estate Tax)나 증여세(Gift Tax)가 없습니다. 대신, 캐나다 '소득세 목적상 거주자(Resident for Income Tax Purposes)'가 사망하는 순간, 그 개인이 보유한 전 세계 자본 자산(Capital Property)을 공정시장가치(Fair Market Value, FMV)로 처분한 것으로 간주합니다(Deemed Disposition). 이로 인해 발생한 양도소득(Capital Gains)의 50%가 피상속인의 최종 소득세 신고서에 포함되어 '소득세(Income Tax)'로 과세됩니다.

이는 사실상 사망 시점에서 미실현 이익에 대한 양도소득세를 납부하는 것으로, 캐나다의 실질적인 상속 관련 과세 방식입니다. 여기서 '소득세 목적의 거주자'는 상속 준거법의 '본적지'와는 다른 개념이며, 주로 183일 거주 테스트나 생활관계의 중심지(Center of Vital Interests) 등 사실관계를 따져 판단됩니다.

유럽연합(European Union)의 상속 규정 (Habitual Residence)

유럽연합(European Union)은 2015년 8월부터 발효된 'EU 상속 규정(EU Succession Regulation, No. 650/2012)'을 통해 회원국 간(덴마크, 아일랜드 제외)의 복잡한 국제 상속 문제를 해결했습니다. 이 규정의 핵심은 상속 준거법의 연결고리를 '국적'(한국 방식)이나 '본적지'(미국/캐나다 방식)가 아닌 **'일상거소지(Habitual Residence)'**로 단일화한 것입니다.

이에 따라, 피상속인의 사망 당시 '최후의 일상거소지' 국가의 법률이 피상속인의 동산과 부동산을 포함한 전 세계 상속재산에 적용됩니다. 예를 들어, 프랑스에 일상거소지를 둔 한국 국적자가 사망할 경우, 원칙적으로 프랑스 상속법이 한국에 있는 부동산을 포함한 모든 재산에 적용됩니다.

이 규정의 가장 큰 특징은 피상속인이 유언을 통해 자신의 국적 국가의 법률(본국법)을 상속 준거법으로 선택(Elect)할 수 있도록 허용한 점입니다. 이는 현지 법률의 적용을 피하고, 본인에게 익숙한 본국법에 따라 재산을 분배하고자 할 때 매우 유용합니다.

그 결과, 복잡한 국제사법의 '회부(Renvoi)' 문제를 피할 수 있게 되었습니다. 예를 들어, 캐나다 국적자가 캐나다에 거주하며 스페인에 부동산을 소유한 채 사망하고 유언으로 '캐나다법'을 준거법으로 지정했다고 가정해봅시다. 이 경우, 스페인 법원은 '부동산은 현지법(스페인법)을 따른다'는 캐나다의 국제사법 규칙을 적용하는 것이 아니라, 피상속인의 선택을 존중하여 해당 부동산에 캐나다의 '내국법'을 직접 적용하게 됩니다. 이는 법률관계의 순환을 막고 피상속인의 의사를 명확히 관철하려는 유럽연합의 독특한 접근 방법이라고 이해할 수 있습니다.

국제 상속·세무 핵심 개념: 거주지(Residence) vs. 본적지(Domicile)

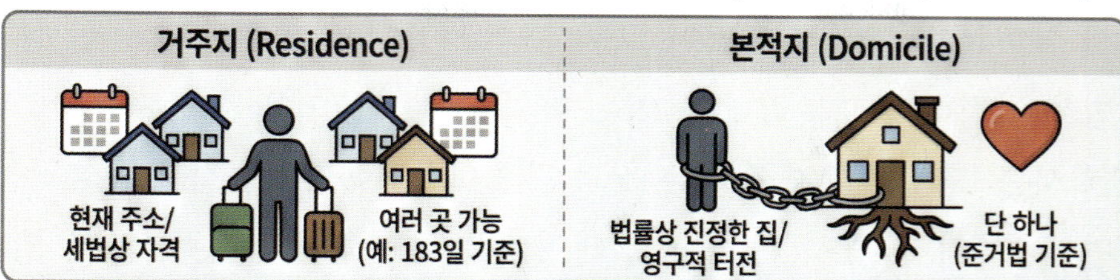

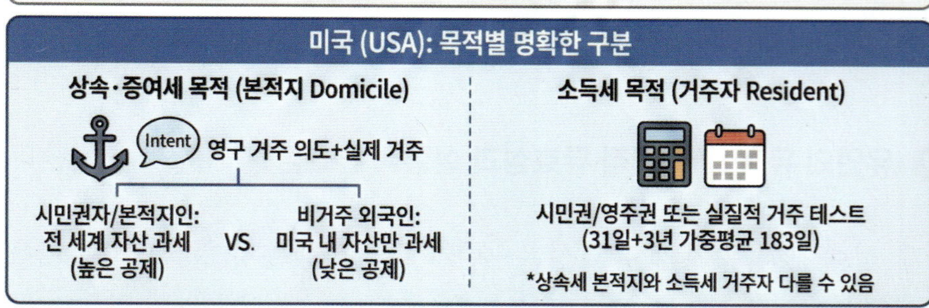

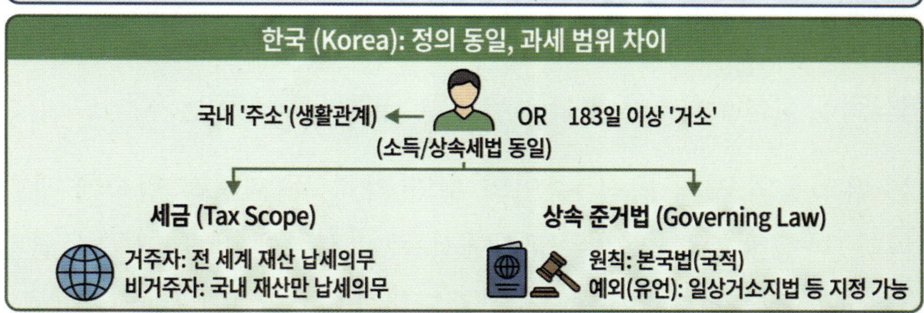

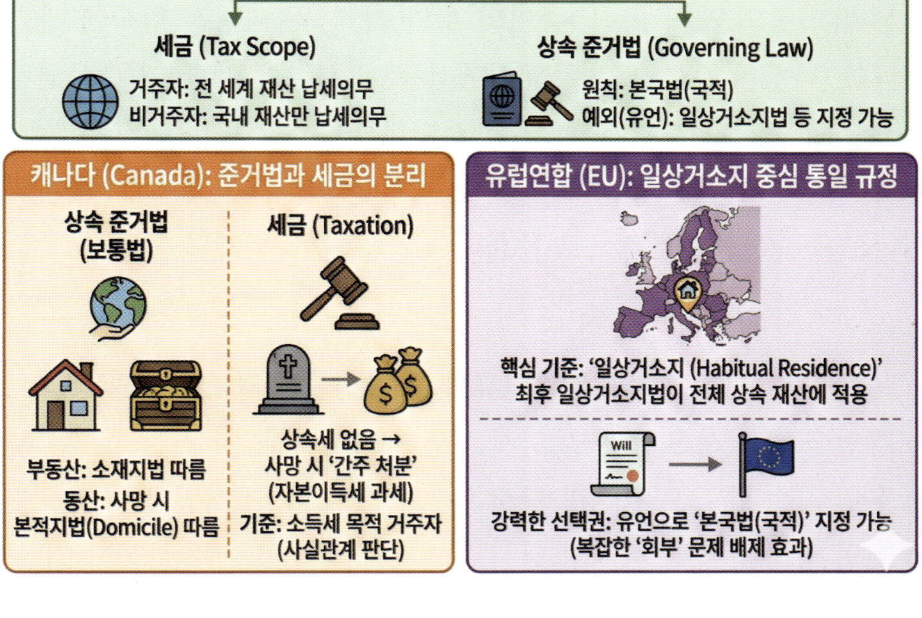

본적지(Domicile)의 중요성: 상속의 '규칙서'를 정하는 기준

앞서 살펴본 본적지의 개념이 그토록 중요한 이유는, 그것이 동산 상속의 준거법을 결정하기 때문입니다. 이는 마치 국제적인 게임을 할 때 어느 나라의 규칙서를 따라야 할지 정하는 것과 같습니다. 유언이 법적으로 효력을 가지려면 두 가지 '유효성(Validity)' 테스트를 통과해야 하며, 여기서 본적지의 역할이 명확히 드러납니다.

유언의 유효성: 형식적 유효성과 실질적 유효성

국제 상속에서 유언의 유효성은 '어떻게' 작성했는지(형식)와 '무엇을' 담았는지(내용)로 구분되어 판단됩니다.

형식적 유효성 (Formal Validity): 유언을 '어떻게' 작성했는가?

이는 유언장의 서명 방식, 증인의 수와 자격 등 외형적 형식에 관한 문제입니다. 다행히 오늘날 많은 국가에서는 이 부분에 대해 매우 유연한 입장을 취하고 있습니다. 예를 들어, 캐나다 BC주의 Wills, Estates and Succession Act (WESA), Section 80는 유언장이 다음 중 어느 하나의 법률이라도 충족하면 형식적으로 유효하다고 인정합니다.

- 유언장이 작성된 장소의 법
  (예를 들어, 오 교수님이 미국 휴가 중 작성한 캘리포니아 법)
- 유언 작성 당시 또는 사망 당시 유언자의 본적지법
- 유언 작성 당시 또는 사망 당시 유언자의 일상거소지법
- 유언 작성 당시 또는 사망 당시 유언자의 국적 국가법 (본국법)

또한 BC주는 '헤이그 국제 유언 방식 협약(Hague Convention on the Form of Testamentary Dispositions)'에 따른 '국제 유언장(International Will)' 양식도 인정합니다 (WESA, Section 83).

한국 국제사법 제78조 역시 유언 방식에 대해 본국법, 일상거소지법, 행위지법, 부동산 소재지법 중 하나를 따르면 유효한 것으로 인정합니다. 따라서 형식적 유효성은 국제 상속 계획에서 큰 장애물이 되지 않는 경우가 많습니다.

실질적 유효성 (Essential Validity): 유언의 '내용'이 법적으로 효력이 있는가?

이것이 바로 본적지와 관련된 핵심 문제입니다. 실질적 유효성은 유언자의 유언 능력(Capacity), 유언 내용이 강행 법규(Forced Heirship)나 공공정책(Public Policy)에 위배되지 않는지 등 유언 내용의 법적 효력을 판단하는 문제입니다. 보통법(영미법)(Common Law)에 따르면, 실질적 유효성을 판단하는 기준은 재산의 종류에 따라 달라집니다.

- **부동산 (Immovables):** 규칙은 간단합니다. 부동산이 위치한 곳의 법률(Lex Situs)을 따릅니다. 오 교수님의 밴쿠버 자택은 BC주법, 한국의 종갓집은 한국법에 따라 유언의 실질적 유효성이 판단됩니다.
- **동산 (Movables):** 주식, 은행 예금, 예술품, 회원권 등 움직이는 모든 자산입니다. 이 자산들은 일반적으로 유언자가 사망 당시 본적지를 둔 곳의 법률(Lex Domicilii)에 따라 유언의 실질적 유효성이 판단됩니다.

본적지와 실질적 유효성의 충돌: 오 교수님의 사례

바로 이 동산(Movables)의 상속의 준거법을 판단하는 과정에서 오 교수님의 고민이 시작됩니다. 만약 사망 시 그의 본적지가 캐나다 BC주로 결정된다면, 그의 전 세계 동산(한국의 은행 예금, 주식 포함)은 BC주 법의 적용을 받을 것입니다. BC주와 같은 보통법 관할권에서는 '유언의 자유(Testamentary Freedom)'를 강력하게 존중하므로, 유언 변경 청구(Wills

Variation Claim)를 제외하면 유언자가 원하는 대로 자유로운 처분이 가능합니다.

하지만 만약 그의 본적지가 한국으로 결정된다면, 그의 전 세계 동산은 한국법의 적용을 받게 됩니다. 한국법은 유류분 제도라는 강행 규정을 두고 있습니다 (민법 제1112조 이하). 이 경우, 오 교수님의 유언 내용과 상관없이 특정 상속인은 법정 상속분의 일정 비율을 유류분으로 보장받게 됩니다. 이는 오 교수님이 원치 않는 결과일 수 있으며, 본적지를 어디로 판단 받느냐에 따라 상속재산의 분배가 완전히 달라질 수 있습니다.

문제를 복잡하게 만드는 법리: 회부(Renvoi)와 관할 법원(Forum)

오 교수님처럼 여러 나라에 깊은 관계를 맺고 사는 경우, 본적지 판단은 그 자체로 매우 어렵습니다. 여기에 더해, 국제사법(Private International Law / Conflict of Laws)의 복잡한 법리가 개입하여 결과를 더욱 예측하기 어렵게 만듭니다.

법률의 핑퐁 게임, 회부 (Renvoi)

'회부(Renvoi)'란, 법률 적용이 탁구공처럼 양국 법원 사이를 오가는 상황을 말합니다. 예를 들어, 오 교수님의 동산 상속 분쟁이 BC주 법원에서 열렸다고 가정해봅시다.

1. BC주 법원(보통법)의 국제사법 원칙은 "동산의 실질적 유효성은 사망 당시 본적지법(Lex Domicilii)을 따른다"고 규정합니다.
2. 법원이 오 교수님의 본적지를 '한국'으로 판단했다고 가정합니다.
3. 이때 BC주 법원은 '한국의 상속법(실질법)'만 적용해야 할까요, 아니면 '한국의 국제사법(저촉법)'까지 포함해서 봐야 할까요?

4. 만약 BC주 법원이 "한국 법원이 이 사안을 어떻게 다룰지"를 보겠다며 한국의 국제사법까지 검토한다면, 이것이 회부(Renvoi)입니다. 한국 국제사법 제77조는 "상속은 피상속인의 본국법(Lex Patriae)"을 따르도록 규정하고 있습니다.
5. 오 교수님의 국적이 '한국'이라면, 한국 국제사법은 다시 '한국 상속법'을 적용하라고 지시할 것입니다. 이를 **'반송(Remission)'**이라 합니다.
6. 하지만 만약 오 교수님의 국적이 '캐나다'라면, 한국 국제사법은 '캐나다법'을 적용하라고 지시할 것입니다. 이를 **'전송(Transmission)'**이라 합니다.

이처럼 준거법이 여러 국가 사이를 맴돌며 예측 불가능한 결과로 이어질 수 있습니다. 이러한 혼란을 막기 위해, BC주 WESA Section 79(1)는 유언의 '형식적 유효성(Formal Validity)'에 관해서는 회부(Renvoi)의 적용을 명시적으로 배제하고 있습니다. 하지만 가장 중요한 '실질적 유효성(Essential Validity)' 문제에 대해서는 회부(Renvoi)가 여전히 적용될 수 있어 법적 불확실성이 존재합니다.

'법률의 핑퐁 게임, 회부(Renvoi)'

어느 법정에서 재판할 것인가, 관할 법원(Forum)

설령 어떤 법을 적용할지 결정되더라도, 상속 분쟁이 발생했을 때 어느 나라의 법원에서 재판을 진행할지 자체가 또 다른 문제가 될 수 있습니다. 오 교수님의 경우, 자산과 가족이 양국에 흩어져 있으므로 캐나다와 한국 법원 모두 재판의 '관할권(Territorial Competence)'을 주장할 수 있습니다.

BC주 법원은 Court Jurisdiction and Proceedings Transfer Act (CJPTA) Section 10(b), (c)에 따라, BC주 내에 부동산이 있거나, 혹은 고인이 사망 당시 BC주에 '일상적으로 거주(Ordinarily Resident)'하고 있었다면 전 세계 동산에 대해 관할권을 주장할 수 있습니다.

다만, BC주 법원이 관할권을 갖더라도, '가장 적절한 법정(Forum Non Conveniens)'의 원칙에 따라 재판을 거부할 수 있습니다. 법원은 피고의 주소지, 자산 소재지, 증인의 편의성, 적용될 준거법, 다수의 소송 방지 등을 고려하여 어느 법정에서 재판하는 것이 가장 공정하고 효율적인지 판단하게 됩니다. 이 관할권 다툼 과정 역시 유족들에게는 큰 시간적, 경제적 부담으로 다가올 수 있습니다.

국경을 넘나드는 상속 계획 (Cross-Border Estate Planning)

다행히 본적지의 모호함과 국제사법의 복잡성이 가져올 법적 혼란은 사전 계획을 통해 상당 부분 예방할 수 있습니다.

유언장에 '준거법'을 명시하라

가장 강력한 도구 중 하나는 유언장에 "이 유언장의 해석 및 실질적 유효성은 캐나다 BC주의 법률에 따른다" 또는 "한국법에 따른다"와 같이 준거법 선택 조항을 명확히 명시하는 것입니다.

유럽연합(EU) 상속 규정(EU Succession Regulation, No. 650/2012)은 고인이 유언을 통해 자신의 국적 국가의 법률을 준거법으로 선택할 수 있도록 허용합니다. 이는 현지의 유류분 제도를 피하고 본국법을 따를 수 있도록 하는 매우 강력한 조항입니다.

한국 국제사법 제77조 제2항은 피상속인이 유언으로 명시적으로 '일상거소지법'이나 '부동산 소재지법'을 상속 준거법으로 지정할 수 있도록 허용합니다. 다만, 이러한 선택이 유류분과 같은 특정 국가의 강행 규정을 항상 배제할 수 있는지는 복잡한 문제이므로 반드시 전문가의 검토가 필요합니다.

다중 유언장(Multiple Wills) 전략을 활용하라

각 국가별 자산에 대해 해당 국가의 법률 형식과 내용에 맞는 별도의 유언장을 작성하는 방법입니다. 예를 들어, 캐나다 자산은 BC주 법에 따른 유언장으로, 한국 자산은 한국법에 따른 유언장으로 처리하면, 보다 신속하게 상속 절차가 진행될 수 있습니다. 이때 각 유언장이 다른 유언장을 의도치 않게 철회(Revoke)하지 않도록 매우 정교하게 작성되어야 합니다.

삶으로 '본적지 의도'를 증명하라

본적지는 결국 '영구 거주 의도'에 대한 법원의 사후적 판단입니다. 따라서 생전에 특정 국가를 본적지로 삼으려는 의도를 명확히 보여주는 객관적인 증거들을 일관되게 남기는 것이 중요합니다. 법원은 다음과 같은 요소들을 종합적으로 고려할 수 있습니다.

- **공식 문서:** 세금 신고(주 거주지 등), 운전면허증, 의료보험, 투표권 행사.
- **재정적 기반:** 주요 은행 계좌, 투자 자산의 위치.

- **사회적 관계:** 가족 및 친구와의 관계, 클럽 멤버십, 종교 활동.
- **개인의 의사:** 유언장이나 신탁 서류에 본적지를 명시하는 것. 오 교수님처럼 양국에 깊은 관계가 있다면, 어느 한쪽으로 명확한 증거를 의식적으로 집중시키는 노력이 필요합니다.

양국의 전문가와 함께하라

오 교수님의 상황은 캐나다 또는 한국, 어느 한쪽의 상속법 전문가만으로는 완벽한 해결책을 찾기 어렵습니다. 또한 미국 자산이 있다면 미국법 전문가도 필요합니다. 반드시 각 관련 국가의 상속법, 국제사법, 그리고 관련 세법에 정통한 법률 및 세무 전문가들의 협업을 통해 자신의 상황에 맞는 최적의 국제 상속 계획을 수립해야 합니다.

오 교수님의 사례는 국경을 넘나드는 상속 계획의 첫걸음이 단순히 재산을 나누는 것을 넘어, 나의 본적지(Domicile)와 거주지(Residence)를 명확히 이해하고 관리하는 것에서부터 시작됨을 보여줍니다.

사례 3

은퇴를 앞둔 다주택 소유자 부부
(Retiring Multi-Property Owners)

캐나다 밴쿠버에서 은퇴를 앞둔 박씨 부부는 현재 본인이 살고 있는 주택과 더불어 버나비에 위치한 임대용 콘도 한 채를 보유하고 있습니다. 부부는 상속 계획을 준비하면서 임대 부동산에 대한 양도소득세를 최대한 줄이고 싶어 합니다. 또한, 유언 검인 수수료(Probate Fees)를 최소화할 수 있는 방법에 대해서도 전문가의 조언을 얻고자 합니다.

소중한 내 집, 세금 부담 줄이고 자녀에게 현명하게 물려주는 법

박씨 부부의 두 개의 집, 두 개의 고민

캐나다 밴쿠버에 거주하는 박씨 부부에게는 두 명의 자랑스러운 자녀가 있습니다. 캐나다에서 함께 지내며 부모 곁을 든든히 지키고 있는 아들 준호 씨, 그리고 한국에서 스스로의 삶을 아름답게 일궈가고 있는 딸 수진 씨입니다.

부부의 자산 목록 맨 위에는 두 채의 집이 자리합니다. 하나는 평생의 추억이 고스란히 담긴 밴쿠버 단독 주택으로, 가족이 오랫동안 함께 살아온 주 거주지(Principal Residence)입니다. 다른 하나는 버나비에 위치한 콘도로, 은퇴 이후 안정적인 현금흐름을 제공해 주는 임대용 투자 부동산입니다.

그러나 최근 들어 건강이 예전 같지 않다고 느낀 박씨 부부는 깊은 고민에 빠졌습니다. "우리가 평생 일궈온 이 집들을, 어떻게 하면 부담 없이 아이들에게 온전히 물려줄 수 있을까?"

곰곰이 생각해 보니 고민은 크게 두 가지로 정리되었습니다. 첫째, 버나비 콘도를 자녀에게 물려줄 때 발생할 수 있는 양도소득세(Capital Gains Tax)를 어떻게 최소화할 것인가. 둘째, 향후 유언을 집행하는 과정에서 부과되는 유언 검인 수수료(Probate Fees)를 줄이거나 피할 방법은 무엇인가.

이번 장에서는 박씨 부부의 고민을 따라가 보면서, 캐나다 부동산을 자녀에게 물려줄 때 반드시 알아두어야 할 핵심 절세 전략을 살펴보겠습니다.

첫 번째 열쇠: 캐나다 최고의 절세 혜택, '주 거주지 면제'

박씨 부부의 밴쿠버 단독 주택은 단순한 집이 아닙니다. 캐나다 세법상 이것은 엄청난 세금 혜택을 품고 있는 보물과도 같습니다. 바로 **'주 거주지 면제(Principal Residence Exemption, PRE)'** 덕분입니다.

'주 거주지 면제'란 무엇인가?

캐나다 세법상 사망한 사람에게는 별도의 상속세(Inheritance Tax)가 부과되지 않습니다. 대신 소득세법(Income Tax Act) Section 70(5)에 따라, 거주자가 사망한 시점에 보유하고 있던 전 세계의 자본 자산(Capital Property)을 사망 직전에 공정시장가치(Fair Market Value, FMV)로 처분한 것으로 간주합니다. 이를 '간주 처분(Deemed Disposition)'이라고 부르며, 각 자산의 조정된 취득 원가(Adjusted Cost Base, ACB)와 사망 시점의 공정시장가치 차액이 양도소득(Capital Gain)으로 계산되어 과세됩니다.

캐나다에서는 일반적으로 양도소득의 50%만 과세소득에 포함되므로, 여기에 해당 납세자의 한계세율(Marginal Tax Rate)을 곱하여 최종 세액이 산출됩니다.

캐나다 2025년 한계세율 (Federal + BC / Ontario 기준)

과세소득 구간 (Taxable Income)	연방 (Federal)	BC주 (Provincial)	ON주 (Provincial)	연방 + BC 합산세율	연방 + ON 합산세율
$0 ~ $49,275 (BC) / $52,885 (ON)	14.5 %	5.06 %	5.05 %	19.56 %	19.55 %
$49,276 ~ $98,540	20.5 %	7.70 %	9.15 %	28.20 %	29.65 %
$98,541 ~ $113,150	26.0 %	10.50 %	11.16 %	36.50 %	37.16 %
$113,151 ~ $137,405	26.0 %	12.29 %	11.16 %	38.29 %	37.16 %
$137,406 ~ $150,000	26.0 %	14.70 %	11.16 %	40.70 %	37.16 %
$150,001 ~ $186,306	29.0 %	14.70 %	12.16 %	43.70 %	41.16 %
$186,307 ~ $220,000	29.0 %	16.80 %	12.16 %	45.80 %	41.16 %
$220,001 ~ $259,829 (BC) / $220,000 이상 (ON)	33.0 %	16.80 %	13.16 %	49.80 %	46.16 %
$259,829 이상 (BC) / $220,000 이상 (ON)	33.0 %	20.50 %	13.16 %	53.50 %	46.16 %

참고: 연방 최저세율은 2025년 7월 1일부터 15 % → 14 %로 인하되었음으로, 연평균 약 14.5%로 반영했습니다.

꼭 기억하세요!

사망 시 간주 처분으로 발생한 양도소득(Capital Gains)의 50%만 과세소득에 포함됩니다. 이렇게 계산된 과세소득에 납세자의 한계세율(Marginal Tax Rate)을 곱해 최종 세액이 산출됩니다. 예를 들어 BC주의 최고 세율 구간(53.5%)에 해당한다면, 실제 부담하게 되는 양도소득세율은 약 26.75% 정도가 됩니다.

이러한 과세 구조 속에서 캐나다 세법이 제공하는 가장 강력한 절세 혜택 중 하나가 바로 '주 거주지 면제(Principal Residence Exemption)'입니다(Income Tax Act, Section 54).

납세자(소유자, Owner)가 자신의 주택을 주 거주지(Principal Residence)로 지정하고 법에서 정한 요건들을 충족하면, 해당 주택을 매각하거나 사망 시 간주 처분될 때 발생하는 양도소득에 대해 전부 또는 일부를 면제받을 수 있습니다.

다만, 주택을 보유한 모든 기간이 자동으로 면제되는 것은 아닙니다. 납세자(소유자, Owner)가 캐나다 세법상 비거주자(Non-Resident for Tax Purposes)였던 연도, 또는 해당 주택에 납세자 본인이나 가족이 실제로 통상적인 거주를 하지 않았던 연도는 주 거주지 면제 계산에서 제외됩니다.

주 거주지 면제 대상이 되는 양도소득은 다음 공식을 사용하여 산출됩니다.

$$\text{“전체 양도소득”} \times \frac{(\text{“주 거주지로 지정된 연수”}+1)}{\text{“보유 연수”}} = \text{면제 양도소득}$$

박씨 부부의 사례를 가정해 보겠습니다. 박씨 부부가 2005년에 밴쿠버 자택을 구입하여 2025년에 사망했다고 하면, 총 보유 기간은 21년입니다. 2005년부터 2015년까지 11년 동안은 밴쿠버 주택에 실제 거주했습니다. 2016년부터 2020년까지는 한국으로 거주지를 옮겨 해당 주택을 임대했고, 이 기간 동안에는 캐나다 세법상 비거주자 신분이었습니다. 이후 2021년부터 2025년까지 5년 동안 다시 밴쿠버로 돌아와 같은 주택에 거주했다고 가정해 보겠습니다.

이 경우, 주 거주지로 실제 지정·거주한 기간은 11년과 5년을 합한 16년입니다. 위 공식을 적용하면 면제 비율은 (16 + 1) ÷ 21, 즉 약 80.95%가 됩니다. 결국 전체 양도소득의 약 80.95%는 비과세가 되고, 나머지 약 19.05%만 과세 대상 양도소득으로 남게 됩니다.

이처럼 실제 거주하지 않은 기간과 비거주자 기간은 면제 계산에서 제외되므로, 납세자(소유자, Owner)는 가능한 한 거주 기간과 신분 변동을 정확히 기록하고, 적절한 시기에 주 거주지로 지정하는 것이 매우 중요합니다.

이러한 규정을 잘 이해하고 활용하면 주 거주지 면제 제도는 단순한 세금 감면을 넘어, 경우에 따라 수십만 달러에서 많게는 수백만 달러까지 세 부담을 줄여 줄 수 있는 강력한 절세 도구가 될 수 있습니다.

만약 박씨 부부가 밴쿠버 자택을 보유한 전 기간 동안 캐나다 거주자 요건과 주 거주지 요건을 모두 충족했다면, 사망 시 간주 처분으로 발생하는 양도소득세는 주 거주지 면제 덕분에 '0원'이 될 수도 있습니다.

면제 요건의 이해

우선, 주 거주지 면제를 받기 위해서는 다음과 같은 요건들을 충족해야 합니다.

- **주택 유형:** 주택, 콘도, 별장, 이동식 주택, 심지어 하우스보트 등 다양한 형태의 주거용 부동산이 포함될 수 있습니다.
- **소유권:** 해당 주택을 납세자가 소유해야 합니다.
- **거주 요건 (Ordinarily Inhabited):** 해당 연도에 납세자, 배우자, 사실혼 배우자 또는 자녀가 해당 주택에 통상적으로 거주(Ordinarily Inhabited)해야 합니다. 이는 주된 거주지가 아니어도 되며, 해외에 있는 여름 별장처럼 짧은 기간 동안 계절적으로 거주하는 경우도 소득 창출이 주된 목적이 아니라면 인정될 수 있습니다.
- **가족 단위당 1개:** 1982년부터는 가족 단위(Family Unit)당 한 해에 하나의 부동산만 주 거주지로 지정할 수 있습니다. 가족 단위는 납세자, 배우자/사실혼 배우자, 그리고 18세 미만의 미혼 자녀로 구성됩니다.
- **"1+1" 규칙:** 면제 계산 시, 소유 기간 중 주 거주지로 인정받은 연수에 1년이 추가되는 "1+1" 규칙이 적용됩니다. 이는 주택을 팔고 같은 해에 새 주택을 구입하는 경우, 두 주택 모두 해당 연도에 주 거주지로 인정받을 수 있도록 하여 양도소득세 부담을 줄여주기 위

함입니다. 단, 캐나다 비거주자 신분일 때 구매한 부동산에는 이 규칙이 적용되지 않을 수 있습니다.

주 거주지 면제에 대한 주의사항

- **1/2 헥타르(약 1.24 에이커) 초과 토지:** 주택이 1/2 헥타르를 초과하는 토지 위에 있다면, 초과 부분은 주택의 사용과 향유에 필수적이라는 점을 입증하지 못하는 한 면제 대상에서 제외될 수 있습니다.
- **수익 창출 목적 사용:** 주택의 일부를 임대하거나 재택근무(Home Office)로 사용하는 경우, 해당 부분에 대한 양도소득은 과세될 수 있습니다. 다만, 수익 창출이 주된 목적이 아니고 구조 변경이 없었으며 감가상각(Capital Cost Allowance)을 청구하지 않았다면 예외가 될 수 있습니다.
- **비거주자 소유:** 납세자가 해당 기간 동안 캐나다 세법상 비거주자(Non-Resident for Tax Purposes)였다면, 해당 기간에 대한 주거주지 면제는 적용되지 않습니다. 지난 장의 오 교수님 사례처럼 1년 중 6개월은 캐나다, 6개월은 한국에서 거주했더라도 세법상 거주지가 한국으로 판정된다면, 오 교수님의 밴쿠버 주택은 해당 연도에 주 거주지 면제를 받을 수 없습니다.
- **신고 의무:** 과거에는 양도소득 전액이 면제되는 경우 별도로 국세청(Canada Revenue Agency, CRA)에 신고할 의무가 없었으나, 현재는 주 거주지를 매각한 경우 양도소득이 발생하지 않더라도 반드시 소득세 신고서에 관련 양식 Form T2091(Designation of a Property as a Principal Residence by an Individual (Other Than a Personal Trust)) 또는 Form T1255(Designation of a Property as a Principal Residence by the Legal Representative of a Deceased Individual)을 첨부하여 지정 및 신고해야 합니다.

알기 쉬운 주 거주지 면제 핵심 가이드

단기 소유 및 부동산 투기 방지 세금

캐나다 연방 정부와 브리티시컬럼비아(BC)주 정부는 부동산 투기를 막기 위해 다음과 같은 규정을 도입했습니다.

The Federal Property Flipping Tax (Effective January 1, 2023)

2023년부터 1년 미만 보유 후 매도한 주택의 매각 이익은 양도소득(Capital Gain)이 아닌 사업소득(Business Income)으로 간주됩니다. 이 경우 주 거주지 면제(Principal Residence Exemption) 혜택을 받을 수 없습니다. 다만, 사망, 이혼, 중대한 질병, 직장 이전 등 불가피한 사유가 있는 경우 예외가 인정될 수 있습니다.

The BC Home Flipping Tax (Effective January 1, 2025)

2025년 1월 1일부터 시행된 BC주의 **주택 투기 방지세**(Home Flipping Tax)는 주택을 취득한 후 730일(약 2년) 미만 보유하다가 매각하거나, 분양권(Pre-Sale) 또는 양도 계약(Assignment)을 체결하는 경우 부과됩니다. 이 세금은 해당 부동산에 실제로 거주했는지 여부와 상관없이, 개인, 법인, 신탁 등 모든 형태의 소유자에게 적용됩니다.

세율 구조는 보유 기간에 따라 달라집니다. 먼저 보유 기간이 1년(365일) 미만인 경우 매각 이익(Net Taxable Income Earned from Property Sale)의 20%가 과세됩니다. 1년을 초과하되 2년 미만인 경우에는 보유 기간이 길어질수록 세율이 점진적으로 낮아지는데, 아래와 같은 공식으로 계산됩니다.

$$\text{세율} = 20\% \times [1 - (\text{보유일수} - 365) \div 365]$$

예를 들어, 주택을 400일 동안 보유했다가 매각했다면, 보유일수 400일을 위 공식에 대입했을 때 세율은 약 16.44% 수준이 됩니다. 반대로 2년, 즉 730일 이상 보유한 뒤 매각하는 경우에는 과세 대상에서 제외됩니다.

해당 주택이 실제로 납세자의 주 거주지(Primary Residence)였던 경우, 일정 요건을 충족하면 최대 20,000달러까지 공제를 받을 수 있습니다. 다만 이 공제를 받기 위해서는 엄격한 거주 요건, 서류 준비, 신고 절차 등을 충족해야 하며, 관련 규정을 준수하지 않을 경우 공제가 부인될 수 있습니다.

연방 세제와 마찬가지로 BC Home Flipping Tax에도 여러 예외 사유가 존재합니다. 사망, 이혼 또는 별거, 중대한 질병, 직장 이전, 주택 건설 · 개조를 위한 일시적인 거래, 특정 가족 간 거래 등 정당한 사유가 입증되는 경우에는 세금이 전부 면제되거나 일부 경감될 수 있습니다.

마지막으로, 주택을 730일 미만 보유한 후 매각한 경우에는 원칙적으로 매각일로부터 90일 이내에 BC주 '주택 투기 방지세 신고서(BC Home Flipping Tax Return)'를 제출해야 합니다. 다만 일부 특정 면제 사유에 해당하는 경우에는 별도의 신고 없이도 세금이 면제되는 경우가 있을 수 있으므로, 실제 거래 시에는 최신 규정을 확인해야 합니다.

두 번째 열쇠: 투자용 콘도의 양도소득세 관리 전략

주 거주지 면제를 통해 박씨 부부의 밴쿠버 자택과 관련된 세금 문제는 상당 부분 해소되지만, 버나비에 보유한 투자용 콘도에는 이 혜택이 적용되지 않습니다. 이 콘도는 사망 시점에 간주 처분(Deemed Disposition) 규정에 따라 양도소득세가 발생할 수밖에 없으므로, 향후 어떤 방식으로 이 세금 부담을 관리하고 최소화할 것인지에 초점을 맞출 필요가 있습니다.

전략 1: 배우자 롤오버(Spousal Rollover)를 통한 세금 이연

첫 번째 전략은 **'배우자 롤오버(Spousal Rollover)'**를 활용하는 것입니다. 이는 부부 중 한 사람이 먼저 사망했을 때, 투자용 임대 부동산과 같은 자본 자산을 생존 배우자에게 세금 없이 이전할 수 있도록 허용하는 규정입니다. 이 규정이 적용되면 자산은 사망 시점의 공정시장가치(Fair Market Value)가 아니라, 기존의 조정된 취득 원가(Adjusted Cost Base, ACB)로 생존 배우자에게 이전됩니다. 그 결과 첫 번째 배우자가 사망하는 시점에는 양도소득이 발생하지 않으므로 세금도 발생하지 않고, 실제 세금 납부는 생존 배우자가 해당 자산을 매각하거나 사망할 때까지 뒤로 미뤄지게 됩니다.

다만 이러한 세금 이연 혜택을 받기 위해서는 몇 가지 요건을 충족해야 합니다. 우선, 사망한 배우자와 자산을 승계받는 생존 배우자 모두 사망 시점에 캐나다 세법상 거주자(Canadian Resident)여야 합니다. 다음으로, 해당 자산이 사망을 원인으로 하여 생존 배우자 또는 배우자 신탁(Spousal Trust)으로 이전되어야 합니다. 마지막으로, 생존 배우자 또는 배우자 신탁이 그 자산에 대한 권리를 사망일로부터 36개월 이내에 확정적으로 취득(Vested Indefeasibly)해야 합니다.

이 요건들이 충족되면 배우자 롤오버는 별도의 신청 절차 없이 자동으로 적용됩니다. 다만, 고인의 최종 소득세 신고서(Terminal Tax Return)를 작성할 때 이 내용을 적절히 반영하여 보고해야 합니다. 또한 유언 집행자(Executor)는 상황에 따라 특정 자산에 대해서는 배우자 롤오버 적용을 의도적으로 배제(Elect Out)할 수도 있습니다. 이를 통해 일부 자산에 대해서는 사망한 배우자 단계에서 일정 수준의 양도소득을 발생시키고, 그에 대해 주 거주지 면제 혜택을 활용하여 세금 부담을 분산하는 전략도 검토할 수 있습니다.

전략 2: 생명보험(Life Insurance)을 활용한 세금 재원 마련

배우자 롤오버는 세금을 이연시켜줄 뿐, 면제해주는 것은 아닙니다. 결국 두 분 모두 사망한 이후에는 고인의 유산(Estate)이 그동안 누적된 양도소득에 대해 세금을 한꺼번에 부담하게 됩니다. 이때 유언 집행자가 현금을 마련하기 위해 버나비 투자용 콘도를 급하게 매각해야 하는 상황이 발생할 수 있습니다.

이러한 현금 유동성(Liquidity) 위험을 완화하기 위한 두 번째 안전장치가 바로 생명보험(Life Insurance)입니다. 특히 Joint Last-to-Die 또는 Survivorship 형태의 생명보험에 가입해 두면, 비과세로 지급되는 생명보험금으로 유언 집행자가 양도소득세와 기타 관련 세금을 바로 충당할 수 있게 됩니다. 이렇게 하면 투자용 콘도를 서둘러 매각하지 않아도 되고, 자녀에게

보다 안정적으로 재산을 물려줄 수 있습니다. 이러한 의미에서 생명보험은 부모 세대가 자녀에게 남기고자 하는 유산을 온전히 지켜줄 수 있는 가장 현실적이고 확실한 도구 중 하나입니다.

사망 시 간주 처분되는 주요 자산 유형

간주 처분 규정은 단순히 부동산에만 적용되는 것이 아니라, 고인이 보유하고 있던 거의 모든 형태의 **자본 자산(Capital Property)**에 폭넓게 적용됩니다. 따라서 상속 및 유산 계획을 세울 때, 어떤 자산들이 과세 대상이 되는지를 정확히 이해하는 것이 중요합니다.

자본 자산(Capital Property)이란?

자본 자산이란 처분(매도 등)했을 때 양도소득(Capital Gain) 또는 양도손실(Capital Loss)이 발생하는 모든 자산을 의미하며, 감가상각 대상 자산(Depreciable Property)도 여기에 포함됩니다. 일반적으로 개인이 보유한 자산과 투자 목적의 자산이 모두 해당됩니다.

사망 시 간주 처분 규정이 적용될 수 있는 주요 자본 자산 유형은 다음과 같습니다.

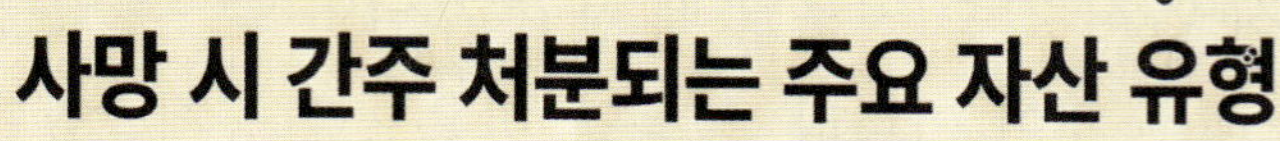

사망 시 간주 처분되는 주요 자산 유형

간주 처분 규칙은 부동산뿐만 아니라 고인이 소유한
거의 모든 종류의 자본 자산에 적용됩니다.

자본 자산(Capital Property)이란?
처분 시 양도소득(Capital Gain) 또는 양도손실(Capital Loss)이 발생하는 모든 자산.
감가상각 대상 자산, 개인 자산, 투자 자산 모두 포함.

투자 자산

상장 회사 주식 및 채권
증권 거래소 주식,
정부/회사 채권.

뮤추얼 펀드
다양한 자산에 분산 투자.

비상장 회사 주식
비공개 회사 주식.

파트너십 지분
동업 관계 소유 지분.

부동산 투자 자산
임대용, 상업용 부동산.

**외화
(Foreign Currency)**
투자 목적 해외 통화.

주요 개인 자산

주 거주지
주된 생활 근거지.

별장 또는 두 번째 집
휴양 목적, 추가 소유 집.

보석류 및 예술품
귀금속, 그림, 조각품.

자본 자산으로 간주되지 않는 자산

WARNING

토지 재고를
제외한 재고 자산

신탁의 소득
수익권

생명 보험 증권

은퇴한 파트너의
파트너십 소득
수익권

감가상각 대상 자산과 환수

양도소득 > 감가상각 환수 (Recapture of Capital Cost Allowance)

감가상각 환수 > 임대 부동산, 사업용 장비 등.
감가상각비가 소득으로 잡혀
세금 부담 증가 가능.

TIP 절세 전략: QSBC 주식과 LCGE

캐나다인 지배 비상장 회사 주식
(QSBC Shares)은 '생애 양도소득
공제'(LCGE) 적용 가능. 2025년
기준 약 1,250,000 달러까지
비과세.

**해외 자산, 영업권 등 다양한 자산에 간주 처분 적용.
모든 자산에 대한 종합적인 세금 계획이 필요합니다.**

임대용 부동산이나 사업용 장비처럼 감가상각 대상 자산(Depreciable Property)은 사망 시 간주 처분될 때 세금 부담이 클 수 있습니다. 단순히 양도소득세만 내는 것이 아니라, 그동안 비용으로 공제받았던 감가상각비(Capital Cost Allowance, CCA)가 다시 소득으로 '환수(Recapture of Capital Cost Allowance)'될 수 있기 때문입니다. 이는 생전에 감가상각을 통해 누렸던 절세 효과를 사망 시점에 한꺼번에 정산하는 구조라고 이해할 수 있습니다.

가족이 운영하는 비상장 회사의 주식이나 파트너십 지분(Private Corporation Shares and Partnership Interests) 역시 사망 시점의 공정시장가치(FMV)를 기준으로 평가되어 양도소득세가 부과됩니다. 다만 캐나다인이 지배하는 비상장 회사의 주식이 일정 요건, 예를 들어 자산의 90% 이상이 캐나다 내에서 이루어지는 적극적 사업에 사용되는 등 특정 조건을 충족하면 **'적격 중소기업 법인 주식(Qualified Small Business Corporation Shares, QSBC Shares)'**으로 인정될 수 있습니다.

이렇게 QSBC 주식으로 분류되는 경우, 해당 주식을 매각하거나 간주 처분할 때 발생하는 양도소득에 대해 2025년 기준 $1,250,000의 공제 혜택(Lifetime Capital Gains Exemption, LCGE)을 받을 수 있습니다. 가족이 운영하는 사업체가 있다면, 상속·증여 계획을 세울 때 반드시 검토해야 할 매우 강력한 절세 수단입니다.

또한 증권 계좌에 보유한 상장 주식과 뮤추얼 펀드, 사업체의 영업권(Good will)과 같은 무형 자산, 그리고 한국·미국 등 해외에 보유한 자산(Foreign Assets) 역시 캐나다 세법상 간주 처분 대상이 됩니다.

이처럼 다양한 자산에 간주 처분 규정이 적용되기 때문에, 박씨 부부는 밴쿠버 주택과 버나비 콘도에만 집중할 것이 아니라 자신들이 보유한 모든 투자 자산을 총체적으로 검토하여 포괄적인 세금·상속 계획을 마련해 두어야 합니다.

세 번째 열쇠: 유언 검인 수수료, 어떻게 피할까?

양도소득세 문제를 해결했다고 해서 마음을 놓을 수는 없습니다. 유언 집행 과정에서 또 다른 비용, 바로 유언 검인 수수료(Probate Fees)가 기다리고 있기 때문입니다. BC주에서는 유산의 총가치에 비례해 약 1.4% 수준의 수수료가 부과됩니다.

BC주의 유언 검인 수수료는 대략 다음과 같은 구조로 계산됩니다. 유산 가치가 25,000달러 이하인 경우에는 수수료가 부과되지 않습니다. 25,000달러를 초과해 50,000달러 이하인 구간에는 초과분에 대해 0.6%가 적용되고, 50,000달러를 초과하는 부분에 대해서는 1.4%의 수수료가 부과됩니다. 예를 들어, 1,500,000달러 상당의 주택이 유산에 포함된다면, 약 20,450달러 내외의 유언 검인 수수료가 발생합니다.

따라서 박씨 부부는 밴쿠버 자택과 버나비 콘도의 유언 검인 수수료를 줄이거나 피할 수 있는 방법을 마련해야 했습니다.

전략 1: 공동 명의 (Joint Tenancy) - 신중하게 사용해야 할 양날의 검

가장 흔하게 활용되는 방법은 캐나다에 사는 자녀와 함께 집을 '**생존권 공동 명의(Joint Tenancy with Right of Survivorship)**'로 소유하는 것입니다. 다만, 잘못 활용하면 예상치 못한 결과로 이어질 수 있어 각별한 주의가 필요합니다.

우선, 공동 명의의 가장 큰 장점은 유언 검인 절차(Probate) 없이 부동산을 이전할 수 있다는 점입니다. 부모가 사망하면 해당 부동산이 유산(Estate)에 포함되지 않고, 생존 명의자인 자녀에게 자동으로 소유권이 넘어갑니다. 이로 인해 다른 상속인이 제기할 수 있는 유언 변경 청구(Wills Variation Claim)의 대상에서도 벗어날 수 있습니다.

그러나 이러한 이점 뒤에는 여러 가지 위험이 숨어 있습니다. 첫째, 재산에 대한 통제권이 크게 줄어듭니다. 한 번 공동 명의로 이전하면 부모는 더 이상 단독으로 집을 매도하거나 담보 대출을 받을 수 없습니다. 둘째, 해당 부동산이 자녀의 채권자에게 그대로 노출되어 채권자들이 자녀가 보유한 지분에 대해 권리를 주장할 수 있게 됩니다.

셋째, 주 거주지 면제(Principal Residence Exemption) 혜택을 일부 상실할 수 있습니다. 만약 자녀가 이미 본인의 주 거주지를 따로 보유하고 있다면, 부모 집에 대한 자녀의 지분은 주 거주지로 인정받지 못할 수 있습니다. 이 경우, 나중에 집을 매각하거나 사망으로 간주 처분이 발생할 때, 그 지분에 해당하는 양도소득세를 부담해야 하는 상황에 놓일 수 있습니다.

결국, 유언 검인 수수료 몇만 달러를 아끼려다 오히려 수십만 달러에 달하는 양도소득세를 물게 되는 최악의 결과가 발생할 수도 있습니다. 공동 명의는 겉으로 보기에는 유언 검인 수수료를 피할 수 있는 간편한 방법처럼 보이지만, 실제로는 재산에 대한 통제권을 약화시키고 더 큰 세금 문제를 초래할 수 있는 매우 위험한 전략입니다. 따라서 실행에 옮기기 전, 반드시 전문가와 충분히 상담하여 모든 잠재적 위험과 대안을 면밀히 검토해야 합니다.

전략 2: 신탁 (Trust) 활용 – 보다 안전하고 정교한 방법

더 안전하고 효과적인 방법은 신탁(Trust)을 설정하는 것입니다. 특히 박씨 부부처럼 65세 이상인 경우에는 자아 신탁(Alter Ego Trust)이나 공동 배우자 신탁(Joint Spousal Trust)을 활용하는 방안을 고려할 수 있습니다. 신탁을 설정하면 집의 법적 소유권은 신탁으로 이전되지만, 부부는 살아 있는 동안 신탁의 수익자(Beneficiary)로서 실질적인 통제권을 유지한 채 해당 주택을 자유롭게 사용할 수 있게 됩니다.

신탁의 가장 큰 장점 중 하나는 세금 이연(Rollover)입니다. 일반적으로 자산을 신탁으로 이전하면 공정시장가치(Fair Market Value, FMV)로 자산을 처분한 것으로 보아 양도소득세가 부과됩니다. 그러나 배우자 신탁, 자아 신탁, 공동 배우자 신탁 등 특정 유형의 신탁으로 주거용 부동산을 이전하는 경우에는 예외가 적용되어, 자산이 원가 기준(Adjusted Cost Base)으로 이전됩니다. 그 결과, 신탁을 설정하는 시점에서는 양도소득세가 발생하지 않습니다.

물론 신탁 위탁자(Settlor)는 롤오버(Rollover) 규정을 적용하지 않고 이전 시점에 양도소득을 발생시키도록 선택할 수 있습니다. 이 경우에도 위탁자는 주 거주지 면제(Principal Residence Exemption)를 활용하여 세금을 면제받을 수 있습니다.

롤오버를 통해 신탁으로 이전된 주택은 위탁자 또는 생존 배우자가 사망하는 시점에 공정시장가치로 처분된 것으로 간주되며, 이때 신탁이 요건을 충족한다면 주 거주지 면제 혜택을 받을 수 있습니다. 면제 적용 후 남는 양도소득이 있다면 그 부분에 대해 신탁에 양도소득세가 부과됩니다.

신탁을 활용하면 유언 검인 수수료(Probate Fees)를 절감할 수 있다는 장점이 있습니다. 신탁이 법적으로 소유한 주택은 고인의 유산에 포함되지 않기 때문에 유언 검인 절차를 거치지 않으며, 그에 따른 수수료도 발생하지 않습니다. 그럼에도 불구하고 부부는 해당 주택에 대한 실질적 소유권은 부부가 유지할 수 있어, 자산 보호와 통제 측면에서 균형 잡힌 구조를 만들 수 있습니다.

반면 신탁을 설립하고 유지하기 위해서는 일정한 비용이 든다는 점도 고려해야 합니다. 초기 설립 비용 외에도 매년 신탁 관련 세금 신고와 관리에 따른 지속적인 비용이 발생합니다. 특히 2016년 이후 신탁에 대한 주 거주지 면제 요건이 강화되면서, 모든 신탁에게 자동으로 주 거주지 면제 혜택이 주어지는 것은 아닙니다.

2016년 세법 개정 이후 주 거주지 면제 혜택을 받을 수 있는 개인 신탁으로는 자아 신탁(Alter Ego Trust), 배우자 신탁(Spousal Trust), 공동 배우자 신탁(Joint Spousal Trust), 자가 수익 신탁(Self-Benefit Trust), 장애인 신탁(Qualified Disability Trust), 미성년자를 위한 신탁, 그리고 특정 수

익자 신탁(Specified Beneficiary Trust) 등이 있습니다. 이러한 신탁은 각각의 위탁자 또는 특정 수익자가 해당 부동산을 실제 주 거주지로 사용하는 경우에만 주 거주지 면제 혜택을 적용받을 수 있습니다.

또한 이와 같은 유형의 신탁이라고 하더라도 주 거주지 면제를 적용받기 위해서는 추가적인 요건을 충족해야 합니다. 우선 해당 부동산은 주택, 콘도, 이동 주택, 하우스보트 등과 같이 실제 거주용 건물이어야 하며, 그 법적 소유권(Legal Ownership)은 반드시 신탁 명의로 등록되어 있어야 합니다. 나아가 BC주의 '토지 소유주 투명성 법(Land Owner Transparency Act, LOTA)'에 따라, 부동산 소유권을 신탁으로 이전할 때에는 '투명성 선언서(Transparency Declaration)'를 제출해야 합니다.

아울러, 수탁자(Trustee)는 특정 수익자(Beneficiary)나 그 가족이 해당 부동산에 실제로 거주하고 있음을 입증할 수 있어야 하며, 그 주택을 주 거주지로 지정한다는 공식 서류도 제출해야 합니다. 등록된 자선 단체를 제외한 법인이나 파트너십은 신탁의 수익자가 될 수 없으며, 신탁의 특정 수익자 또는 그 법정 가족 구성원 가운데 누구도 동일한 기간에 다른 부동산을 주 거주지로 지정할 수 없습니다. 이는 주 거주지 면제 혜택이 기본적으로 '한 가구당 하나의 주택'에만 허용된다는 원칙을 신탁 구조에도 동일하게 적용하기 때문입니다.

마지막 고민: 한국에 사는 딸, 수진 씨의 문제

지금까지의 모든 계획은 자녀들이 모두 캐나다에 거주한다고 가정했을 때의 이야기입니다. 하지만 박씨 부부에게는 한국에 사는 딸 수진 씨가 있습니다. 수진 씨는 캐나다 **'세법상 비거주자(Non-Resident Taxpayer)'**이므로, 그녀가 캐나다 부동산을 상속받거나 소유 또는 매각할 때는 전혀 다른 차원의 문제들이 발생합니다.

캐나다 세법상 '거주' 여부는 시민권이나 영주권 보유 여부와는 다른 개념입니다. 즉, 캐나다 영주권 또는 시민권자라 할지라도 해외(예: 한국, 미국 등)에 거주하면 캐나다 세법상 비거주자(Non-Resident Taxpayer)로 분류됩니다

비거주자 상속인에 대한 유산 분배 (Distribution to a Non-Resident Beneficiary)

박씨 부부의 캐나다 유언 집행자(Executor)는 유산을 정리한 뒤, 한국에 거주하는 딸 수진 씨에게 버나비 콘도의 소유권을 이전하거나, 콘도를 매각한 뒤 그 대금을 송금해야 합니다. 많은 사람들이 이를 단순한 자산 이전이라고 생각하지만, 상속을 받는 수진 씨는 캐나다 세법상 '비거주자 수익자(Non-Resident Beneficiary)'에 해당하기 때문에 이 과정에서 여러 복잡한 행정 절차가 따릅니다.

먼저 캐나다와 한국의 상속재산 관리에 대한 기본 차이점을 이해할 필요가 있습니다. 캐나다 소득세법은 고인이 남긴 유산(Estate)을 별도의 독립된 납세자로 보며, 일종의 '유언 신탁(Testamentary Trust)'으로 간주합니다. 이에 따라 유언 집행자(Executor)는 신탁의 수탁자(Trustee)로서 최소 1년 동안 (일명 The Executor's Year) 유산을 관리하고, 관련 세금을 신고 · 납부한 뒤 남은 재산을 수익자(Beneficiary)에게 분배합니다.

반면 한국 상속법에는 이러한 '유언 신탁' 개념이 존재하지 않습니다. 한국에서는 피상속인이 사망하는 순간 고인의 모든 재산상 권리와 의무가 상속인에게 직접 · 포괄적으로 승계됩니다. 다시 말해 캐나다처럼 고인과 상속인 사이에 별도의 유산 관리 단계가 존재하지 않고, 상속 개시와 함께 상속재산이 곧바로 상속인들의 공동 소유가 되는 구조입니다.

이러한 법적 구조의 차이는 박씨 부부의 상속 계획, 특히 한국에 거주하는 수진 씨가 상속을 받는 과정에서 중요한 변수로 작용합니다. 캐나다에서는 유산 자체가 하나의 납세 주체로서 세무 문제가 정리된 후 재산이 분배되지만, 한국에서는 수진 씨가 다른 상속인들과 함께 고인의 자산을 직접 승계받는 법적 관계가 형성되기 때문입니다.

따라서 수진 씨가 버나비 콘도를 상속받기 위해서는 캐나다에서의 특별한 행정 절차를 거쳐야 합니다.

1단계: 유산의 자산 분배와 세법상 원칙

일반적으로 유언 집행자(Executor)가 유산(Estate)의 재산을 비거주자 수익자(Non-Resident Beneficiary)에게 분배할 때, 캐나다 소득세법은 유산이 해당 자산을 분배 시점의 공정시장가치(Fair Market Value)로 처분한 것으로 보아 양도소득세를 부과합니다.

그러나 이 원칙에는 중요한 예외가 있으며, 수진 씨의 사례가 바로 이에 해당합니다. 박씨 부부가 남긴 버나비 콘도는 캐나다 내 부동산으로서 **'과세 대상 캐나다 자산(Taxable Canadian Property, TCP)'**에 속합니다. 캐나다 소득세법 Section 107(5)에 따르면, 신탁이 비거주자 수익자에게 '과세 대상 캐나다 자산'을 분배할 경우, 공정시장가치 기준 과세 원칙 대신 세금 이연이 가능한 롤오버(Rollover) 규정이 적용됩니다.

롤오버가 적용되면 유산은 콘도를 공정시장가치가 아닌 조정된 취득 원가(Adjusted Cost Base)로 처분한 것으로 간주됩니다. 이때 유산 단계에서는 양도소득이나 손실이 발생하지 않으므로 납부해야 할 세금도 없습니다.

박씨 부부가 사망할 당시 콘도는 이미 공정시장가치로 처분된 것으로 보아 부부의 최종 소득세 신고서(Terminal Tax Return)에 양도소득이 반영되었습니다. 유산은 이 시점의 공정시장가치로 콘도를 취득하였으며, 이것이 곧 유산의 새로운 취득 원가(Adjusted Cost Base)가 됩니다.

예를 들어, 사망 시점의 콘도 시세가 100만 달러이고, 유산이 수진 씨에게 콘도를 분배할 때의 시세가 105만 달러라고 가정해 보겠습니다. 롤오버 규정에 따라 유산은 콘도를 105만 달러가 아닌 원가인 100만 달러에 처분한 것으로 간주되므로, 사망 시점부터 분배 시점 사이에 발생한 5만 달러의 시세 차익은 유산 단계에서는 과세되지 않습니다. 따라서 수진 씨가 콘도를 인수할 때의 취득 원가는 100만 달러가 되고, 추후 그녀가 이 콘도를 실제로 처분할 때 양도소득세가 부과됩니다.

2단계: 수진 씨의 자본 지분 처분과 Section 116 신고

캐나다 세법상 수진 씨가 유산으로부터 콘도를 받는 행위는 사실상 두 가지 거래가 동시에 일어나는 것으로 해석됩니다. 첫째는 유산이 콘도를 처분하는 것이고(1단계), 둘째는 수진 씨가 유산에 대해 가지고 있던 **'자본 지분(Capital Interest)'**을 처분하고 그 대가로 콘도를 받는 것입니다(2단계).

자본 지분(Capital Interest)이란?

상속인이 유산(신탁)으로부터 기본 자산을 분배받을 수 있는 권리를 뜻합니다. 수진 씨에게는 버나비 콘도를 받을 수 있는 권리가 있고, 이것이 바로 그녀의 자본 지분입니다.

캐나다 세법상 비거주자가 보유한 자본 지분이 '과세 대상 캐나다 자산(Taxable Canadian Property, TCP)'으로 인정되려면 일정한 요건을 충족해야 합니다. 소득세법 Section 248(1)에 따르면 처분 시점 이전 60개월 동안 그 지분 가치의 50% 이상이 캐나다 부동산이나 자원 자산 등에서 파생된 경우에만 해당 지분을 '과세 대상 캐나다 자산'으로 봅니다.

수진 씨의 경우, 유산의 주된 자산이 캐나다 부동산이므로 그녀의 자본 지분은 '과세 대상 캐나다 자산'에 해당합니다. 따라서 수진 씨가 이 권리를 처분(즉, 콘도를 받는 경우)할 때는 캐나다 국세청(CRA)에 소득세법 Section 116에 따른 **'세금 완납 증명서(Certificate of Compliance)'**를 신청해야 합니다. 이 절차에서 수진 씨는 자신의 자본 지분을 유산에 넘기는 '매도인(Vendor)'이 되고, 유산은 이를 받고 콘도를 넘겨주는 '매수인(Purchaser)'이 됩니다.

수진 씨는 T2062 양식을 작성하여 처분 전 또는 처분 후 10일 이내에 CRA에 제출해야 합니다. 이때 처분 대가(Proceeds of Disposition)는 수진 씨가 받게 되는 콘도의 공정시장가치, 즉 105만 달러가 됩니다. 통상적으로 상속을 통해 취득한 자본 지분의 취득 원가(Adjusted Cost Base)는 분배받는 자산의 가치와 동일하게 산정되므로, 이 거래 자체로 수진 씨 개인에게 양도소득이 발생하는 경우는 거의 없습니다. 그럼에도 불구하고 Section 116 신고는 의무 사항이며, 기한 내 신고를 하지 않으면 하루 25달러, 최대 2,500달러까지 벌금이 부과될 수 있습니다.

대부분의 경우, 이 거래로 인해 수진 씨가 납부할 세금은 없고 다른 캐나다 원천 소득이 없다면, 캐나다 국세청(CRA)은 별도의 소득세 신고를 요구하지 않습니다. 다만 Section 116 증명서를 발급받았다고 해서 모든 신고 의무가 자동으로 면제되는 것은 아니므로, 전문가와 상의하여 최종 신고 여부를 확인하는 것이 중요합니다.

Section 116에 따른 증명서가 발급되면 유언 집행자(Executor)는 해당 자산 가치의 25%를 원천징수할 의무가 없어집니다. 또한, 분배 자체만으로는 양도소득이 발생하지 않아 캐나다 국세청(CRA)에 납부할 세금이 없는 경우가 대부분입니다.

하지만 여기서 중요한 점은, 캐나다에서의 세금 문제가 해결되었다고 해서 한국에서의 상속세 문제까지 끝난 것은 아니라는 사실입니다. 물론, 한국 거주자인 수진 씨는 해외 거주 피상속인으로부터 상속받은 해외 자산에 대해 한국 세법에 따라 상속세를 납부해야 할 의무는 없습니다. 하지만 한국 외환거래법에 따라 해외 자산을 상속받을 경우 보고 의무가 발생할 수 있습니다. 또한 추후 상속받은 해외 자산에서 임대 소득 등 과세 대상 소득이 발생하면, 이에 대한 소득세 신고 및 납부 의무가 뒤따를 수 있습니다. 반드시 한국 세무 전문가와 상담하여 신고 · 납부 의무를 확인하는 것이 중요합니다.

비거주자 상속인 유산 분배: 박씨 부부의 버나비 콘도 -> 수진 씨 (한국 거주)
복잡한 세금 문제 발생! 수진 씨는 캐나다 세법상 '비거주자 수익자'

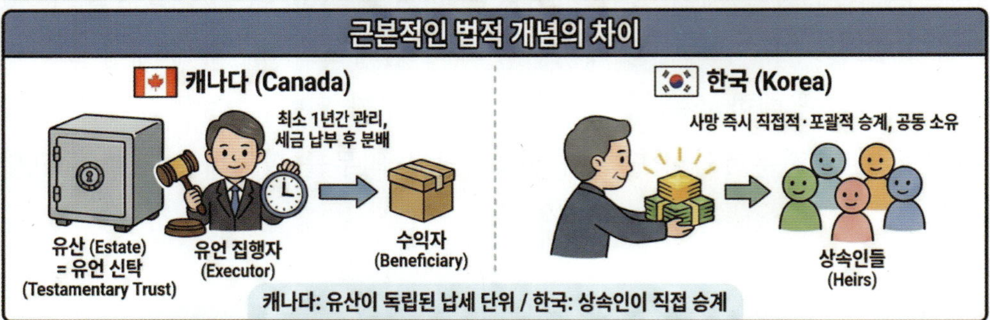
근본적인 법적 개념의 차이
캐나다 (Canada)
최소 1년간 관리,
세금 납부 후 분배
유산 (Estate)
= 유언 신탁
(Testamentary Trust)
유언 집행자
(Executor)
수익자
(Beneficiary)
한국 (Korea)
사망 즉시 직접적·포괄적 승계, 공동 소유
상속인들
(Heirs)
캐나다: 유산이 독립된 납세 단위 / 한국: 상속인이 직접 승계

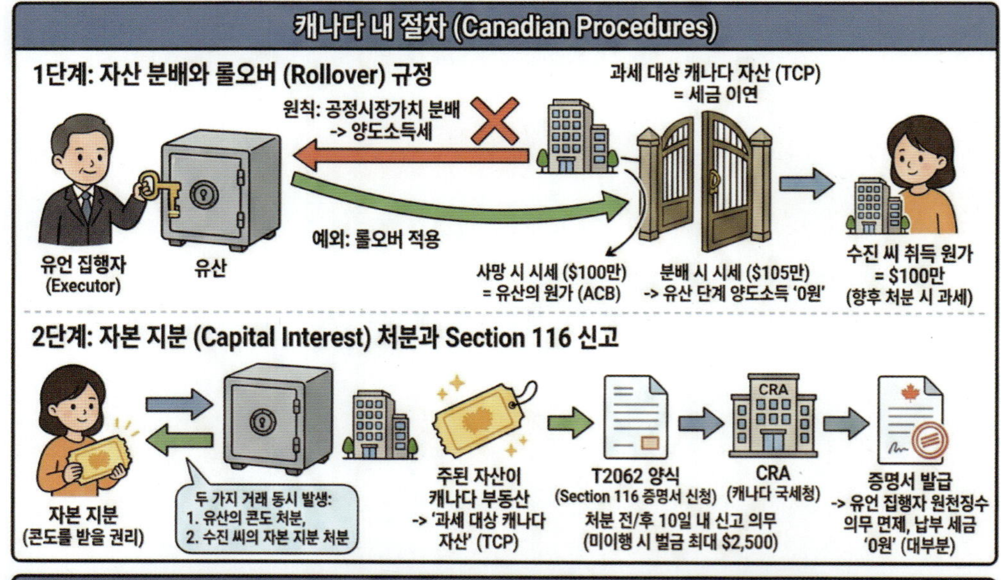
캐나다 내 절차 (Canadian Procedures)
1단계: 자산 분배와 롤오버 (Rollover) 규정
과세 대상 캐나다 자산 (TCP)
= 세금 이연
원칙: 공정시장가치 분배
-> 양도소득세
예외: 롤오버 적용
유언 집행자
(Executor)
유산
사망 시 시세 ($100만)
= 유산의 원가 (ACB)
분배 시 시세 ($105만)
-> 유산 단계 양도소득 '0원'
수진 씨 취득 원가
= $100만
(향후 처분 시 과세)
2단계: 자본 지분 (Capital Interest) 처분과 Section 116 신고
자본 지분
(콘도를 받을 권리)
두 가지 거래 동시 발생:
1. 유산의 콘도 처분,
2. 수진 씨의 자본 지분 처분
주된 자산이
캐나다 부동산
-> '과세 대상 캐나다
자산' (TCP)
T2062 양식
(Section 116 증명서 신청)
CRA
(캐나다 국세청)
처분 전/후 10일 내 신고 의무
(미이행 시 벌금 최대 $2,500)
증명서 발급
-> 유언 집행자 원천징수
의무 면제, 납부 세금
'0원' (대부분)

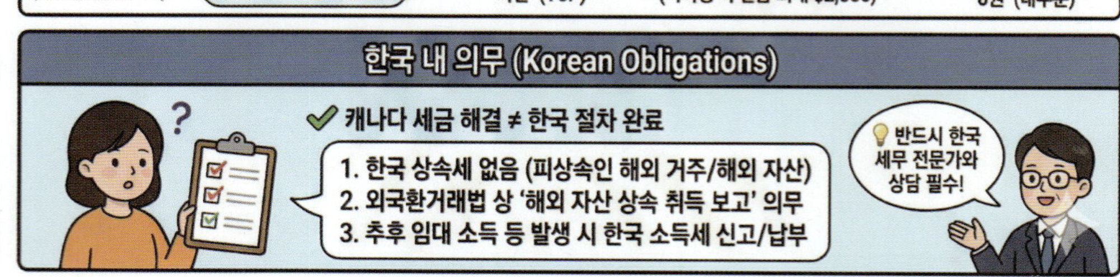
한국 내 의무 (Korean Obligations)
캐나다 세금 해결 ≠ 한국 절차 완료
1. 한국 상속세 없음 (피상속인 해외 거주/해외 자산)
2. 외국환거래법 상 '해외 자산 상속 취득 보고' 의무
3. 추후 임대 소득 등 발생 시 한국 소득세 신고/납부
반드시 한국
세무 전문가와
상담 필수!

비거주자로서 임대 소득 관리와 이중 과세 방지

콘도 소유권을 이전 받은 수진 씨는 이제 캐나다 부동산을 소유한 비거주자 임대인이 됩니다. 하지만 여전히 비거주자로서 임대 소득에 대한 여러 세금 신고 의무가 발생합니다.

우선 캐나다에 있는 임차인이나 부동산 관리인은 매달 월세를 지급할 때 총임대료의 25%를 원천징수해 캐나다 국세청(CRA)에 납부해야 합니다. 이 때문에 수진 씨는 실제로 월세의 75%만 수령하게 됩니다. 이후 다음 해에 Section 216에 따른 비거주자용 소득세 신고를 진행하면서 재산세, 관리비, 보험료, 대출 이자 등 각종 임대 관련 경비를 공제한 뒤, 실제 순 임대 소득에 대해 납부해야 할 세액을 다시 계산하게 됩니다. 이 과정에서 미리 원천징수된 25%가 최종 세액보다 많다면, 그 차액은 환급받을 수 있습니다.

현금 흐름 측면에서 더 유리한 방법은 캐나다 거주자(예를 들어, 아들 준호 씨)를 임대 소득 대리인으로 지정하고, 매년 초 NR6 양식을 캐나다 국세청(CRA)에 제출해 승인을 받는 것입니다. NR6 승인을 받으면, 대리인은 예상 순 임대 소득(총수입에서 총비용을 뺀 금액)의 25%만 원천징수해 납부하면 됩니다. 다만 이 제도를 이용할 경우, 반드시 다음 해 6월 30일까지 Section 216 소득세 신고를 마쳐야 합니다.

또한 수진 씨는 한국 거주자이므로, 캐나다에서 발생한 임대 소득을 한국 국세청에도 신고해야 합니다. 이때 동일한 임대 소득에 대해 캐나다와 한국에서 이중 과세 문제가 발생할 수 있습니다. 그러나 한국-캐나다 조세조약에 따라, 수진 씨는 한국에서 종합소득세를 신고할 때 캐나다에 납부한 세액(Section 216 신고를 통해 최종 확정된 세금)을 외국납부세액(Foreign Tax Credit)으로 공제받을 수 있습니다. 이를 통해 이중 과세 부담을 실질적으로 해소할 수 있습니다.

비거주자로서 콘도 매각과 소득세 신고

훗날 수진 씨가 버나비 콘도를 팔기로 결심하면, 다시 한번 Section 116 절차를 거쳐야 합니다. 이때는 임대 기간 동안의 감가상각과 양도소득 등 여러 요소를 동시에 고려해야 하므로, 상속 당시보다 절차가 훨씬 더 복잡해질 수 있습니다.

콘도를 매각하는 경우, 수진 씨는 매각 전에, 또는 매각 후 10일 이내에 캐나다 국세청(CRA)에 T2062A 양식(감가상각 대상 자산용)과 T2062 양식(토지에 대한 양도소득용)을 모두 제출해 Section 116에 따른 세금 완납 증명서(Certificate of Compliance)를 발급받아야 합니다.

이 증명서를 받기 위해서는 예상 양도소득의 25%에 해당하는 금액과, 감가상각 환수 소득에 대한 예상 세액을 미리 납부하거나 이에 상응하는 담보를 제공해야 합니다. 이때 취득 가격은 상속 시점의 시가로, 예를 들어 상속 당시 평가액이 롤오버 규정에 따라 100만 달러였다면, 이 금액이 취득가로 간주됩니다.

만약 수진 씨가 잔금일(Closing Day)까지 이 세금 완납 증명서를 매수인에게 전달하지 못한다면, 매수인은 법에 따라 총 매매대금(Purchase Price)의 25%, 그리고 매매 대상에 감가상각 대상 자산(Depreciable Property)이 포함된 경우에는 최대 50%까지 원천징수해 캐나다 국세청(CRA)에 납부해야 합니다. 예를 들어 감가상각 대상 자산에 해당하는 버나비 임대용 콘도를 120만 달러에 매각하는데, 필요한 증명서가 제때 준비되지 않았다면, 매수인은 60만 달러라는 막대한 금액을 원천징수해 세금으로 선납부해야 합니다. 이 규정은 비거주자가 소유한 캐나다 부동산 거래를 어렵게 만드는 핵심 요인 중 하나이므로, 매매계약이 체결되는 즉시 Section 116 절차에 착수하여 잔금일 전에 반드시 증명서를 확보해야 합니다.

콘도 매각이 이루어진 후에는, 수진 씨가 매각이 발생한 해의 다음 해 4월 30일까지 캐나다 비거주자용 소득세 신고서(T1)를 제출해 최종 양도소득세와 감가상각 환수 소득세를 정산해야 합니다. 이 신고 과정에서 부동산 중개 수수료, 변호사 비용 등 매각과 직접 관련된 각종 비용을 공제받을 수 있으며, 사전에 납부한 세금이 최종 산출 세액보다 많을 경우 그 차액을 환급받게 됩니다.

한편 콘도 매각으로 발생한 양도소득 역시 한국에서 신고해야 하며, 이때도 한국-캐나다 조세조약에 따라 캐나다에 납부한 양도소득세를 외국납부세액으로 공제받을 수 있습니다.

결국 한국에 거주하는 자녀에게 캐나다의 임대용 부동산을 상속하는 일은 단순한 소유권 명의 이전에 그치지 않고, 상속 후 임대 단계에서부터 최종 매각에 이르기까지 각 시점마다 복잡한 세무 절차와 기한 준수가 요구되는 작업입니다. 따라서 박씨 부부는 이러한 절차를 미리 숙지하고 유언 집행자와 자녀들에게 명확히 안내함으로써, 사후에 발생할 수 있는 세금 신고 및 납부 의무와 법적 분쟁의 위험에 준비할 수 있을 것입니다.

 BC주만의 특별 세금의 장벽 - 취득부터 보유까지

캐나다 브리티시컬럼비아(BC)주에서 부동산을 취득하거나 소유권을 이전받을 때에는 연방 세금 외에도 주 정부가 부과하는 **부동산 취득세**(Property Transfer Tax, PTT)까지 함께 고려해야 합니다. 특히 캐나다 시민권자나 영주권자가 아닌 '외국인(Foreigner)' 신분의 상속인 또는 수증자는 부동산 취득세 면제 대상에 해당하지 않는 경우가 많아, 예상치 못한 세금 부담을 지게 될 수 있습니다. 따라서 각 세율과 면제 요건, 그리고 적용 범위를 정확히 파악하는 것이 매우 중요합니다.

꼭 기억하세요!

이는 앞서 설명한 연방 소득세법(Income Tax Act)상 캐나다 비거주자가 반드시 거쳐야 하는 Section 116 절차와는 별도로, 한국에 거주하는 수진 씨가 '외국인(Foreigner)' 신분이라면, 버나비 콘도를 상속받는 과정에서 BC주 정부에 추가로 부동산 취득세를 납부해야 합니다.

이는 연방 정부가 부과하는 양도소득세(Capital Gains Tax)와는 완전히 별개의 문제이며, 많은 상속 계획에서 간과하기 쉬운 부분입니다.

부동산 취득세 (Property Transfer Tax)

BC주에서는 부동산의 소유권을 이전받을 때 기본적으로 **부동산 취득세**(Property Transfer Tax, PTT)를 납부해야 합니다.

BC주 부동산 취득세 일반 세율:

$200,000까지: 1%

$200,000 초과 ~ $2,000,000까지: 2%

$2,000,000 초과: 3%

$3,000,000 초과 주거용 부동산 가치에 대해 추가 2%

Property Transfer Tax Act, R.S.B.C. 1996, c. 378, ss. 3(1), 3.0

부동산 취득세 (PTT) 면제 ('관련자' 간 이전)

가장 널리 알려진 취득세 면제 중 하나는 주 거주지(Principal Residence)를 '관련자(Related Individual)'에게 이전하는 경우입니다. 다만 이 면제를 적용받기 위해서는 몇 가지 요건을 모두 충족해야 합니다.

첫째, 양도인과 양수인은 배우자, 자녀, 손자녀, 부모, 조부모 등 가까운 가족으로 인정되는 '관련자(Related Individual)' 관계여야 합니다. 둘째, 양도인과 양수인 모두 캐나다 시민권자 또는 영주권자여야 합니다. 셋째, 해당 부동산은 소유권 이전 시점 기준으로 양도인의 주 거주지였거나, 또는 양수인이 소유권 이전 직전 최소 6개월 동안 지속적으로 거주한 주 거주지여야 합니다.

따라서 수증자나 상속인이 외국인(Foreigner)일 경우, 설령 가족으로부터 주 거주지 부동산을 물려받는다 하더라도, 시민권 · 영주권 요건을 충족하지 못하기 때문에 부동산 취득세 면제 혜택을 받을 수 없습니다.

주 거주지 이전 외에도 몇 가지 주요 부동산 취득세 면제 조건이 있지만, 이 역시 외국인에게는 제한적으로 적용됩니다.

예를 들어 고인의 재산을 관리하는 개인 대표자 · 유언 집행자(Personal Representative)가 고인의 부동산 소유권을 이전(Transmission)받는 절차에 대해서는 부동산 취득세가 면제됩니다. 이때 대표자 또는 집행자가 외국인 신분이라 하더라도, 이 단계에서는 면제가 그대로 적용됩니다. 그러나 이는 최종적인 소유권 이전이 아니며, 이후 개인 대표자 · 유언 집행자가 외국인 신분의 상속인 · 수익자(Beneficiary)에게 부동산을 실제로 이전(Transfer)하는 시점에는 기본 부동산 취득세와 더불어 20%의 외국인 추가 부동산 취득세(Foreign Buyer's Tax)가 부과됩니다.

또 다른 예로, 생존 공동 소유자(Surviving Joint Tenant)에게 부동산이 이전되는 경우가 있습니다. 공동 명의로 부동산을 소유하던 사람 중 한 명이 사망하면, 생존한 공동 소유자에게 소유권이 자동으로 이전되는데, 이때 일반적으로 부동산 취득세는 면제됩니다. 하지만 생존한 소유자가 외국인이라면, 20%의 외국인 추가 부동산 취득세가 부과될 수 있습니다.

외국인 추가 부동산 취득세 (Foreign Buyer's Tax)

캐나다 시민권자나 영주권자가 아닌 외국인(Foreigner)이 BC주의 특정 지역에서 주거용 부동산을 취득하는 경우, 일반 부동산 취득세 외에 외국인 추가 부동산 취득세를 납부해야 합니다. 세율은 부동산 공정시장가치(Fair Market Value)의 20%이며, 외국 국적자, 외국 법인, 그리고 특정 수탁자(Taxable Trustee)가 과세 대상이 됩니다. 이 세금은 주거용 부동산에만 적용되며, 상업용 부동산에는 적용되지 않습니다.

적용 지역으로는 메트로 밴쿠버(Metro Vancouver Regional District), 프레이저 밸리(Fraser Valley Regional District), 수도 지역(Capital Regional District - 빅토리아 포함), 나나이모(Regional District of Nanaimo), 센트럴 오카나간(Regional District of Central Okanagan - 켈로나 포함) 등이 포함됩니다. 이들 지역 안에서 외국인이 주거용 부동산을 취득하면, 기본 부동산 취득세에 더해 20%의 추가 세금이 붙습니다.

상속 vs. 증여: 외국인에게는 결과적으로 동일한 세금 부담

많은 사람들이 유언에 따른 상속은 매매가 아니므로 부동산 취득세가 면제될 것이라고 오해하기 쉽습니다. 그러나 상속인 또는 수익자(Beneficiary)가 '외국인(Foreigner)'인 경우, 생전 증여와 상속 모두 동일한 부동산 취득세 규정이 적용됩니다.

BC주 부동산 취득세법(Property Transfer Tax Act)에 따르면, 상속과 증여 모두 부동산의 소유권이 이전(Transfer)되는 행위로 간주되며, 과세 여부는 오로지 양도인과 양수인이 법에서 정한 면제 요건을 충족하는지에 따라 결정됩니다.

결론적으로 외국인 신분으로 특정 지역 내 주거용 부동산을 이전받게 되는 경우, 다음과 같은 부동산 취득세가 발생합니다.

- **생전 증여(Gift):**
  기본 부동산 취득세 + 20% 외국인 추가 부동산 취득세 납부
- **유언 상속(Inheritance):**
  기본 부동산 취득세 + 20% 외국인 추가 부동산 취득세 납부

따라서 한국에 거주하는 수진 씨가 '외국인(Foreigner)' 신분으로 버나비 콘도를 상속받을 경우, 롤오버(Rollover) 규정에 따라 취득 원가는 100만 달러로 계산되어 연방 정부가 부과하는 양도소득세(Capital Gains Tax)는 이연될 수 있으나, BC주 정부가 부과하는 기본 부동산 취득세($18,000)와 외국인 추가 부동산 취득세($200,000)를 합산한 총 $218,000의 부동산 취득세를 BC주 정부에 납부해야 소유권을 이전 받을 수 있습니다.

부동산 취득세는 원칙적으로 부동산을 받는 양수인, 즉 수진 씨가 납부해야 합니다. 다만 유언장에 특정 세금까지 유산에서 대신 납부하도록 명시한 조항이 있는 경우에는 예외적으로 유산 재산에서 대납할 수 있습니다.

유언장에 일반적으로 포함되는 "모든 부채를 유산에서 변제한다"는 채무 변제 조항만으로는 충분하지 않을 수 있습니다. 그 이유는 부동산 취득세는 고인의 부채가 아니라, 양수인 개인에게 부과되는 세금이기 때문입니다.

BC 주만의 특별 세금의 장벽
- 취득부터 보유까지

결론: 외국인 상속인의 세금 폭탄!

기본 PTT ($18,000) + 외국인 추가 PTT ($200,000) = 총 납부액: **$218,000** (수진 씨 납부 책임)

꼭 기억하세요! 유언장에 세금 납부 특별 조항이 없다면, 상속인이 직접 마련해야 합니다.

연방 정부의 외국인 주택 구매 금지법

참고로, 현재 2027년 1월 1일까지 연방 정부의 '**외국인 주거용 부동산 구매 금지법(Prohibition on the Purchase of Residential Property by Non-Canadians Act)**'이 시행 중입니다. 이 법은 특정 지역의 외국인의 주택 '구매'를 금지합니다.

다행히 상속이나 증여를 통해 소유권을 취득하는 것은 이 법의 적용을 받지 않습니다. 따라서 외국인 신분이라도 상속이나 증여로 BC주 부동산을 합법적으로 취득할 수는 있습니다. 다만, 소유권 이전 시 위에서 설명한 BC주의 취득세는 반드시 납부해야 합니다.

부동산 보유 시의 족쇄: 3대 공실세

만약 수진 씨가 상속받은 버나비 콘도를 즉시 팔지 않고 공실(Vacant) 상태로 보유하기로 한다면, 이번에는 매년 부과될 수 있는 '**공실세(Vacancy Tax)**'라는 또 다른 장벽과 마주하게 됩니다. 다만 상속 직후 일정 기간 동안은 공실세에 대한 유예가 인정되므로, 상속 시점을 기준으로 향후 거주 또는 임대 계획을 미리 세워 두는 것이 중요합니다.

1. 밴쿠버 시 공실세 (City of Vancouver Empty Homes Tax)

적용 지역: 밴쿠버 시 내 (City of Vancouver)

세율: 평가액의 3% (매년)

비어 있는 주택: 주 거주지 아님, 연중 6개월 이상 임대 안 됨

의무 신고: 매년 2월 초까지 (미신고 시 자동 과세)

면제 조건: 사망(상속) 후 최대 2년, 소유권 이전, 주요 공사, 법원 명령 등

수진 씨 사례: 버나비 콘도는 적용 대상 아님. 신고 불필요.

2. BC 주 투기 및 공실세 (BC Speculation & Vacancy Tax)

적용 지역: 메트로 밴쿠버, 버나비 등 지정된 도시 지역

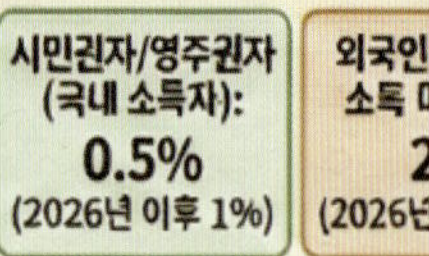

시민권자/영주권자 (국내 소득자):	외국인 / 전 세계 소득 미과세자:
0.5%	2%
(2026년 이후 1%)	(2026년 이후 3%)

전 세계 소득 미과세자 (Untaxed Worldwide Earner): 해외 소득이 50% 이상이고 캐나다에 세금 안 내는 영주권자/시민권자

의무 신고: 매년 3월 31일까지 (미신고 시 최대 세율 적용)

면제 조건: 사망(상속) 후 최대 2년 동안

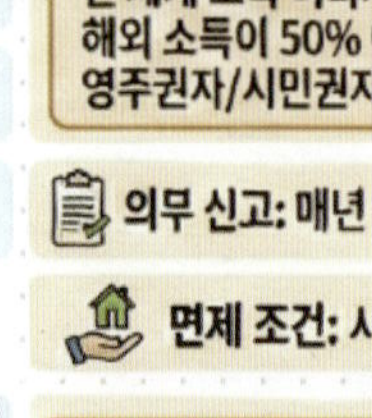

수진 씨 사례: 전 세계 소득 미과세자로 분류. 세율 2%. 단, 상속 후 2년 면제. *매년 신고 필수*.

3. 캐나다 연방 미활용 주택세 (Federal Underused Housing Tax, UHT)

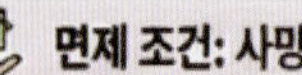

적용 대상: 비거주자, 영향을 받는 소유자 (Affected Owner)

2022 — 2024 — 2025+

2022-2024 과세 연도: 시행 중 (유효)

2025 과세 연도 이후: 폐지 제안 (Proposed Abolition)

세율: 과세가치/공정시장가치의 1% (매년)

의무 신고: 매년 4월 30일까지 (면제라도 신고 필수)

미신고 벌금: 개인 최소 $1,000, 법인 최소 $2,000

면제 조건: 사망(상속) 후 최대 2년 동안

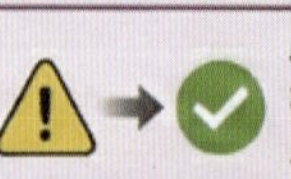

수진 씨 사례: 2024년까지는 *매년 신고 필수* (상속 면제 적용). 2025년부터는 신고/납부 의무 없음 (상속 표기 지).

수진 씨의 최종 확인 사항

- ☐ 밴쿠버 시 공실세: 해당 없음 (안전)
- ☑ BC 주 투기 및 공실세: 매년 3월 31일 신고 (상속 2년 면제, 이후 임대 or 납부 필요)
- ☑ 연방 UHT: 2024년분까지 매년 4월 30일 신고 (상속 최대 표기). 2025년 이후 폐지 예정 확인.

밴쿠버시 공실세 (City of Vancouver Empty Homes Tax)

밴쿠버시는 '비어 있는' 주거용 부동산에 대해 매년 부동산 평가액(Property Assessment Value)의 3%를 공실세로 부과합니다. 소유주의 주 거주지(Principal Residence)가 아니거나, 1년 중 최소 6개월 이상 제3자에게 임대되지 않은 경우 해당 주택은 '공실'로 간주될 수 있습니다(Vacancy Tax Bylaw No. 11674).

이에 따라 밴쿠버시 내 모든 주거용 부동산 소유자는 매년 2월 초까지 전년도 주택의 사용 현황을 시에 의무적으로 신고(Property Status Declaration)해야 합니다. 만약 이 신고를 하지 않을 경우, 실제 사용 여부와 관계없이 해당 주택이 자동으로 '공실'로 간주되어 공실세가 부과될 수 있습니다.

다만 일정한 요건을 충족하는 경우 공실세 면제가 가능합니다. 예를 들어 소유주가 사망한 연도와 그 다음 연도까지, 해당 연도 중에 주택의 소유권이 완전히 이전된 경우, 시의 허가를 받은 주요 개조 · 재개발 공사가 진행 중인 경우, 또는 법원 명령 등에 따라 점유가 제한되는 경우에는 공실세가 부과되지 않을 수 있습니다.

이 세금은 밴쿠버시(City of Vancouver) 관할 구역 내 주거용 부동산에만 적용됩니다. 따라서 박씨 부부의 콘도는 버나비(Burnaby)시에 위치해 있으므로, 밴쿠버시 공실세의 적용 대상이 아닙니다. 이는 각 시(Municipality)마다 공실세 규정과 세율이 다를 수 있다는 점을 잘 보여주는 사례입니다.

BC주 투기 및 공실세 (BC Speculation and Vacancy Tax)

BC주 투기 및 공실세는 지정된 BC주 도시 지역에 있는 주거용 부동산 소유자(Residential Owner)에게 매년 부과되는 세금으로, 소유자의 거주 형태와 소득 구조에 따라 세율이 달라집니다. 2025년 기준으로 '전 세계 소득 미과세자(Untaxed Worldwide Earner)'에 해당하지 않는 캐나다 시민권자 및 영주권자는 공시지가의 0.5%가 적용되고, 외국인 소유자나 '전 세계 소득 미과세자'에게는 공시지가의 2%가 부과됩니다. 2026년 이후에는 세율이 상향 조정되어, 캐나다 시민권자와 영주권자는 1%, 외국인과 전 세계 소득 미과세자는 3%를 부담하게 됩니다.

여기서 '전 세계 소득 미과세자(Untaxed Worldwide Earner)'란, 캐나다 시민권자 또는 영주권자이지만 주로 해외에서 소득을 벌고 그 소득에 대해 캐나다에서 세금을 내지 않는 사람을 의미합니다. 일반적으로 해외에 거주하면서 전체 소득의 절반 이상을 캐나다 밖에서 벌고 있는 경우가 이에 해당하며, 이렇게 분류되면 캐나다 시민권자 · 영주권자 신분임에도 불구하고 외국인 소유자와 동일한 높은 세율이 적용됩니다.

수진 씨가 상속받은 버나비 콘도는 메트로 밴쿠버 지역에 속하므로 이 세금의 적용 대상입니다. 한국에 거주하면서 소득의 50% 이상을 한국에서 벌고 있는 수진 씨는 '전 세계 소득 미과세자'에 해당하므로, 2025년 기준으로 콘도 공시지가의 2%를 매년 투기 및 공실세로 납부해야 합니다. 다만 소유주가 사망한 해와 그 다음 해에는 상속인을 보호하기 위한 면제 규정이 적용되어, 수진 씨는 부모님 사망 후 최대 2년 동안은 이 세금을 부담하지 않고 콘도를 관리할 수 있습니다.

그러나 이 면제는 자동으로 적용되지 않습니다. 수진 씨는 매년 3월 31일까지 BC주 정부에 '투기 및 공실세 신고서'를 제출해 면제 사유를 신고해야 하며, 신고를 하지 않으면 실제로 면제 요건을 충족하더라도 최대 세율인 2%가 부과될 수 있습니다. 또한 면제 기간이 끝난 이후에도 콘도를 계속 보유하면서 연중 최소 6개월 이상, 한 번에 30일 이상씩 임대를 하지 않는다면, 그때부터는 매년 공시지가의 2%(2026년부터는 3%)를 투기 및 공실세로 납부해야 합니다.

공동 소유 형태의 부동산인 경우 세금은 원칙적으로 각 소유자의 지분 비율에 따라 나누어 계산됩니다. 다만 법인, 신탁, 파트너십 등 복수 소유 구조에서는 소유자 중 한 명이라도 외국인이나 전 세계 소득 미과세자에 해당하면, 전체 부동산에 대해 가장 높은 세율이 적용될 수 있습니다.

이 세금이 적용되는 지역으로는 메트로 밴쿠버, 버나비, 코퀴틀람 등 지정된 도시와 구역이 포함됩니다. 다만, 원주민 보호 구역(Indigenous Reserve), 접근이 제한된 일부 섬, Predator Ridge 리조트 등 특정 지역은 과세 대상에서 제외됩니다. 따라서 실제로 세금이 부과되는지 여부는 부동산의 정확한 위치와 용도, 소유자의 신분과 소득 구조를 종합적으로 검토해 판단해야 합니다.

캐나다 연방 미활용 주택세 (Underused Housing Tax, UHT):

캐나다 연방 정부는 2022년 1월 1일부터 '미활용 주택 세금(Underused Housing Tax, UHT)'을 시행해 왔습니다. 이 세금은 캐나다 내 주택을 소유하고 있으면서도 비어 있거나 충분히 활용되지 않은 경우를 대상으로 하며, 세율은 주택의 과세가치 또는 공정시장가치의 1%입니다. 세액은 소유 지분 비율에 따라 계산되며, 여러 명이 공동으로 소유한 주택의 경우 각 소유자의 지분에 따라 나누어 부담합니다.

UHT의 과세 대상은 일반적으로 캐나다 시민권자나 영주권자가 아닌 '영향을 받는 소유자(Affected Owner)'입니다. 반대로 캐나다 시민권자, 영주권자, 일정 요건을 충족하는 법인 · 신탁 · 파트너십 등은 '제외된 소유자(Excluded Owner)'로 분류되어 UHT에 대한 신고 및 납부 의무로부터 제외됩니다.

다만 모든 비어 있는 주택이 UHT 대상이 되는 것은 아닙니다. 주택이 장기 임대 중이거나, 재난 · 위험 · 대규모 보수 등의 사유로 연중 사용할 수 없는 경우, 새로 건설된 주택, 계절적 사용만 가능한 주택, 2023년 이후 직원용 숙소 등은 일정 요건을 충족하면 UHT가 면제될 수 있습니다. 또한 주택 소유자가 해당 과세 연도 또는 직전 연도에 사망한 경우, 사망자의 유언 집행자가 캐나다 시민권자나 영주권자라면 UHT가 동일하게 면제됩니다.

여기서 중요한 점은, UHT가 면제되는 경우라 하더라도 '영향을 받는 소유자'에게는 여전히 연간 신고 의무가 존재한다는 사실입니다. 다시 말해 납부할 세금이 전혀 없더라도, 면제를 받으려면 반드시 매년 신고서를 제출하고 면제 사유를 명확히 표시해야 합니다. 신고 기한은 매년 4월 30일까지고, 이 기한을 지키지 못한 경우 개인은 최소 1,000달러, 법인은 최소 2,000달러의 벌금과 이자를 부담할 위험이 있습니다.

주택을 여러 형태로 소유한 경우에는 규정이 더욱 복잡해집니다. 예를 들어 한 채의 주택을 개인 자격으로 일부 소유하면서 동시에 신탁이나 파트너십 구조를 통해 다른 지분을 보유하고 있다면, 각 소유 형태별로 '영향을 받는 소유자'에 해당하는지를 따로 판단해야 하고, 그 결과 하나의 주택에 대해 여러 건의 UHT 신고서를 제출해야 하는 상황이 발생할 수도 있습니다.

다만, 2025년 11월 발표된 캐나다 연방 예산안은 2025년 과세 연도부터 미활용 주택세(UHT)를 전면 폐지할 것을 제안했습니다. 이 제안에 따르면 2025년 1월 1일 이후 과세 연도에 대해서는 UHT 신고 및 납부 의무가 사라집니다. 다만 이 폐지안은 2025년 과세 연도부터 적용되는 것이므로, 2022년, 2023년, 2024년 과세 연도에 대한 UHT 신고 및 납부 의무는 그대로 유지됩니다. 따라서 기존 규정에 따라 2024년까지의 신고를 완료하지 않았다면, 여전히 관련 벌금과 이자가 부과될 수 있습니다.

이제 수진 씨의 상황에 적용해 보겠습니다. 수진 씨는 한국에 거주하는 비거주자로, 박씨 부부로부터 버나비 콘도를 상속받았습니다. 수진 씨가 캐나다 시민권이나 영주권이 없는 '외국인(Foreigner)' 신분이라면, 기존 규정상 UHT의 과세 대상인 '영향을 받는 소유자'에 해당합니다. 다만 부모님이 사망한 과세 연도와 그 다음 연도, 최대 2년 동안은 상속인을 보호하기 위한 예외 규정에 따라 UHT 납부는 면제될 수 있습니다. 그러나 이 경우에도 신고 의무 자체는 면제되지 않기 때문에, 2024년 과세 연도까지는 매년 4월 30일까지 UHT 신고서를 제출하고 상속으로 인한 면제 사유를 명시해야 합니다.

만약 수진 씨가 콘도를 계속 보유하면서 연중 최소 6개월 이상 임대하지 않았다면, 상속에 따른 면제 기간이 끝난 이후부터 2024년 과세 연도까지는 매년 주택 과세가치의 1%를 UHT로 납부해야 했을 것입니다. 그러나 2025

년 예산안에서 제안된 UHT 폐지에 따라 더 이상 연방 정부 차원의 UHT 신고 및 납부 의무를 부담하지 않게 됩니다.

박씨 부부를 위한 맞춤형 상속 계획 제안

이 모든 복잡한 세금의 그물망을 고려할 때, 박씨 부부와 자녀들을 위한 최적의 상속 계획은 다음과 같습니다.

1. **밴쿠버 주 거주지:** 공동 배우자 신탁(Joint Spousal Trust)을 활용하여 양도소득세와 유언 검인 문제를 피하고, 부부가 살아있는 동안 완전한 통제권을 유지하는 것이 가장 현명합니다.
2. **버나비 투자용 콘도:**
   - **현금화 전략**: 한국에 거주하는 딸 수진 씨가 겪게 될 복잡한 비거주자 세금 문제(외국인 추가 부동산 취득세 가능성, 3대 공실세, Section 116 등)를 근본적으로 차단하기 위해, 생전에 콘도를 매각하여 현금화한 후, 그 현금을 자녀들에게 분배하는 것이 가장 간단하고 안전한 방법입니다.
   - **생명보험 활용**: 매각 시점에 유산에 부과될 양도소득세와 감가상각 환수 소득세를 충당하기 위해 생명보험에 가입하는 것도 고려해볼 수 있습니다.
3. **공평하고 효율적인 분배:** 캐나다에 사는 아들 준호 씨에게는 다른 자산이나 현금을, 한국에 사는 딸 수진 씨에게는 콘도 매각 대금을 중심으로 분배함으로써, 국경을 넘나드는 세금 문제를 최소화하고 자녀 간 공평성을 확보할 수 있습니다.

국경을 넘는 상속은 단순한 자산 이전이 아니라, 세금이라는 거대한 강을 건너는 것과 같습니다. 미리 튼튼한 다리를 설계하고 준비하지 않으면, 소중한 자산이 급류에 휩쓸려 사라질 수 있음을 명심해야 합니다.

사례 4

공동 명의 변경에 따른 세금 문제
(Tax Consequences of Joint Tenancy)

서씨 부부는 유언 검인 수수료(Probate Fees)를 절감하기 위해 밴쿠버 자택과 투자용 콘도를 자녀들과 공동 명의(Joint Tenancy)로 변경했습니다. 그러나 유언 검인 수수료에만 집중한 나머지, 공동 명의 변경이 캐나다 세법상 증여로 간주되어 양도소득세 또는 부동산 취득세가 발생할 수 있다는 사실을 알지 못했습니다.

공동 명의, 현명한 절세인가 위험한 함정인가?

캐나다 한인 사회에서 상속 이야기를 나누다 보면, 늘 빠지지 않고 등장하는 조언이 하나 있습니다.

"집은 자녀랑 공동 명의로 해 두면 된다더라. 그러면 유언 검인도 안 거치고, 세금도 줄일 수 있대."

언뜻 들으면 이보다 더 쉽고 매력적인 상속 계획은 없어 보입니다. 굳이 변호사를 찾아가 복잡한 유언장을 준비하지 않아도 되고, 유언 검인 수수료(Probate Fees) 또한 납부하지 않아도 되기 때문입니다.

밴쿠버에 거주하는 서씨 부부도 그렇게 믿었습니다. 그리고 고민 끝에, 주 거주지인 단독 주택과 투자용 콘도를 두 자녀와 공동 명의(Joint Tenancy)로 변경하기로 결정했습니다.

부부는 선한 의도에서 내린 이 결정에 한동안 만족했습니다. 그러나 몇 년 뒤 변호사와 상담하던 자리에서, 전혀 생각하지도 못한 질문들과 마주하게 되었습니다.

"자녀분들 이름으로 명의를 이전하실 때, 주택의 '실질적 소유권(Beneficial Title)'도 함께 넘겨주실 의도였나요? 그 과정에서 부동산 취득세와 양도소득세가 즉시 발생할 수 있다는 점은 알고 계셨습니까? 주택에 대한 주 거주지 면제 혜택이 사라질 수 있다는 위험은요?"

이번 장에서는 서씨 부부의 이야기를 통해, 공동 명의가 과연 현명한 절세 전략인지, 아니면 예기치 못한 세금 폭탄과 법적 분쟁을 일으키는 위험한 함정인지를 알아보겠습니다.

유언 검인 수수료(Probate Fees)란 무엇인가?

서씨 부부가 절감하고자 했던 '유언 검인 수수료(Probate Fees)'는, 법원이 유언장의 법적 효력을 공식적으로 확인하고 유언 집행자(Executor)에게 고인의 유산을 관리할 권한을 부여하는 절차에서 발생하는 수수료를 말합니다.

유언장이 없는 경우에도, 고인의 유산을 관리할 법적 권한(Estate Grant)을 법원으로부터 부여받기 위해서는 동일하게 유언 검인 수수료를 납부해야 합니다.

브리티시컬럼비아(BC)주의 유언 검인 수수료

캐나다 BC주의 유언 검인 수수료는 신청서를 법원에 제출할 때 납부하는 기본 신청비(Filing Fee)와 유산 가치에 따라 부과되는 추가 수수료(Additional Fee)로 구성됩니다.

기본 신청비는 $200입니다. 단, 유산의 총 가치가 $25,000 이하인 경우에는 이 비용이 면제됩니다.

추가 수수료는 유산의 총 가치(Gross Value)를 기준으로 구간별로 부과됩니다. 2025년 기준 수수료율은 다음과 같습니다.

- 유산 가치 $25,000 이하는 면제
- $25,001 ~ $50,000 구간은 $1,000 단위 금액당 $6 (최대 $150)
- $50,000 초과 구간은 $1,000 단위 금액당 $14

만약 고인의 단독 명의 주택이 1백만 달러($1,000,000)인 경우, 유언 검인 수수료는 총 $200 + $150 + $13,300 = $13,650 입니다.

유언 검인 수수료 부과 대상 자산 (Value of the Estate)

BC주의 Probate Fee Act에 따르면, 수수료 산정의 기준이 되는 '유산 가치(Value of the Estate)'는 사망일을 기준으로 유언 집행자에게 이전되는 자산의 총액(Gross Value)을 의미합니다. 수수료 대상 자산은 총 3가지 종류로 구분됩니다.

- **부동산 (Real Property):** 토지, 건물, 시설물 등 움직일 수 없는 자산을 말합니다. BC주법상 모기지(Mortgage)도 부동산으로 분류됩니다.
- **유형 동산 (Tangible Personal Property):** 물리적 형태가 있고 움직일 수 있는 자산을 말합니다. 여기에는 차량, 선박, 보석, 예술품, 가구 등이 포함됩니다. 수집용 금화처럼 액면가 이상의 시장 가치를 지닌 화폐도 포함됩니다.
- **무형 동산 (Intangible Personal Property):** 물리적 형태가 없는 자산을 말합니다. 여기에는 은행 계좌, 주식, 채권, 사업체 지분, 보험 증권, 미수금 등이 포함됩니다. 주식 증서나 약속 어음은 무형 자산의 권리를 나타내는 서류일 뿐, 유형 동산이 아닙니다.

유언 검인 수수료 부과 범위는 고인의 사망 시 '주 거주지(Ordinary Residence)'가 어디였는지에 따라 달라집니다.

2. 거주지에 따른 수수료 부과 범위

수수료 부과 범위는 고인의 '주 거주지'(Ordinary Residence)가 어디였는지에 따라 달라집니다.

유언 검인 수수료 부과 대상 자산 (Assets Subject to Probate Fees)	고인의 주 거주지 (Ordinary Residence of Deceased)	부동산 (Real Property)		유형 동산 (Tangible Personal Property)		무형 동산 (Intangible Personal Property)	
		In B.C.	Outside B.C.	In B.C.	Outside B.C.	In B.C.	Outside B.C.
	B.C.	✓ Yes	✗ No	✓ Yes	✗ No	✓ Yes	✓ Yes
	Outside B.C.	✓ Yes	✗ No	✓ Yes	✗ No	✗ No	✗ No

여기서 '총 가치(Gross Value)'는 부채를 차감하지 않은 금액을 의미합니다. 다만 실무적으로는 자산에 직접 담보로 설정된 채무는 해당 자산의 가치에서 공제할 수 있습니다. 예를 들어 부동산에 대한 모기지나 차량 담보 대출은 공제가 가능합니다. 하지만 신용카드 빚이나 개인 대출과 같은 무담보 채무는 공제되지 않습니다.

또한 다음의 자산들은 일반적으로 유언 검인 수수료 대상에서 제외됩니다.

공동 명의(Joint Tenancy) 자산은 생존한 다른 명의자에게 자동으로 소유권이 이전되기 때문에 애초부터 유언 검인 대상이 아닙니다. 동일하게, RRSP, RRIF, TFSA, 생명보험금 등은 지정된 수혜자에게 직접 지급되어 법원의 검인 절차가 필요 없습니다.

반대로, 명의신탁(Bare Trust) 자산은 유언 검인 절차가 필요하지만, 고인이 서류상 명의만 보유하고 실질적 소유주가 아니기 때문에 해당 자산의 가치를 '없음(nil)'으로 신고하여 유언 검인 수수료 대상에서 사실상 배제할 수 있습니다.

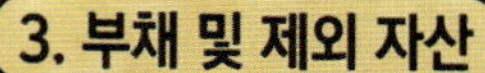

여기서 '총 가치'는 부채를 차감하지 않은 금액을 의미하지만, 실무적으로는 자산에 직접 담보로 설정된 채무(예: 부동산에 대한 모기지, 차량 담보 대출)는 해당 자산의 가치에서 공제하는 것이 허용됩니다.

하지만 신용카드 빚이나 개인 대출과 같은 무담보 채무는 공제되지 않습니다.

또한, 다음의 자산들은 일반적으로 유언 검인 대상에서 제외됩니다.

공동 명의(Joint Tenancy) 자산

생존한 다른 명의자에게 자동으로 소유권이 이전됩니다.

지정된 수혜자가 있는 자산

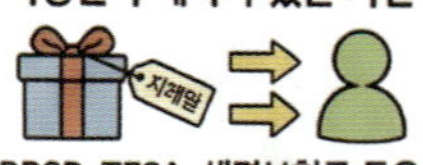

RRSP, TFSA, 생명보험금 등은 지정된 수혜자에게 직접 지급됩니다.

명의신탁(Bare Trust) 자산

고인이 서류상 명의만 보유하고 실질적 소유주가 아닌 경우, 해당 자산의 가치는 '없음(nil)'으로 신고할 수 있습니다.

다른 주(Province)와의 비교

캐나다 내 다른 주와 비교해 보면 BC주의 유언 검인 수수료가 얼마나 높은 수준인지 알 수 있습니다.

온타리오(Ontario)주는 유산 가치 $50,000를 초과하는 금액에 대해 $1,000당 $15의 세율(Estate Administration Tax)을 적용합니다. 1백만($1,000,000) 달러 유산의 경우 유언 검인 수수료는 $14,250입니다.

앨버타(Alberta)주는 캐나다에서 유언 검인 수수료가 가장 낮은 주 중 하나입니다. 유산 가치에 따라 수수료가 정해져 있지만, 최고 수수료가 $525로 제한되어 있습니다. 1백만 달러 유산이라도 유언 검인 수수료는 $525입니다.

퀘벡(Quebec)주는 유산 가치에 기반한 수수료를 부과하지 않습니다. 공증 유언장(Notarial Will)의 경우 유언 검인 절차가 아예 필요 없습니다. 자필 유언장이나 증인 유언장의 경우에도 법원 서류 제출 비용(2025년 기준 $237)만 납부하면 됩니다.

공동 명의의 대한 기대와 그 이면의 냉혹한 현실

이처럼 주마다 유언 검인 수수료에 큰 차이가 있다 보니, 많은 사람들이

'공동 명의'라는 손쉬운 해결책을 선택하곤 합니다. 하지만, 공동 명의는 겉으로 보기에는 매우 합리적인 선택처럼 보일 수 있지만, 그 이면에는 예상하지 못한 세금 및 법적 리스크가 숨어 있습니다.

먼저, 주 거주지 면제 혜택이 부분적으로 사라질 수 있습니다. 자녀가 이미 본인 명의의 집을 따로 소유하고 있는 경우, 부모 집을 자녀와 공동 명의로 설정하게 되면 자녀 지분에 대해서는 그 집이 자녀의 주 거주지로 인정되지 않을 수 있습니다. 그 결과 나중에 집을 매각할 때, 자녀 지분에 해당하는 부분은 주 거주지 면제 혜택을 받지 못해 상당한 양도소득세가 발생할 수 있습니다.

또한, 부동산 명의 이전 시 양도소득세가 즉시 발생할 수 있습니다. 예를 들어, 자녀 이름을 투자용 콘도에 올리는 순간, 캐나다 국세청(CRA)은 그 시점에 실질적 소유권(Beneficial Title)이 자녀에게 일부 이전된 것으로 보아 콘도를 매각한 것으로 판단하여 부모에게 양도소득세를 부과할 수 있습니다.

아울러, 부모는 자신의 자산에 대한 통제권을 일부 상실하게 됩니다. 명의를 이전한 후에는 집을 팔거나 담보 대출을 받으려면 자녀의 동의가 반드시 필요하게 됩니다. 내 집이지만 내 마음대로 할 수 없게 된다는 의미입니다.

부모 재산이 자녀의 채권자에게 노출될 수 있다는 점도 심각한 문제입니다. 자녀가 사업 실패나 과도한 채무로 인해 파산하거나 이혼 소송에 휘말리는 경우, 채권자나 전 배우자가 자녀 지분에 해당하는 부모 재산에 대해 권리를 주장할 수 있습니다. 그 결과 부모님의 집이 한순간에 법적 분쟁의 대상이 될 수 있습니다.

마지막으로, 부동산 취득세(Property Transfer Tax)가 부과될 수 있습니다. 명의 변경은 단순한 서류 작업이 아니라 부동산 취득 행위로 간주됩니다. 물론 Property Transfer Tax Act, Section 14에 따라 주 거주지나 별장을 배우자, 자녀, 손자녀, 부모, 조부모 등 가까운 가족에게 이전할 때는 취득세가 면제될 수 있습니다. 하지만 투자용 부동산은 면제 대상이 아니며, 주 거주지로 인정받기 위해서는 명의 이전 직전 최소 6개월 이상 해당 부동산에서 실제로 거주했어야 합니다.

설령 위에서 언급한 세금 및 법적 리스크를 모두 감수하고 공동 명의로 전환하더라도, 부모의 진정한 의도를 문서로 남겨두지 않으면 공동 명의의 핵심 혜택인 '생존권(Right of Survivorship)' 자체가 무효화될 수 있습니다.

공동 명의의 가장 큰 매력은 부모 사망 시 별도의 유언 검인 절차 없이 소유권이 생존한 자녀에게 자동으로 이전된다는 점입니다. 그런데 캐나다 대법원은 Pecore v. Pecore, 2007 SCC 17 판결에서 이 상황을 다르게 해석했습니다. 부모가 성인 자녀에게 아무런 대가 없이 재산을 공동 명의로 넘긴 경우, 법원은 이를 순수한 증여가 아니라 자녀가 편의상 부모를 위해 이름만 빌려준 **'환원 신탁(Resulting Trust)'**으로 추정할 수 있다는 것입니다.

다시 말해, 등기부상으로는 부모와 자녀가 공동 명의라 할지라도 법적으로는 여전히 부모의 소유로 간주될 수 있습니다. 이 경우 해당 부동산은 부모 사망 시 자녀에게 자동으로 이전되지 않고, 부모의 유산(Estate)으로 다시 편입됩니다. 그 결과, 기존에 피하고자 했던 유언 검인 절차를 거쳐야 하고, 그에 따른 수수료까지 납부해야 하는 상황이 발생할 수 있습니다.

이러한 문제를 막기 위해서는 공동 명의를 설정할 당시 '부모의 의도'를 문서화하는 절차를 거쳐야 합니다.

그렇다면 구체적으로 어떤 문서를 준비해야 할까요?

신탁 선언서(Declaration of Trust): 실질적 소유권을 이전할 의도가 없을 경우

먼저, 실질적 소유권(Beneficial Title)을 자녀에게 넘길 의도가 없는 경우에는 '**신탁 선언서(Declaration of Trust)**'를 작성할 수 있습니다. 부모의 진짜 의도가 자녀에게 재산을 즉시 증여하려는 것이 아니라, 유언 검인 절차를 피하거나 재산 관리상 편의를 위해서만 공동 명의로 설정하는 것이라면, 신탁 선언서를 통해 그 취지를 명시할 수 있습니다. 이 문서에는 자녀가 재산의 법적 소유권(Legal Title)만 보유하고, 재산에 대한 실질적 소유권(Beneficial Title)과 통제권은 부모가 생존하는 동안에는 전적으로 부모에게 있으며, 사후에는 부모의 유산으로 귀속된다는 점을 명확하게 규정합니다.

이 방법의 장점은, 실질적 소유권이 부모에게 그대로 남아 있으므로 명의를 자녀에게 이전하는 시점에 양도소득세(Capital Gains Tax)가 발생하지 않는다는 점입니다. 다만 몇 가지 유의할 점도 있습니다.

우선, 유언 검인 수수료를 회피하려는 목적이라면, 다른 유산이 전혀 없어 유언 검인 절차 자체가 필요 없을 때에만 가능합니다. 만약 다른 자산 때문에 결국 유언 검인이 필요하게 되면, 해당 부동산 역시 유산 목록에 포함됨으로, 그 결과 유언 검인 수수료가 부과될 수 있습니다.

둘째, 이 부동산은 법적으로 부모의 유산 일부로 간주되기 때문에, 다른 상속인들이 유언장에 이의를 제기할 경우 소송의 대상이 될 수 있습니다.

생존권 증여 증서(Deed of Gift of the Right of Survivorship): '생존권'을 확실히 증여할 의도가 있을 경우

반대로, 부모의 의도가 자신이 사망한 후 해당 재산이 유산에 포함되지 않고 곧바로 공동 명의자인 자녀에게 넘어가도록 하는 것이라면, **'생존권 증여 증서(Deed of Gift of the Right of Survivorship)'**를 작성할 수 있습니다.

캐나다 대법원은 Pecore 판결에서 '생존권(Right of Survivorship)'만을 별도로 선물하는 것도 유효한 증여로 인정한 바 있습니다. 생존권 증여 증서에는 공동 명의 이전이 단순한 편의를 위한 것이 아니라, 부모 사망 시 재산의 소유권이 자녀에게 자동으로 넘어가는 권리를 확정적이고 취소 불가능한(Irrevocable) 증여로 설정한다는 점이 명시됩니다. 이는 부모 사망 후 해당 재산이 다시 부모의 유산으로 귀속된다고 보는 '환원 신탁(Resulting Trust)'의 법적 추정을 번복하는 증거로 기능합니다.

다만, 아직 법적으로 명확히 정리되지 않은 이슈는 '생존권'을 증여하는 과정에서 양도소득세(Capital Gains Tax)가 부과되는지 여부입니다.

캐나다 세법은 일반적으로 '실질적 소유권(Beneficial Title)'이 이전될 때 재산을 처분한 것으로 보아 양도소득세를 부과합니다. 그런데 '생존권'과 관련하여, 캐나다 대법원은 Pecore 판결에서 부모가 생존하는 동안에는 부모가 여전히 실질적 소유권을 보유하고 있으므로, 자녀에게 생존권을 증여하는 행위는 재산의 '처분'에 해당하지 않아 양도소득세가 발생하지 않는다고 판시한 바 있습니다.

하지만 이는 법적 구속력이 없는 보충 의견(Obiter)에 불과했으며, 이 문제에 대한 캐나다 국세청(CRA)의 공식 입장 역시 아직 확립되지 않은 상태입니다. 여러 법률 전문가들은 '생존권 증여' 또한 재산의 처분에 해당할 수 있다고 보면서도, 부모가 여전히 재산을 자유롭게 처분할 수 있는 권한을 유지하는 만큼 증여 시점에서의 생존권의 가치는 실질적으로 거의 없다고 보고, 그 결과 양도소득세가 발생하지 않을 가능성이 크다는 견해를 갖고 있습니다.

이와는 별도로, BC주 법원은 생존권을 증여한 이후에도 부모가 살아 있는 동안에는 공동 명의(Joint Tenancy)를 일방적으로 해지(Sever)할 수 있다는 입장을 취합니다. 이는 언뜻 모순처럼 들릴 수 있으나, 증여의 대상이 '재산 자체'가 아니라 '생존권'이라는 미래의 권리이기 때문입니다. 이 생존권은 공동 명의라는 법적 관계가 유지되는 경우에만 효력을 가질 수 있으며, 공동 명의가 해지되는 순간 생존권 또한 소멸됩니다.

따라서 부모가 자녀의 동의 없이 공동 명의를 해지하게 되면, 생존권도 동일하게 사라집니다. 예를 들어, 부모가 공동 계좌에 있는 모든 자금을 인출하여 잔액이 '0원'일 경우, 그 즉시 공동 명의가 해지되고 이에 따라 생존권도 소멸하게 됩니다.

결론적으로, 자녀가 생존권을 증여받았다 하더라도 그 재산이 미래에 온전히 자신의 것이 될 것이라고 확신할 수는 없습니다. 부모가 생존해 있는 동안에는 여전히 그 재산에 대한 통제권을 행사할 수 있으며, 공동 명의 구조를 변경하거나 재산을 처분함으로써 생존권의 효력을 사실상 종료시킬 수 있기 때문입니다.

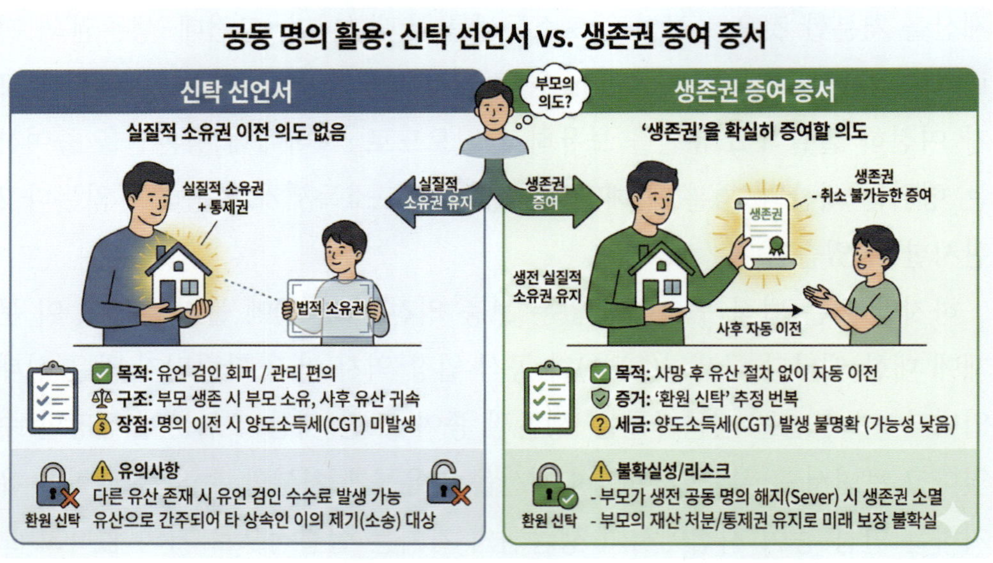

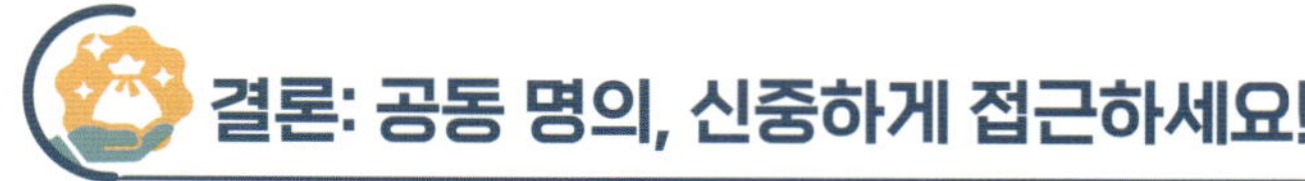

결론: 공동 명의, 신중하게 접근하세요!

서씨 부부의 이야기는 우리에게 중요한 교훈을 줍니다. 공동 명의는 잘만 활용하면 유용한 도구가 될 수 있지만, 부모님의 의도가 명확히 담긴 문서가 동반되지 않으면 애초 기대했던 유언 검인 수수료 절감 혜택을 누리지 못할 수 있습니다.

따라서, 공동 명의를 고려할 때에는 이 재산의 실질적 소유자가 누구인지, 생존권을 누구에게 주려는 것인지, 기존 유언 내용과는 충돌하지 않는지, 그리고 가족 관계에 어떤 영향을 미칠지를 함께 살펴봐야 합니다.

지금까지 우리는 캐나다에 거주하는 부모가 자산을 이전할 때 겪는 복잡한 문제를 살펴보았습니다. 그렇다면, 반대로 자산의 소유주인 부모가 캐나다를 떠나 한국에 거주하는 캐나다 비거주자라면, 어떻게 될까요?

다음 장에서는 한국으로 돌아간 박씨 부부의 이야기를 통해, 캐나다 비거주자가 밴쿠버에 남겨둔 임대 부동산이 마주하게 될 세금 문제, 특히 캐나다의 양도소득세와 한국의 상속세가 충돌하는 이중 과세의 위험과 그 해법을 탐색해 보겠습니다.

사례 5

한국 거주 피상속인과 밴쿠버 부동산
(Korean Resident with Vancouver Condo)

박씨 부부는 은퇴 후 캐나다 밴쿠버에서 거주하는 것을 꿈꾸었으나, 건강상의 문제로 다시 한국으로 귀국하게 되었습니다. 현재 이들은 밴쿠버 다운타운에 위치한 콘도 한 채를 보유하고 있으며, 자녀들은 모두 캐나다 시민권자입니다. 한국 거주자/캐나다 비거주자인 박씨 부부는 사망 시 해당 캐나다 부동산에 부과될 한국의 상속세와 캐나다의 양도소득세를 우려하고 있습니다.

밴쿠버의 꿈과 한국의 현실, 박씨 부부의 국경을 넘는 고민

밴쿠버에 남겨진 꿈, 그리고 두 개의 세금 청구서

이번 이야기의 주인공은 한때 밴쿠버에서의 은퇴를 꿈꾸었던 박씨 부부입니다.

햇살 좋은 밴쿠버에서 노후를 보내는 것, 그것이 박씨 부부의 평생 소원이었습니다. 그러나 예상치 못한 건강 문제로 부부는 그 꿈을 뒤로한 채 다시 한국으로 귀국해야 했습니다.

시간이 흘러 고령에 접어든 부부의 마음속에는 새로운 걱정이 자리 잡기 시작했습니다.

"여보, 우리가 이제 한국에 사는 '캐나다 비거주자'가 되었는데, 만약 우리에게 무슨 일이 생기기라도 하면 밴쿠버에 남겨진 저 콘도는 어떻게 되는 걸까? 캐나다 시민권자인 우리 아이들이 상속을 받을 때, 뜻밖의 세금 문제가 생기지는 않을까?"

안타깝게도, 박씨 부부의 이 불안한 예감은 정확했습니다. 자산의 소유주가 국경을 넘어 '비거주자(Non-Resident)'가 되는 순간, 캐나다 세법은 거주자에게 주어졌던 많은 혜택의 문을 닫아버리기 때문입니다.

이번 장에서는 박씨 부부가 직면하게 될 캐나다의 양도소득세와 한국의 상속세라는 두 개의 거대한 세금 청구서를 살펴보겠습니다. 그리고 이중 과세(Double Taxation)라는 함정에서 캐나다-한국 조세조약을 어떻게 활용할 수 있는지도 함께 탐구해 보겠습니다.

캐나다와 다른 나라의 상속세 시스템

우선, 전 세계적으로 사망 시 자산에 세금을 부과하는 방식은 크게 네 가지로 나눌 수 있습니다.

1. **롤오버 방식 (Rollover Basis System):** 호주, 이스라엘, 중국 등에서 채택하고 있는 제도로, 사망 시점에는 소득이나 양도소득을 간주 실현하지 않고, 자산이 원가(취득가) 그대로 상속인에게 이전됩니다. 세금은 상속인이 나중에 그 자산을 처분할 때 부과됩니다.
2. **간주 처분 방식 (Deemed Realization System):** 캐나다가 채택하고 있는 시스템으로, 사망 시 전 세계 자본 자산(Capital Property)을 공정시장가치(Fair Market Value)로 처분한 것으로 간주하여 양도소득세를 부과합니다.
3. **상속세/유산세 및 증여세 방식 (Inheritance/Estate Tax and Gift Tax System):** 미국, 한국, 영국, 일부 라틴아메리카 국가 등에서 흔히 볼 수 있는 방식입니다. 고인의 전체 유산 가치에서 부채를 차감한 순자산을 기준으로 세금이 부과되며, 피상속인의 거주지, 상속인과의 관계, 그리고 유산 규모에 따라 세율과 공제한도가 달라질 수 있습니다.
4. **승계세 방식 (Succession Duties System):** 프랑스, 독일, 스페인, 이탈리아, 일본 등에서 채택하고 있는 제도로, 재산을 받는 상속인에게 세금이 부과됩니다. 이 경우에도 피상속인과 상속인과의 관계, 상속받은 금액 등에 따라 세율이 달라질 수 있습니다.

이처럼 국가마다 과세 체계가 다르기 때문에, 해외 자산이 있거나 피상속인·상속인이 서로 다른 국가에 거주하는 경우 '이중 과세(Double Taxation)' 위험이 존재할 수 있습니다.

예를 들어, 캐나다 거주자가 미국 부동산을 보유한 상태에서 사망하고 그

재산을 프랑스에 거주하는 딸에게 상속할 경우, 캐나다에서는 양도소득세, 미국에서는 유산세, 프랑스에서는 승계세가 발생할 수 있습니다.

따라서 국경을 넘는 상속 계획을 세울 때에는 한 국가의 세법만 고려하는 것이 아니라, 피상속인과 상속인의 거주지 국가의 과세율과 범위, 자산이 위치한 국가의 과세 요건, 그리고 해당 국가 간 체결한 조세조약(Tax Treaty)까지 종합적으로 검토해야 합니다.

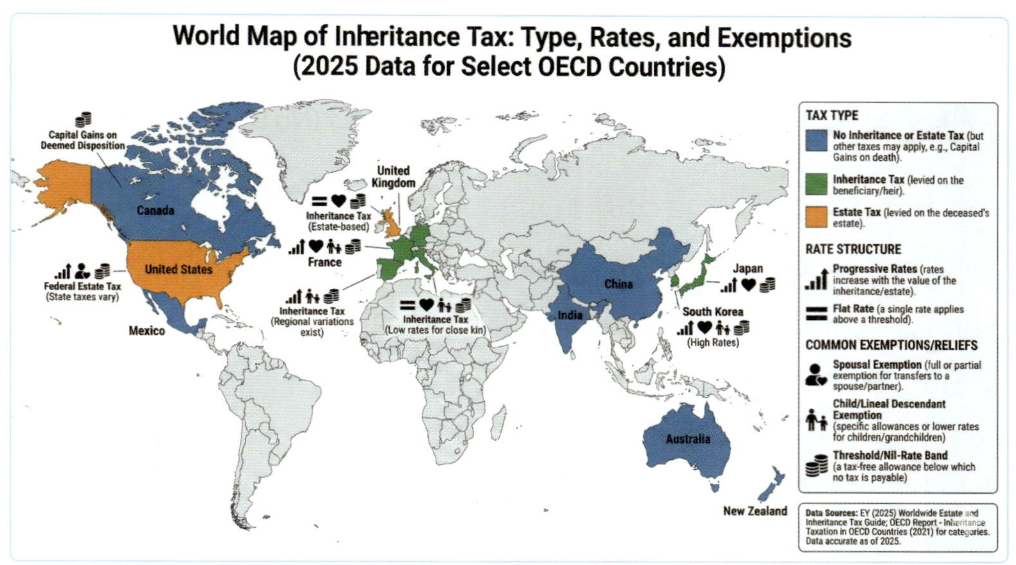

 캐나다 세법의 냉정한 원칙: 비거주자에게는 예외가 없다

박씨 부부가 보유한 밴쿠버 콘도는 캐나다 세법상 명백한 **'과세 대상 캐나다 자산(Taxable Canadian Property, TCP)'**입니다. 캐나다 국세청(CRA)은 자산 소유자가 전 세계 어디에 거주하든 상관없이, 캐나다 영토 내에 있는 자산에 대해서는 과세할 권한을 갖고 있습니다.

그리고, 캐나다 비거주자에게는 다음과 같은 두 가지 냉정한 원칙이 적용됩니다.

원칙 1: 사망 시 간주 처분 (Deemed Disposition at Death)

캐나다 거주자이든 비거주자이든, 캐나다 세법은 사람이 사망하는 순간 그가 소유한 모든 자본 자산(Capital Property)을 사망 직전의 공정시장가치(Fair Market Value, FMV)로 처분한 것으로 간주합니다. 즉, 실제로 자산을 팔지 않았더라도, 법적으로는 처분한 것으로 보아 그동안 발생한 가치 상승분에 대해 양도소득세(Capital Gains Tax)를 부과합니다.

원칙 2: 비거주자에게는 '배우자 롤오버'가 없다 (No Spousal Rollover)

이 부분이 캐나다 비거주자에게 가장 불리한 규정입니다.

캐나다 거주자의 경우, 부부 중 한 사람이 먼저 사망하면 '배우자 롤오버(Spousal Rollover)' 규정을 통해 사망한 배우자의 자산에 대한 과세 시점을 생존 배우자가 사망할 때까지 연기할 수 있습니다.

하지만 박씨 부부처럼 캐나다 비거주자인 경우에는 이 혜택이 적용되지 않습니다. 즉, 부부 중 한 사람이 먼저 사망하면, 그 사람이 보유하던 지분은 사망 시점의 공정시장가치로 처분된 것으로 간주되고, 그에 따른 양도소득세가 즉시 부과됩니다.

결과적으로, 생존 배우자는 깊은 슬픔 속에서 세금 납부에 필요한 현금을 급하게 마련해야 하는 상황에 놓일 수 있게 됩니다.

세금의 충돌: 캐나다 양도소득세 vs. 한국 상속세

문제는 여기서 끝나지 않습니다. 박씨 부부는 한국에 거주하고 있으므로, 한국 세법상 한국 거주자가 됩니다. 한국 거주자는 사망 시 전 세계 자산에 대해 상속세(Inheritance Tax)를 납부하게 됩니다.

캐나다와 한국, 두 나라의 세법은 각기 다른 법적 논리로 박씨 부부의 유산에 접근합니다.

- **캐나다 양도소득세 청구서:** '사망 시 간주 처분' 원칙에 따라, 밴쿠버 콘도의 취득 시점부터 사망 시점까지 발생한 가치 상승분에 대해 양도소득세를 부과합니다. 이 세금은 오직 실현된 이익에 대해서만 과세하는 소득세의 일종으로, 발생한 양도소득의 50%가 고인의 최종 소득세 신고서(Terminal Tax Return)에 소득으로 포함되어 계산됩니다. 여기서 밴쿠버 콘도는 부동산에 해당함으로 '과세 대상 캐나다 자산(Taxable Canadian Property, TCP)'으로 분류됩니다.
- **한국 상속세 청구서:** 한국 민법 제1005조의 '포괄적 권리의무 승계' 원칙에 따라, 박씨 부부의 국내외 모든 재산(밴쿠버 콘도 포함)과 채무를 포괄하여 상속세를 계산합니다. 구체적으로, (총상속재산 + 사전증여재산) - (채무 + 공과금 + 각종 공제액)을 계산해 '상속세 과세표준'을 산출한 뒤, 여기에 초과누진세율을 적용하여 최종 상속세액을 산출합니다. 이는 '이익'이 아닌 '재산의 이전' 그 자체에 과세하는 전통적인 상속세 방식입니다.

결국 동일한 자산(밴쿠버 콘도)을 두고 양국에서 동시에 세금을 부과하는 이중 과세(Double Taxation) 위험이 발생하는 것입니다.

한국과 캐나다의 상속 시 과세 방식을 요약하자면 다음과 같습니다.

한-캐 상속 관련 세금 비교

두 개의 청구서: 구체적인 세금 계산 예시

이해를 돕기 위해, 박씨 부부의 상황을 다음과 같이 가정해 보겠습니다.

두 개의 청구서: 구체적인 세금 계산 예시

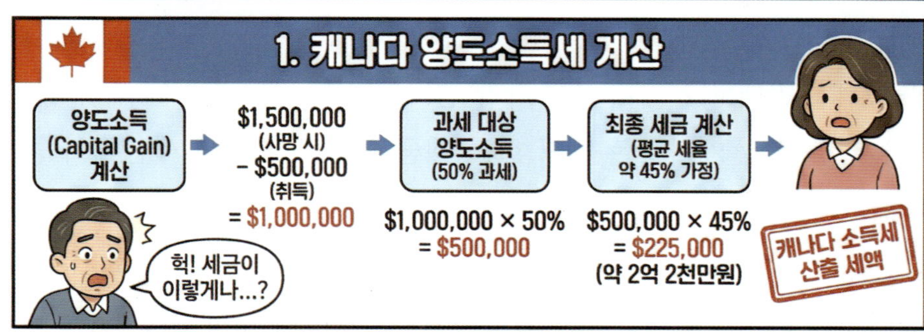

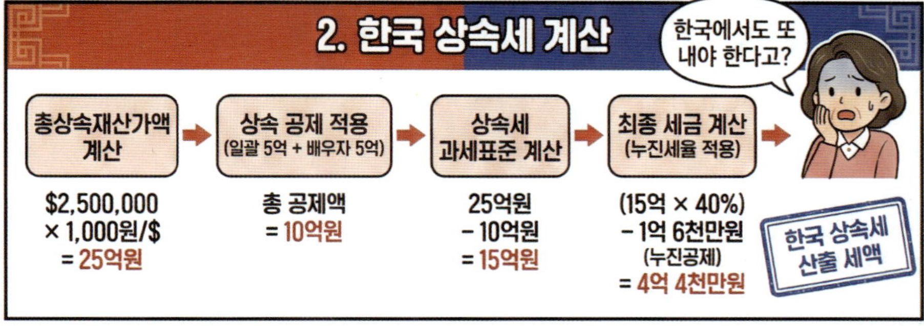

캐나다-한국 조세조약: 희망의 빛인가, 또 다른 퍼즐인가?

다행히 캐나다와 한국은 조세조약을 체결하여 이중 과세를 방지하고 있습니다. 이 조약은 양국 간의 과세 권한을 조정하고, 한 국가에서 납부한 세금을 다른 국가에서 공제받을 수 있도록 하는 규정을 담고 있습니다.

캐나다-한국 조세조약 제6조(부동산 소득) 및 제13조(재산 처분으로 인한 소득)에 따르면, 부동산으로부터 발생하는 소득 또는 부동산 처분으로 인한 양도소득은 해당 부동산이 소재하는 국가에서 우선적으로 과세합니다. 따라서 박씨 부부의 밴쿠버 콘도는 우선적으로 캐나다 양도소득세 대상입니다.

캐나다-한국 조세조약 제20조(이중 과세의 방지)는 이중 과세를 해소하는 방법을 규정합니다. 한국 거주자가 캐나다에서 발생한 소득에 대해 캐나다 세금을 납부한 경우, 한국은 해당 캐나다 세금을 한국 납부 세금에서 공제해 줍니다. 반대로 캐나다 거주자가 한국에서 발생한 소득에 대해 한국 세금을 납부한 경우, 캐나다는 해당 한국 세금을 캐나다 납부 세금에서 공제해 줍니다.

그러나 박씨 부부의 경우, 사망 시 간주 처분(Deemed Disposition)으로 발생한 밴쿠버 콘도의 캐나다 양도소득세(Capital Gains Tax)는 한국의 상속세(Inheritance Tax) 계산 시 외국납부세액공제(Foreign Tax Credit)를 통해 공제받을 수 없습니다. 마찬가지로 한국에서 납부한 상속세 역시 캐나다의 양도소득세 계산 시 세액공제 혜택을 받을 수 없습니다.

이는 캐나다-한국 조세조약상 두 세금의 법적 성격이 서로 다르기 때문입니다. 캐나다의 양도소득세는 '소득(Income)'에 대한 세금인 반면, 한국의 상속세는 '재산의 이전에 대한 세금(Wealth Transfer Tax)'으로 분류되기 때문입니다.

결과적으로 동일한 자산(밴쿠버 콘도)에 대해 양국에 각각 다른 종류의 세금을 모두 납부해야 하는 이중 과세가 발생합니다.

조세조약은 일반적으로 이중 과세의 부담을 줄여주는 중요한 장치이지만,

그 적용 범위와 방식은 자산의 종류, 소득의 성격, 거주지 기준 등에 따라 매우 복잡하게 달라질 수 있습니다. 박씨 부부와 같이 여러 국가에 자산을 보유한 경우, 양국의 세법과 조세조약에 대한 섬세한 검토가 필수적입니다.

임대 소득과 사망 시 양도소득세의 복잡한 연결고리

만약 박씨 부부의 밴쿠버 콘도에서 임대 소득이 발생하고 있다면, 원칙적으로 총 임대 수익(Gross Income)의 25%를 원천징수세(Withholding Tax)로 납부해야 합니다.

하지만 소득세법(Income Tax Act) Section 216에 따른 신고를 선택하면, 총 수익이 아닌 임대 비용을 차감한 '순 임대 소득(Net Rental Income)'을 기준으로 개인 소득세율을 적용받을 수 있습니다. 단, 이 방식을 선택할 경우 매년 캐나다 소득세 신고서를 제출해야 합니다.

만약 박씨 부부가 사망하게 되면, 이 임대 부동산과 관련하여 두 가지 종류의 세금 신고가 필요합니다.

1. **사망일까지의 임대 소득 신고서 (Section 216 Tax Return):** 사망한 해의 1월 1일부터 사망 당일까지 발생한 임대 소득에 대해 임대 소득 신고서를 제출해야 합니다.
2. **사망 시 간주 처분에 따른 양도소득세 신고서 (Terminal Tax Return):** 밴쿠버 콘도는 '과세 대상 캐나다 자산(Taxable Canadian Property, TCP)'에 해당하므로, 사망 시 간주 처분(Deemed Disposition)으로 발생하는 양도소득(Capital Gain)의 50%가 고인의 최종 소득세 신고서에 소득(Income)으로 포함되어 신고됩니다.

임대 소득 신고 시 발생하는 손실(예: 감가상각비 등)은 임대 소득 내에서 상계가 가능하지만, 사망 시 간주 처분으로 발생할 수 있는 토지의 양도손실

(Capital Loss)은 성격이 다르므로 임대 소득과 직접 상계되지 않을 수 있습니다. 이는 두 세금이 각각 다른 세법 규정과 신고 서식에 따라 처리되기 때문입니다.

박씨 부부를 위한 현명한 대비책

박씨 부부의 사례는 국경을 넘나드는 자산 상속이 얼마나 복잡한 문제인지를 잘 보여줍니다. 이는 밴쿠버의 부동산과 한국의 자산, 그리고 각국이 부과하는 양도소득세와 상속세가 얽혀 있기 때문입니다. 이러한 상황에서 박씨 부부가 취해야 할 대비책은 다음과 같습니다.

- **정확한 자산 평가:** 사망 시 캐나다 자산은 공정시장가치로 간주 처분됩니다. 따라서 밴쿠버 콘도의 현재 가치와 취득 원가를 정확히 파악하여, 사망 시 발생할 양도소득세(Capital Gains Tax)를 납부하기 위한 충분한 자금을 준비해야 합니다.
- **캐나다-한국 조세조약 활용:** 생전에 밴쿠버 콘도를 매각하여 캐나다-한국 조세조약의 이중 과세 방지 규정을 적극 활용합니다. 매각 시 캐나다에서 발생하는 양도소득세(Capital Gains Tax)는 한국 양도소득세 계산 시 외국납부세액공제(Foreign Tax Credit)로 인정받을 수 있어 총 세금 금액을 줄일 수 있습니다.

한국 거주자인 박씨 부부의 사례는 캐나다 비거주자가 소유한 부동산의 상속 과정에서 발생할 수 있는 이중 과세 위험을 명확히 보여줍니다. 캐나다-한국 조세조약은 생존 시 이중 과세 부담을 완화해주지만, 사망 후 발생하는 각 국가의 세금에 대해서는 면제 규정이 없습니다. 이는 향후 양국 간 조세조약 개정 협상에서 다루어져야 할 과제라 할 수 있습니다.

사례 6

미국 거주 자녀를 둔 부모
(Parents with US-Resident Children)

캐나다 밴쿠버 코퀴틀람에 살고 계신 한인 부부에게는 성인 자녀 둘이 있습니다. 아들은 밴쿠버에, 딸은 로스앤젤레스에 거주하고 있습니다. 딸은 미국 시민권자입니다. 부모는 두 자녀에게 재산을 공평하게 물려주고 싶지만, 자신들이 보유한 미국 소재 자산(U.S. Situs Assets)에 대해 미국 상속세가 어떻게 부과될지 걱정하고 있습니다.

박씨 가족의 따뜻한 고민: 밴쿠버에서 캘리포니아까지

캐나다 밴쿠버 코퀴틀람에 살고 계신 박씨 부부는 여느 한국 부모님들처럼 자녀들에 대한 사랑이 지극하십니다. 아들 민준 씨는 밴쿠버에서, 딸 민정 씨는 미국 로스앤젤레스에서 전문직으로 일하며 가정을 꾸리며 살아가고 있습니다. 두 분의 가장 큰 기쁨은 멀리 떨어져 있어도 각자의 자리에서 잘 살아가는 자녀들을 지켜보는 일이었습니다.

박씨 부부는 늘 두 자녀에게 재산을 공평하게 물려주고 싶어 했습니다. 은퇴 후를 대비해 미국 시애틀에 작은 임대용 부동산을 마련했고, 미국 상장 주식에도 꾸준히 투자해 왔습니다. 그런데 딸 민정 씨가 미국 시민권자이다 보니, 이 미국 소재 자산들이 민정 씨에게 상속될 경우 미국 상속세 문제가 발생할 수 있다는 말을 듣게 되었습니다.

"똑같이 나눠주고 싶은데 세금 때문에 딸 몫이 줄어들면 어쩌나…혹 나중에 상속재산을 두고 서로 다투는 건 아닐까…"

이런 걱정들로 인해 박씨 부부의 얼굴에는 어느새 주름이 깊어지고 있었습니다.

미국 상속세, 캐나다 거주자에게도 적용될까?

박씨 부부의 첫 번째 궁금증은 "우리가 캐나다에 살고 있는데, 미국 상속세가 정말 우리한테도 적용되나요?"라는 것이었습니다.

안타깝게도 정답은 '그렇다'입니다. 캐나다 거주자라 하더라도 미국 내 부동산이나 미국 상장 주식처럼 **'미국 소재 자산(U.S. Situs Assets)'**을 보유하고 있다면 미국 상속세 대상이 됩니다.[1]

미국 상속세의 세율과 과세 범위

미국은 고인이 사망 시 남긴 재산의 가치에 따라 연방 상속세(Federal Estate Tax)를 부과합니다. 상속세 적용 대상과 과세 범위는 고인의 거주 신분에 따라 결정됩니다.

기본적으로, 미국 시민권자(U.S. Citizen)와 미국 거주자(U.S. Resident)는 사망 시점에 보유한 전 세계 자산(Worldwide Assets)을 기준으로 미국 연방 상속세가 부과됩니다. 반면, 미국 시민권자나 미국 거주자가 아닌 캐나다(또는 한국) 거주자는 '비거주 외국인(Non-Resident Non-Citizen)'으로 분류되어 사망 당시 보유한 미국 소재 자산(U.S. Situs Assets)에 대해서만 상속세가 부과됩니다.

상속세율은 재산 규모에 따라 최소 18%에서 시작하여 최대 40%까지 누진적으로 적용됩니다. 구체적인 구간별 세율은 다음과 같습니다 (2025년 기준):

---

1 본문에서 다루는 '미국 상속세(U.S. Estate Tax)'는 엄밀히 말하면 고인의 유산(Estate)에 부과되는 '유산세'를 뜻합니다. 이는 상속인에게 납세 의무가 부과되는 한국의 상속세(Inheritance Tax)와는 구별되는 개념입니다. 다만, 미국의 유산세와 한국의 상속세 모두 상속재산액을 기준으로 과세한다는 점에서 공통점이 있으므로, 독자의 편의를 위해 두 용어를 구분하지 않고 통칭하여 '상속세'라고 부르겠습니다.

과세 표준 초과액 (A)	과세 표준 이하액	(A)에 대한 세금	(A) 초과액에 대한 세율
$0	$10,000	$0	18%
$10,000	$20,000	$1,800	20%
$20,000	$40,000	$3,800	22%
$40,000	$60,000	$8,200	24%
$60,000	$80,000	$13,000	26%
$80,000	$100,000	$18,200	28%
$100,000	$150,000	$23,800	30%
$150,000	$250,000	$38,800	32%
$250,000	$500,000	$70,800	34%
$500,000	$750,000	$155,800	37%
$750,000	$1,000,000	$248,300	39%
$1,000,000	$12,060,000	$345,800	40%
$13,990,000	Unlimited	$5,541,800	40%

다만 위 세율이 곧바로 고인의 유산에 일괄 적용되는 것은 아닙니다. 미국 시민권자 및 거주자는 2025년 기준으로 전 세계 자산 가치에 대해 1인당 1,399만 달러(13,990,000 USD)의 기본 면제액(Basic Exclusion Amount)을 적용받을 수 있습니다. 따라서, 이 기본 면제액 한도를 초과하는 금액에 대해서만 누진세율이 적용되어 상속세가 부과됩니다. 다시 말해, 상당한 수준의 자산을 보유한 경우가 아니라면, 사망 시 미국 연방 상속세 부담은 실질적으로 발생하지 않습니다.

이 기본 면제액은 한 사람이 평생 동안 사용할 수 있는 통합 한도입니다. 생전에 자녀 등에게 증여한 재산과 사망 시점에 남기는 상속재산을 모두 합산한 금액이 기본 면제액 한도를 초과하지 않는 한, 상속세는 발생하지 않습니다. 또한 2026년 1월 1일부터는 이른바 One Big Beautiful Bill Act 제정으로 인해 1인당 기본 면제액이 1,500만 달러(15,000,000 USD)로 상향 조정됩니다.

반면, 미국 시민권자 및 거주자가 아닌 '비거주 외국인(Non-Resident Non-Citizen)'의 경우, 면제 한도는 60,000 USD로 대폭 축소됩니다. 따라서, 비거주 외국인이 사망 시 보유한 미국 소재 자산(U.S. Situs Assets)의 가치가 60,000 달러를 초과한다면 미국 상속세를 신고 및 납부해야 합니다.

미국 연방 상속세 외에도 주(州) 정부 차원에서 부과하는 상속세가 있을 수 있습니다. 대표적으로 뉴욕주 상속세(New York State Estate Tax)가 있습니다.

2025년 기준 뉴욕주의 상속세 면제 한도는 716만 달러(7,160,000 USD)입니다. 초과 시 유산 규모에 따라 3.06%에서 최대 16%의 누진세율이 적용됩니다. 뉴욕주는 유산의 가치가 면제 한도를 5% 이상 초과하는 즉시, 면제 한도 이하 부분을 포함한 전체 유산 가치에 대해 상속세를 부과하는 이른바 '클리프 룰(Cliff Rule)'을 적용합니다.

유산의 가치를 평가할 때 뉴욕주는 고인의 거주 여부에 따라 기준을 달리 적용합니다.

먼저, 고인이 사망 당시 뉴욕주 거주자였을 경우, 고인의 '연방 총 유산 가액(Federal Gross Estate)'과 사망 전 3년 이내에 이루어진 '과세 대상 증여재산(Includible Taxable Gift)'의 합계가 해당 연도의 뉴욕주 면제 한도를 초과한다면 상속세 신고 및 납부 의무가 발생합니다. 여기서 '연방 총 유산 가액'이란, 고인이 미국 시민권자 및 거주자인 경우 전 세계 모든 자산을 의미합니다. 따라서 전 세계 자산 가치가 연방 상속세 기본 면제액인 1,399만 달러(13,990,000 USD)를 초과하지 않는다 하더라도, 뉴욕주 면제 한도인 716만 달러를 초과한다면 뉴욕주 상속세는 발생할 수 있습니다.

반면, 외국인을 포함한 뉴욕주 비거주자의 경우에는 고인의 '연방 총 유산 가액(Federal Gross Estate)'과 뉴욕주 내에 위치한 부동산 및 유형동산, 그리고 과거 뉴욕주 거주 당시 이루어진 '과세 대상 증여재산(Includible

Taxable Gift)'과 뉴욕주에서 영위한 사업과 관련된 무형자산의 합계가 뉴욕주 면제 한도인 716만 달러를 초과한다면 뉴욕주 상속세가 부과됩니다.

한편, 캘리포니아주는 별도의 주(州) 정부 차원의 상속세를 두고 있지 않습니다. 따라서 캘리포니아주 거주자의 경우, 전 세계 자산 가치가 연방 상속세 면제 한도인 1,399만 달러를 초과하지 않는 한 사망 시 추가적인 주(州) 상속세는 없습니다.

Does Your State Have an Estate or Inheritance Tax?

State Estate & Inheritance Tax Rates and Exemptions as of October 1, 2025

State Has an Estate Tax　State Has an Inheritance Tax

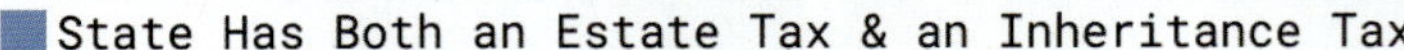

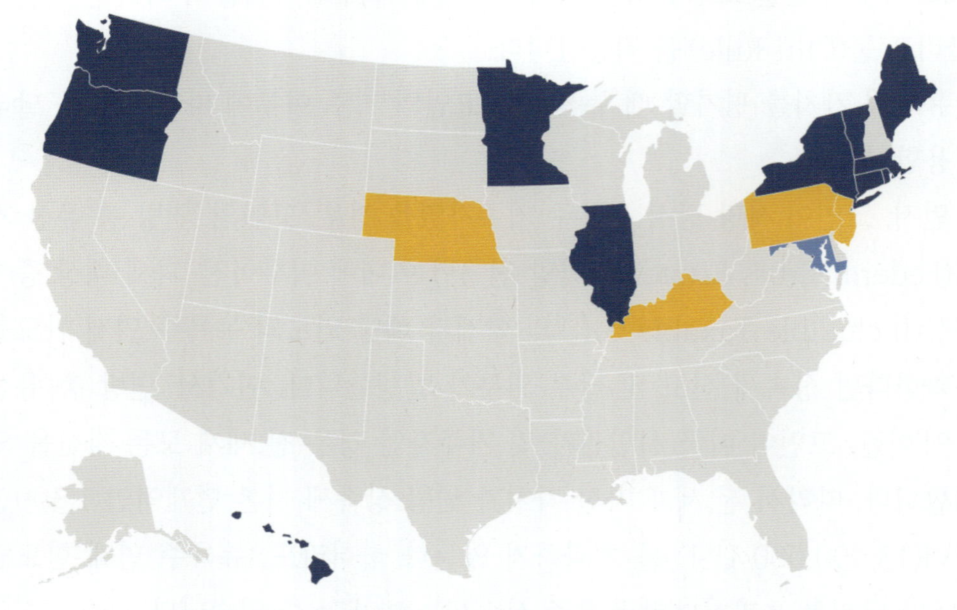

Source: Bloomberg Tax; state statutes.

출처: Katherine Loughead, "Estate and Inheritance Taxes by State, 2025" (Tax Foundation, October 28, 2025).

Estate and Inheritance Taxes by State, 2025

State	Estate Tax Exemption	Estate Tax Rate	Inheritance Tax Exemption	Inheritance Tax Rate
Connecticut	$13,990,000	12%	n.a.	n.a.
Hawaii	$5,490,000	10%-20%	n.a.	n.a.
Illinois	$4,000,000	0.8%-16.0%	n.a.	n.a.
Kentucky	n.a.	n.a.	$1,000	0%-16%
Maine	$7,000,000	8%-12%	n.a.	n.a.
Maryland	$5,000,000	0.8%-16.0%	$1,000	0%-10%
Massachusetts	$2,000,000	0.8%-16.0%	n.a.	n.a.
Minnesota	$3,000,000	13%-16%	n.a.	n.a.
Nebraska	n.a.	n.a.	$100,000	0%-15%
New Jersey	n.a.	n.a.	$25,000	0%-16%
New York	$7,160,000	3.06%-16.00%	n.a.	n.a.
Oregon	$1,000,000	10%-16%	n.a.	n.a.
Pennsylvania	n.a.	n.a.	No exemption	0%-15%
Rhode Island	$1,802,431	0.8%-16.0%	n.a.	n.a.
Vermont	$5,000,000	16%	n.a.	n.a.
Washington	$3,000,000	10%-35%	n.a.	n.a.
District of Columbia	$4,873,200	11.2%-16.0%	n.a.	n.a.

출처: Katherine Loughead, “Estate and Inheritance Taxes by State, 2025” (Tax Foundation, October 28, 2025).

박씨 부부의 ‘미국 소재 자산’은 무엇일까?

박씨 부부는 캐나다 시민권자 및 거주자이므로 미국 세법상 ‘비거주 외국인(Non-Resident Non-Citizen)’에 해당합니다. 따라서 미국 상속세는 미국 소재 자산(U.S. Situs Assets)에 대해서만 부과됩니다. 박씨 부부가 소유한 시애틀 임대용 부동산과 미국 증시에 상장된 주식은 대표적인 미국 소재 자산입니다. 일반적으로 비거주 외국인에게 상속세 과세 대상이 되는 미국 소재 자산은 다음과 같습니다.

미국 소재 자산 (U.S. Situs Assets)

- **미국 내 부동산:** 박씨 부부의 시애틀 임대용 주택과 같이, 미국 영토 내에 위치한 모든 부동산이 포함됩니다.
- **미국 법인 발행 주식:** 미국 법인이 발행한 주식은 모두 미국 소재 자산으로 분류됩니다. 이는 미국 증시 상장 여부, 실제 보관 장소, 계좌 유형(등록·비등록)에 관계없이 동일하게 적용되며, ETF도 포함됩니다.
- **미국 내 유형의 개인 자산:** 보석, 예술품, 차량, 보트 등과 같이 물리적으로 미국 내에 존재하는 모든 유형의 개인 자산이 미국 소재 자산으로 분류됩니다.
- **미국인(개인, 법인, 정부 등)에 대한 채무 증서:** 미국 정부, 주(州) 정부 또는 기타 정치기관이 발행한 채무 증서를 포함합니다. 다만, 만기 183일 이하의 미국 단기 국채(U.S. Treasury Bills)는 예외적으로 미국 소재 자산으로 간주되지 않습니다.
- **미국 신탁(Trust)의 수익권(Beneficial Interest):** 신탁이 보유한 자산의 종류와 무관하게, 미국 신탁에 대한 수익권도 미국 소재 자산으로 분류됩니다. 또한 특정 외국 신탁의 경우에도, 해당 신탁이 미국 자산을 보유하고 있고 고인이 세법상 그 신탁 자산의 소유주로 간주되는 경우, 미국 소재 자산으로 분류될 수 있습니다.

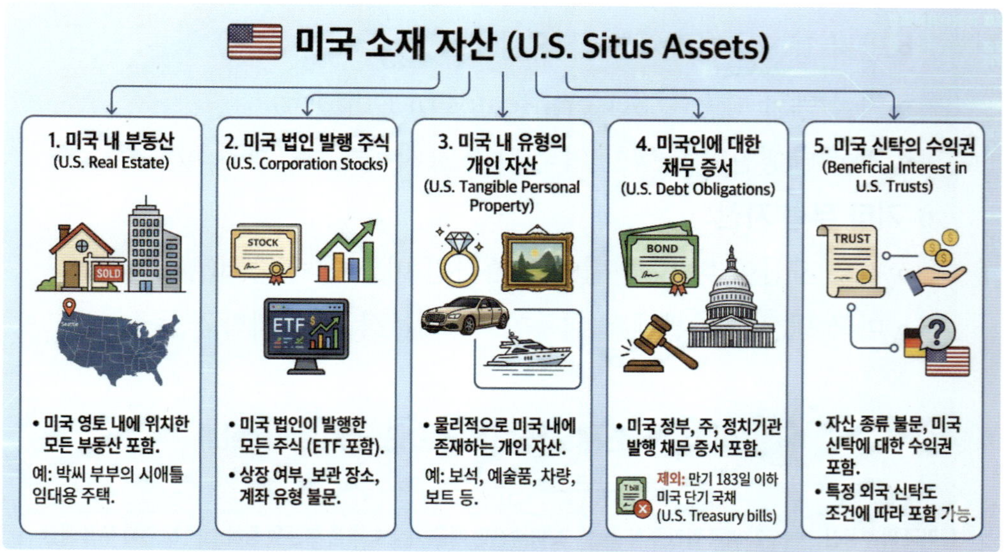

비 미국 소재 자산 (Non U.S.-Situs Assets)

다음 자산들은 일반적으로 미국 소재 자산으로 분류되지 않으므로, 미국 상속세 대상에서 제외됩니다.

- **미국 외 부동산 및 유형 자산:** 미국 영토 밖에 위치한 부동산 및 기타 유형의 개인 자산은 비 미국 소재 자산입니다.
- **외국 법인 주식:** 해당 법인이 미국 자산을 보유하고 있더라도, 해외에서 설립된 법인의 주식은 비 미국 소재 자산으로 분류됩니다. 따라서 미국 증권에 투자하는 캐나다 뮤추얼 펀드나 ETF의 주식·유닛 역시 미국 소재 자산에 포함되지 않습니다.
- **미국 은행 예금:** 미국 내 사업과 실질적인 관련이 없는 개인 명의의 미국 은행 계좌(예: 체킹, 저축 계좌)에 예치된 현금은 비 미국 소재 자산에 해당합니다.
- **생명보험금:** 비거주 외국인(Non-Resident Alien, NRA)인 피보험자의 사망으로 인해 지급되는 생명보험금은 비 미국 소재 자산입니다.

특정 채권 및 증서:

- 만기 183일 이하의 미국 국채(U.S. Treasury Bills)
- 미국 예금 증서(U.S. Certificates of Deposit).
- 외국 발행인이 발행한 미국 달러 표시 증권 및 채권

기타 무형 자산:

- 기초 자산이 비 미국 법인의 주식인 미국 예탁 증서(ADR)
- 미국 외 정부기관에서 취득한 특허권, 상표권, 저작권 등

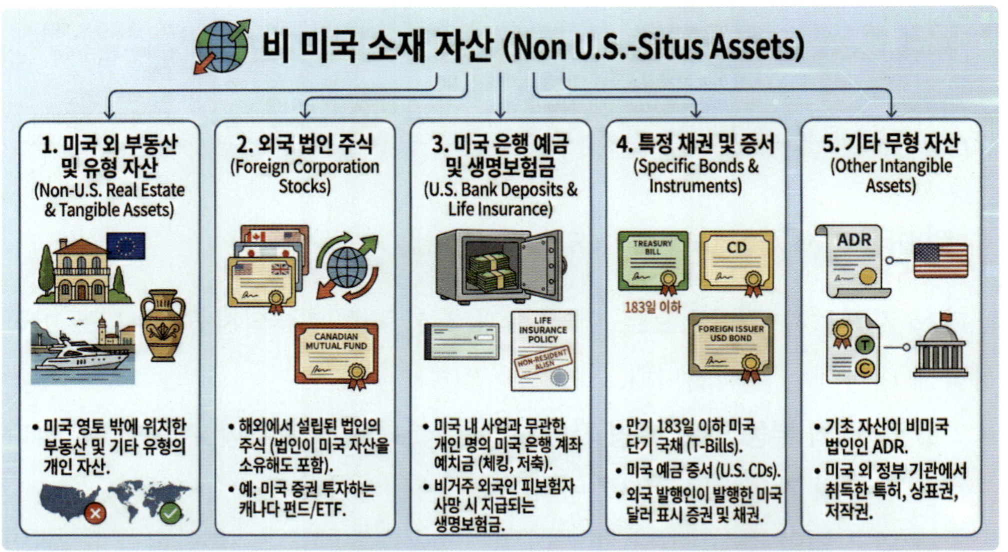

미국 상속세 규정 및 신고 절차

앞서 살펴본 바와 같이, 미국의 상속세 제도는 피상속인의 신분에 따라 과세 대상 자산의 범위와 공제 한도가 크게 달라집니다. 일반적으로 피상속인은 미국 시민권자(U.S. Citizen) 또는 미국 거주자(U.S. Resident)와 비거주 외국인(Non-Resident Non-Citizen)으로 분류됩니다.

이때 미국 상속세 및 증여세법상 '미국 거주자(U.S. Resident)'의 개념은 미국 소득세법상 '거주자'의 개념과 다릅니다. 상속세 및 증여세법에서 말하는 거주지(Residency)는 통상 본적지(Domicile)를 의미합니다(Treas.

Reg. §§ 20.0-1(b), 25.2501-1(b)). 본적지란 단순히 잠시 머무는 장소가 아니라, 일정 기간 이상 떠날 의사 없이 실제 생활의 근거지를 두고 있는 곳을 뜻합니다. 따라서 미국 영주권자(Green Card Holder)라 하더라도 해외(예: 한국)에 거주하고 있다면 상속세 및 증여세법상 미국 거주자로 인정되지 않을 수 있습니다.

비거주 외국인(Non-Resident Non-Citizen)의 상속세 규정과 신고 절차

박씨 부부는 캐나다 거주자로서 미국 상속세법상 비거주 외국인(Non-Resident Non-Citizen)에 해당합니다. 이들은 사망 시점에 보유한 미국 소재 자산(U.S. Situs Assets)의 가치가 미화 60,000달러를 초과하는 경우 미국 연방 상속세 신고 및 납부 의무가 있습니다.

이때 유산 집행자(Executor)는 피상속인의 사망일로부터 9개월 이내에 비거주 외국인 상속세 신고서(Form 706-NA)를 제출해야 합니다. Form 4768을 통해 신고·납부 기한을 최대 6개월까지 자동 연장할 수 있으나, 그럼에도 불구하고 연장된 기한 내에 신고 또는 납부를 하지 않을 경우 가산세와 이자가 부과될 수 있습니다.

일반적인 비거주 외국인의 경우, 60,000달러 상당의 미국 소재 자산에 대해 약 13,000달러의 통합 세액공제(Unified Credit)를 적용 받을 수 있습니다. 다만, 캐나다 거주자는 캐나다-미국 조세조약에 따라 전 세계 자산(Worldwide Assets) 중 미국 내 과세 대상 자산이 차지하는 비율을 기준으로 보다 큰 금액의 통합 세액공제를 적용 받을 수 있습니다.

Form 706-NA를 제출하기 위해서는 다양한 증빙서류가 필요합니다. 기본적으로 사망 증명서(Death Certificate)와, 유언이 있는 경우 법원 검인을 받은 유언장 사본(Court Certified Copy of the Will)을 첨부해야 합니다. 영어가 아닌 모든 서류에는 공증된 영문 번역본이 함께 제출되어야 합니다.

신고의 핵심은 다음 두 가지입니다: (1) 미국 내 자산의 범위와 가치를 정확히 식별·평가하는 것, 그리고 (2) 전 세계 자산에 대한 정보를 토대로 조세조약상 세액공제액을 정확히 산정하는 것입니다.

이를 위해 피상속인이 거주하던 국가(예: 캐나다)의 최종 소득세 신고서(Terminal Tax Return)나, 유언 검인 법원(Probate Court)에 제출한 재산 및 부채 목록에 대한 법원 인증 사본(Certified Copy of Statement of Assets and Liabilities)을 제출하여 전 세계 총 유산 가치를 입증해야 합니다.

미국 내 자산의 가치를 증명하기 위해서는 부동산 및 비상장 주식 등에 대한 감정평가서(Valuation Report), 비상장 법인의 최근 5년 재무제표, 과거에 제출한 미국 증여세 신고서(Form 709, Form 709-NA) 사본 등이 추가로 요구될 수 있습니다. 배우자 공제(Marital Deduction)나 자선 단체 공제(Charitable Deduction)를 청구하려면 Form 706의 해당 스케줄(Schedule M, Schedule O 등)을 별도로 작성하여 첨부해야 합니다.

또한 사망 당시 존재하던 유효한 부채, 장례 비용, 유산 관리 비용 등은 총 유산 가치에서 공제하여 과세표준을 줄일 수 있습니다. 다만 비거주 외국인의 경우, 이러한 비용은 미국 내 자산이 전 세계 자산에서 차지하는 비율만큼만 비례 공제할 수 있다는 점을 유의해야 합니다.

이처럼 비거주 외국인이 미국 상속세를 신고하기 위해서는 다양한 자료 수집과 복잡한 계산이 요구되므로, 실무적으로 상당한 부담이 될 수 있습니다. 이러한 규정과 절차는 캐나다 거주자뿐만 아니라 한국 거주자가 미국 내 자산을 보유한 상태에서 사망한 경우에도 동일하게 적용됩니다.

미국 시민권자 및 거주자(U.S. Citizen and U.S. Resident)의 상속세 규정과 신고 절차

미국 시민권자 및 거주자(U.S. Citizen and U.S. Resident)의 경우, 전 세계에 보유한 모든 자산(Worldwide Assets)을 합산한 총 유산(Gross Estate)을 기준으로 미국 상속세가 부과됩니다. 미국 내 자산뿐만 아니라 한국이나 다른 나라에 있는 부동산, 예금, 주식 등 모든 재산이 포함됩니다.

미국의 경우, 모든 상속에 대해 항상 신고해야 하는 것은 아닙니다. 한국은 상속세 산출세액이 "0"원이라도 반드시 상속세 신고를 해야 하는 반면, 미국은 아래 두 가지 요건 중 하나에 해당하는 경우에만 연방 상속세 신고서(Form 706)를 작성하여 제출하면 됩니다. 이는 미국 시스템이 높은 기본 면제액을 통해 대부분의 일반 가정을 상속세 과세 대상에서 제외하도록 설계되어 있기 때문입니다.

1. 총 유산(Gross Estate)과 조정된 과세 대상 증여액(Adjusted Taxable Gifts)의 합계가 13,990,000 USD를 초과하는 경우(2025년 기준).
2. 유산 규모와 상관없이 피상속인의 미사용 기본 면제액(Deceased Spousal Unused Exclusion, DSUE)을 생존 배우자에게 승계(Portability Election)하고자 하는 경우.

피상속인의 총 유산(Gross Estate)을 계산할 때는 사실상 모든 재산이 포함됩니다. Form 706의 각 스케줄(Schedule)에 따라 다음과 같이 분류하여 보고합니다.

- **부동산 (Schedule A):** 주택, 토지, 해외 소재 부동산 포함.
- **주식 및 채권 (Schedule B):** 상장/비상장 주식, 국채, 배당금 등.
- **저축, 현금, 모기지 (Schedule C):**
  은행 예금, 현금, 타인에게 빌려준 돈(채권).
- **생명보험 (Schedule D):**
  피상속인이 '부수적 소유권(Incidents of Ownership)'을 가졌던 보험금.
- **공동 소유 재산 (Schedule E):** 배우자 또는 타인과 공동 소유한 자산.
- **기타 자산 (Schedule F):**
  가구, 예술품, 보석, 자동차, 디지털 자산(가상화폐 등), 로열티 등.
- **생전 양도 재산 (Schedule G):**
  사망 전 3년 이내에 양도한 자산 중 특정 권리가 유보된 재산.
- **연금 (Schedule I):** 사망 후 수익자에게 지급되는 연금 자산.

미국 연방 상속세(U.S. Estate Tax)는 총 5단계 과정을 거쳐 산출됩니다.

1단계: 총 유산(Gross Estate)에서 다음의 공제 항목(Deductions)을 차감하여 과세 대상 유산(Taxable Estate)을 산출합니다.

- **장례비용 (Schedule J):** 장례식 및 매장 비용.
- **유산 관리 비용 (Schedule J):** 변호사 수수료, 회계사 수수료, 유산 집행인 수수료.
- **피상속인의 부채 (Schedule K):** 모기지, 대출금, 미납 세금 등.
- **주(州) 상속세 공제 (State Death Tax Deduction):** 주(州) 정부에 납부한 상속세(Inheritance Tax), 유산세(Estate Tax) 등.
- **배우자 공제 (Marital Deduction – Schedule M):** 생존 배우자에게 물려주는 재산 (무제한).
- **자선단체 기부 공제 (Schedule O):** 자선단체에 기부하는 재산.

2단계: 이렇게 산출된 과세 대상 유산(Taxable Estate)에 1976년 이후 이루어진 '연간 면제 한도를 초과한 증여금액(Adjusted Taxable Gifts)'을 추가하여 합산합니다. 미국은 생전 증여와 사망 시 상속을 통합하여 과세하는 시스템을 운영하기 때문에 이 단계가 필요합니다.

3단계: 위 합계액에 누진세율을 적용하여 잠정세액(Tentative Tax)을 계산합니다. 2025년 기준 1,000,000 USD 초과분에 대해서는 최고 40%의 세율이 적용됩니다. 이후 생전 증여에 대해 이미 납부한 증여세액을 공제(Deduction)하여 최종적으로 총 상속세(Gross Estate Tax)를 산출합니다.

4단계: 총 상속세(Gross Estate Tax)에서 기본 면제액 13,990,000 USD에 해당하는 통합 세액공제(Unified Credit) 5,541,800 USD를 차감합니다. 이 통합 세액공제는 기본적으로 모든 시민권자와 거주자에게 주어지는 혜택입니다.

5단계: 마지막으로 다음 항목의 세액공제(Credits)를 차감합니다. 예를 들어 해외 상속세액공제(Schedule P, Form 706-CE 첨부), 과거 이전 재산에 대한 세액공제(Schedule Q), 캐나다-미국 조세조약에 따른 배우자 세액공제(Marital Credit) 등이 해당됩니다. 이러한 세액공제를 모두 반영해 차감한 후 남는 금액이 **최종 연방 상속세(Net Estate Tax)**로 확정됩니다.

이론만으로는 이해하기 어려울 수 있으니, 뉴욕주 거주자의 실제 사례를 통해 구체적으로 살펴보겠습니다. 뉴욕주는 연방 상속세와 별도로 주(州) 상속세를 부과하며, 납부한 주(州) 상속세는 연방 상속세 계산 시 공제됩니다.

사례: 2025년 사망한 미국 시민권자 A씨 (미혼, 생전 증여 없음, 뉴욕주 거주)

계산 단계	항목	금액	비고
총 유산 (Gross Estate) 계산	뉴욕 주택	$10,000,000	Schedule A
	상장 주식 (Apple, NVIDIA 등)	$4,000,000	Schedule B
	한국 아파트 및 예금	$6,000,000	Schedule A, C
	총 유산 (Gross Estate)	**$20,000,000**	전 세계 자산 합계
공제 항목 (Deductions)	장례 및 관리 비용	($50,000)	Schedule J
	부채 (주택 모기지)	($500,000)	Schedule K
	뉴욕주 상속세 (New York State Estate Tax)	($2,578,800)	Section 2058 공제 (추정)
과세 대상 유산 (Taxable Estate)	연방 과세 대상 유산 (Taxable Estate)	$16,871,200	(총 유산 – 모든 공제)
총 상속세 계산 (Gross Estate Tax)	생전 증여세액 납부 (Total Gift Tax Paid or Payable)	($0)	생전 증여 없음 (No Adjusted Taxable Gifts)
	총 상속세(누진세율 적용) (Gross Estate Tax)	$6,694,280	$345,800 + ($15,871,200 × 40%)
	통합 세액공제 (Unified Credit)	($5,541,800)	2025년 연방 통합 세액 공제 혜택
최종 결과	최종 연방 상속세 (Net Estate Tax)	$1,152,480	

유언 집행자(Executor)는 Form 706을 제출할 때 다음 서류들도 함께 첨부해야 합니다.

- **사망 증명서 (Death Certificate):** 원본 또는 공증된 사본.
- **유언장 (Will):** 법원 검인(Probate)을 받은 사본(Certified Copy of the Will) (없는 경우 해당 사유서 제출).
- **자산 평가 보고서 (Appraisal Reports):** 부동산, 비상장 주식, 예술품 등에 대한 전문 평가사의 가치 평가서.
- **생명보험 증명서 (Form 712):** 각 보험사에서 발급받아 제출.
- **금융 계좌 내역:** 은행 및 증권사 잔고 증명서.
- **신탁 문서 (Trust Documents):** 피상속인이 설정했거나 수익자였던 신탁의 모든 문서.
- **과거 증여세 신고서 (Form 709):** 생전 제출했던 모든 증여세 신고서 사본.
- **외국 상속세 납부 증명서 (Form 706-CE):** 한국 등 해외에서 상속세를 납부한 경우.
- **주(州) 상속세 납부 증명서:** 주 정부에서 발급한 세금 납부 증명서(State Death Tax Certificate).

상속세 Form 706 신고 기한은 사망일로부터 9개월 이내입니다. 부득이한 경우 Form 4768을 제출하여 자동으로 6개월 연장을 받을 수 있습니다. 또한 상속세 신고와는 별도로, 피상속인의 최종 개인 소득세 신고서(Form 1040)와 유산 소득세 신고서(Form 1041)를 각기 정해진 기한 내에 별도로 제출해야 합니다.

한국에 거주하면서 미국 시민권을 보유한 경우, 한국과 미국 양쪽 모두에 상속세를 신고·납부해야 할 수 있습니다. 한국 거주자는 「상속세 및 증여세법」 제3조에 따라 전 세계 모든 자산(미국 부동산 포함)에 대해 한국 상속세 신고 및 납부 의무가 있습니다. 이 경우 동일한 재산에 대해 미국과 한국 양측에서 과세가 이루어지는 이중 과세 위험이 존재하므로, 외국납부세액공제(Foreign Death Tax Credit) 등을 활용하는 방안이 필요합니다.

꼭 기억하세요!

미국 세법의 가장 큰 특징 가운데 하나는 시민권 기반 과세(Citizenship-Based Taxation) 원칙을 채택하고 있다는 것입니다. 이는 피상속인의 거주지(Residency)에 따라 과세 여부를 결정하는 한국과 캐나다의 상속세 체계와는 구조적으로 다른 방식입니다.

미로를 헤치고 나가는 지혜: 세금 감면 전략

앞서 살펴본 것처럼 미국 상속세 규정은 비거주 외국인에게 매우 복잡하고 부담스럽게 느껴질 수 있습니다. 박씨 부부 역시 막연한 불안감을 안고 전문가를 찾아가 상담을 받았고, 전문가는 미국 상속세 부담을 줄일 수 있는 세 가지 절세 전략을 설명해 주었습니다.

비례 통합 세액공제 (Prorated Unified Credit)

먼저, 캐나다에 거주하는 비거주 외국인은 기본적으로 13,000달러의 통합 세액공제(Unified Credit)를 적용 받을 수 있습니다. 이는 약 60,000달러에 해당하는 미국 소재 자산(U.S. Situs Assets)을 미국 상속세 과세 대상에서 사실상 면제해 주는 효과가 있습니다.

그러나 캐나다-미국 조세조약은 한 걸음 더 나아가, 캐나다 거주자에게 미국 시민권자와 동일한 수준의 통합 세액공제(2025년 기준 5,541,800달러)를 원칙적으로 허용합니다. 다만 이 공제액 전부를 바로 사용할 수 있는 것은 아니고, 고인의 전 세계 자산 대비 미국 소재 자산이 차지하는 비율에 따라 비례적으로 축소 적용됩니다. 이를 흔히 '비례 통합 세액공제(Prorated Unified Credit)'라고 부릅니다.

조약에 따른 비례 통합 세액공제 금액은 아래의 공식으로 계산됩니다:

$$\frac{\text{미국 소재 자산의 총 가치 (USD)}}{\text{전 세계 자산의 총 가치 (USD)}} \times \text{통합 세액공제 \$5,541,800}$$

캐나다 거주자는 13,000달러와 위 공식으로 계산된 비례 통합 세액공제액 중 더 큰 금액을 미국 상속세에서 공제받을 수 있습니다.

예를 들어, 박씨 부부의 미국 소재 자산(시애틀 부동산 및 미국 주식)의 가치가 3,000,000달러이고, 전 세계 자산의 총액이 15,000,000달러라고 가정해 보겠습니다. 이 경우 비례 통합 세액공제액은

$$\frac{\$3,000,000}{\$15,000,000} \times \$5,541,800 = \$1,108,360$$

달러가 됩니다. 이는 13,000달러에 비해 훨씬 큰 공제액이므로, 해당 금액을 미국 상속세에서 공제받을 수 있습니다.

배우자 세액공제 (Marital Credit)

다음으로, 배우자에게 자산을 상속할 때 활용할 수 있는 공제가 있습니다. 미국 시민권자 부부의 경우, 한 배우자가 사망하면서 다른 배우자에게 자산을 전부 승계할 경우, 무제한 배우자 공제(Unlimited Marital Deduction)를 통해 상속세 납부 시기를 생존 배우자의 사망 시점까지 연기(Deferral)할 수 있습니다. 또한, 첫 번째 배우자 사망 시 Form 706 상속세 신고를 하여 '한도 이월(Portability)' 옵션을 선택했을 경우, 먼저 사망한 배우자가 사용하지 못한 평생 면제 한도를 생존 배우자가 넘겨받을 수 있습니다. 이는 생존 배우자 사망 시 활용할 수 있는 면제 한도를 최대 두 배로 늘리는 효과

를 줍니다.

그러나 박씨 부부처럼 생존 배우자가 또는 양쪽 모두가 미국 시민권자가 아닌 경우에는 무제한 배우자 공제가 허용되지 않습니다. 물론, '적격 국내 신탁(Qualified Domestic Trust, QDOT)'을 설정하여 배우자가 아닌 신탁으로 자산을 이전하면 일정 부분 유사한 공제를 적용 받을 수 있지만, 이 경우 최소 한 명의 수탁자(Trustee)가 미국 시민권자 또는 미국 법인이어야 하고, 생존 배우자가 신탁의 유일한 수익자(Beneficiary)여야 하는 등 까다로운 요건을 충족해야 하므로, 일반 비거주 외국인이 실질적으로 활용하기에는 어려운 방안입니다.

캐나다-미국 조세조약은 캐나다 거주자에게 보다 현실적인 대안을 제시합니다. 캐나다 거주자인 피상속인이 캐나다(또는 미국)에 거주하는 배우자에게 미국 자산을 상속하는 경우, '환급 불가능한 배우자 세액공제(Non-Refundable Marital Credit)'를 활용할 수 있습니다. 이 공제액은 계산된 미국 상속세와 비례 통합 세액공제액 중 더 작은 금액으로 제한되지만, 결과적으로 비례 통합 세액공제를 사실상 두 배로 늘리는 효과를 줍니다. 다만 이 혜택은 법적으로 혼인 관계가 인정되는 부부에게만 적용되며, 사실혼 배우자에게는 적용되지 않습니다.

구체적으로 캐나다 피상속인에게 조약상 통합 세액공제와 배우자 세액공제가 어떻게 함께 작용하는지 살펴보겠습니다.

A와 B는 캐나다에 거주하는 캐나다 시민권자 부부입니다. 이들은 미국 주식과 플로리다 콘도를 공동으로 소유하고 있습니다. 2025년에 A 부인이 먼저 사망했고, A 부인이 보유한 미국 주식과 플로리다 콘도 지분의 가치는 총 3,000,000달러였습니다. 같은 시점 A 부인의 전 세계 자산 가치는 15,000,000달러였고, 2025년 상속세율은 1,000,000달러를 초과하는 부분에 대해 40%가 적용됩니다.

3,000,000 USD의 미국 소재 자산에 대한 미국 상속세	금액 (USD)
첫 1,000,000 USD에 대한 세금:	$345,800
잔액에 대한 세금 ($2,000,000 X 40%)	$800,000
비례 통합 세액공제 전 총 미국 상속세	$1,145,800
차감: 비례 통합 세액공제 ($3M/$15M) x ($5,541,800)	($1,108,360)
배우자 세액공제 전 미국 상속세	$37,440
차감: 캐나다-미국 조세조약에 따른 배우자 세액공제 ($37,440 또는 $1,108,360 중 적은 금액)	($37,440)
비례 통합 및 배우자 세액공제 후 미국 상속세	$0

이 예시에서 볼 수 있듯이, 생존 배우자에게 미국 자산을 넘길 경우 배우자 세액공제는 고인의 비례 통합 세액공제를 실질적으로 두 배로 늘리는 결과를 갖다 줍니다. 다만 이 경우, 상속세가 완전히 사라지는 것이 아니라, 생존 배우자의 사망 시점에 다시 미국 상속세가 발생할 수 있습니다. 또한, 일반적인 미국 내 무제한 배우자 공제(Marital Deduction)와 캐나다-미국 조세조약에 따른 배우자 세액공제(Marital Credit)는 함께 청구할 수 없으므로, 어떤 제도를 선택할지에 대한 사전 검토가 필요합니다.

해외 세액공제 (Foreign Tax Credit, FTC)

캐나다에서는 거주자가 사망하면 고인의 전 세계 자본 자산(Worldwide Capital Property)을 공정시장가치에 모두 처분한 것으로 간주하여 양도소득세를 부과합니다. 따라서 박씨 부부가 보유한 미국 소재 자산에 대해 미국에서는 상속세가 부과되고, 동시에 캐나다에서도 간주 처분으로 인한 양도소득세가 부과됩니다.

다행히 캐나다-미국 조세조약은 이러한 이중 과세를 완화하기 위해 해외 세액공제(Foreign Tax Credit, FTC)를 인정하는 특별 규정을 두고 있습니다. 비록 미국 상속세(U.S. Estate Tax)와 캐나다 양도소득세(Canadian Capital Gains Tax)는 서로 다른 법적 성격을 가졌지만, 양국 조세조약은 예외적으로 미국에서 납부한 상속세를 캐나다 최종 소득세 신고 시 일정 한도 내에서 공제할 수 있도록 허용하고 있습니다. 이는 한국-캐나다 조세조약과는 대조되는 부분입니다.

따라서, 캐나다 피상속인은 최종 소득세 신고 시 미국에서 납부한 상속세를 일정 한도 내에서 공제받을 수 있습니다. 다만 이 공제액은 캐나다에서 산출된 소득세를 초과할 수 없으며, 자산을 배우자에게 롤오버(Rollover)하여 과세를 이연한 경우나 간주 처분 대상이 되는 자산이 없어 캐나다에서 양도소득세가 발생하지 않는 경우에는 해외 세액공제를 실제로 사용할 수 없습니다.

따라서, 때론 의도적으로 배우자 롤오버를 선택하지 않고 캐나다에서 양도소득세를 발생시킨 뒤, 그에 상응하는 해외 세액공제를 청구하는 방안도 검토해 볼 수 있습니다. 물론 이러한 선택은 전체 세금 부담, 현금 유동성, 유산 분배 계획 등을 종합적으로 고려하여 신중하게 결정해야 하는 부분입니다.

생전 증여: 양날의 검

박씨 부부는 상속세 부담을 줄이기 위해 생전에 자녀들에게 재산을 증여하는 방안을 검토했습니다. 다만 미국 증여세 제도는 상속세만큼이나 복잡한 규정을 가지고 있어, 신중한 접근이 필요했습니다.

미국 증여세의 특징 (U.S. Gift Tax)

미국 증여세는 수증자가 아니라 증여자(Donor)에게 부과됩니다. 세율은 상속세와 동일하게 18%에서 40% 사이입니다. 증여자가 미국 시민권자(U.S. Citizen) 또는 미국 거주자(U.S. Resident)인 경우, 증여자의 거주지나 자산의 소재지와 관계없이 전 세계 자산(Worldwide Assets)이 미국 증여세 과세 대상이 됩니다.

> 예를 들어, 미국 거주 캐나다 시민권자가 한국 소재 아파트를 한국 거주자에게 증여하는 경우, 또는 한국 거주 미국 시민권자가 한국 아파트를 캐나다 거주자에게 증여하는 경우, 모두 미국 증여세 과세 대상입니다.

그러나 실제로는 다양한 면제(Exclusion)와 세액공제(Credit) 규정으로 인해 상당수 증여세 부담이 발생하지 않습니다.

2025년 기준으로, 연간 증여세 면제 한도는 수증자(Recipient) 1인당 19,000 USD입니다. 부모 한 명이 수증자 1인에게 연간 19,000 USD까지 세금 없이 증여할 수 있고, 부부가 공동으로 증여할 경우 한 사람에게 최대 38,000 USD까지 증여세 없이 이전할 수 있습니다.

배우자에게 증여할 경우, 배우자가 미국 시민권자라면 금액 제한 없이 증여가 가능합니다. 배우자가 비시민권자(Non-Citizen Spouse)라면, 2025년 기준 연간 190,000 USD까지 증여세 없이 증여할 수 있습니다

아울러, 교육비나 의료비를 직접 교육 기관이나 의료 기관에 납부하는 경우, 이 금액은 증여로 간주되지 않습니다. 따라서, 자녀의 대학 등록금을 학교에 직접 납부하면 증여세가 부과되지 않습니다. 또한, 인증된 자선 단체(Qualified Charity)나 정치 단체에 대한 기부금 역시 증여세 과세 대상에서 제외됩니다.

연간 면제 한도를 초과하는 증여에 대해서는 Form 709를 작성하여 제출하되 2025년 기준 1인당 평생 사용할 수 있는 기본 면제액 1,399만 달러를 활용하여 증여세를 상쇄할 수 있습니다. 이는 증여세와 상속세에 통합 적용되는 통합 세액공제(Unified Credit) 5,541,800 USD를 활용하는 것입니다.

생전 증여를 통해 이 통합 세액 공제액을 미리 사용하면, 사망 시 상속세 계산에 사용할 수 있는 세액공제 금액이 그만큼 줄어들게 됩니다. 즉, 생전 증여와 사후 상속은 하나의 통합 한도 안에서 세액공제액을 나누어 사용하는 구조입니다.

반면, 캐나다나 한국 거주자와 같은 비거주 외국인(Non-Resident Non-Citizen)의 경우, 미국 증여세 과세 범위는 미국 소재 유형 자산(U.S. Situs Real and Tangible Property)으로 축소됩니다. 즉, 미국 내 부동산, 예술품, 자동차, 현금 등을 증여할 때에만 미국 증여세가 부과됩니다.

하지만, 미국 주식과 같은 무형 자산(Intangible Property)은 미국 증여세 과세 대상이 아닙니다.

비거주 외국인도 미국 시민권자 및 거주자와 마찬가지로 연간 19,000 USD의 증여세 면제 한도를 활용할 수 있습니다. 따라서, 이 한도를 초과하는 금액을 증여한 경우에만 증여세 신고 및 납부 의무가 발생합니다.

면제 한도를 초과한 경우, 증여자는 '비거주 외국인 증여세 신고서'인 Form 709-NA를 작성하여 증여가 이루어진 다음 해 4월 15일까지 신고하고 세금을 납부해야 합니다.

이처럼 미국 증여세는 증여자 과세 원칙과 연간 증여세 면제 한도 등에서 한국 및 캐나다 제도와 뚜렷한 차이점을 보입니다. 다음 표는 미국·한국·캐나다의 증여세 과세 방식과 범위를 비교해 정리한 것입니다.

미국, 한국, 캐나다 국가별 증여세 비교

구분	미국	한국	캐나다
납세의무자	증여자(Donor)가 납부 의무를 가집니다.	수증자(Donee)가 납부하는 것을 원칙으로 합니다. 특정 조건 하에 증여자가 연대 납부 책임을 질 수 있습니다.	증여자(Donor)가 납부 의무를 가집니다. (양도소득세)
과세 방식	증여세(Gift Tax). 증여자가 평생에 걸쳐 증여한 총액을 기준으로 과세합니다 (상속세 통합).	증여세(Gift Tax). 수증자가 10년 이내에 '직계존비속'으로부터 증여받은 재산을 합산하여 과세합니다. 다만, 형제, 친척, 친구, 지인 등으로부터 증여받을 경우 5년 이내 증여받은 재산을 합산하여 과세합니다.	**증여세 제도가 없음.** 대신, 증여를 자산의 처분(Deemed Disposition)으로 간주하여, 증여자에게 양도소득세(Capital Gains Tax)를 부과합니다.
과세 대상	**증여자가 미국 시민권자/거주자인 경우:** 전 세계 모든 자산. **증여자가 비거주 외국인인 경우:** 미국 내 유형 자산. 무형 자산 (주식 등)은 제외.	**수증자가 한국 거주자인 경우:** 전 세계 모든 수증 자산. **수증자가 비거주자인 경우:** 한국 내 수증 자산.	**증여자가 캐나다 거주자인 경우:** 전 세계 모든 자산의 처분에 따른 양도소득. **증여자가 캐나다 비거주자인 경우:** 캐나다 과게 대상 자산(Taxable Canadian Property).
주요 특징	높은 기본 공제액 (2025년 기준 13,990,000 USD). 수증자 1인당 연간 면제 한도 19,000 USD가 있어 소액 증여에 유리. 교육비, 의료비 직접 지불은 면제.	수증자 중심 과세. 배우자, 직계존비속 등 관계에 따른 다양한 증여재산공제 적용(2025년 기준 공제: 배우자 6억 원, 직계존비속 5천만 원, 20세 이하 직계비속은 2천만 원, 친척 형제 등은 1천만 원, 제3자는 공제 없음). 10%~50%의 누진세율 적용.	별도의 증여세가 없는 것이 가장 큰 특징. 증여 시점의 공정시장가치(FMV)로 자산을 매각한 것으로 간주하여, 취득가액과의 차액(양도소득)에 대해 증여자가 소득세를 납부. 배우자 간 증여 시에는 세금 이연(Rollover)이 가능.

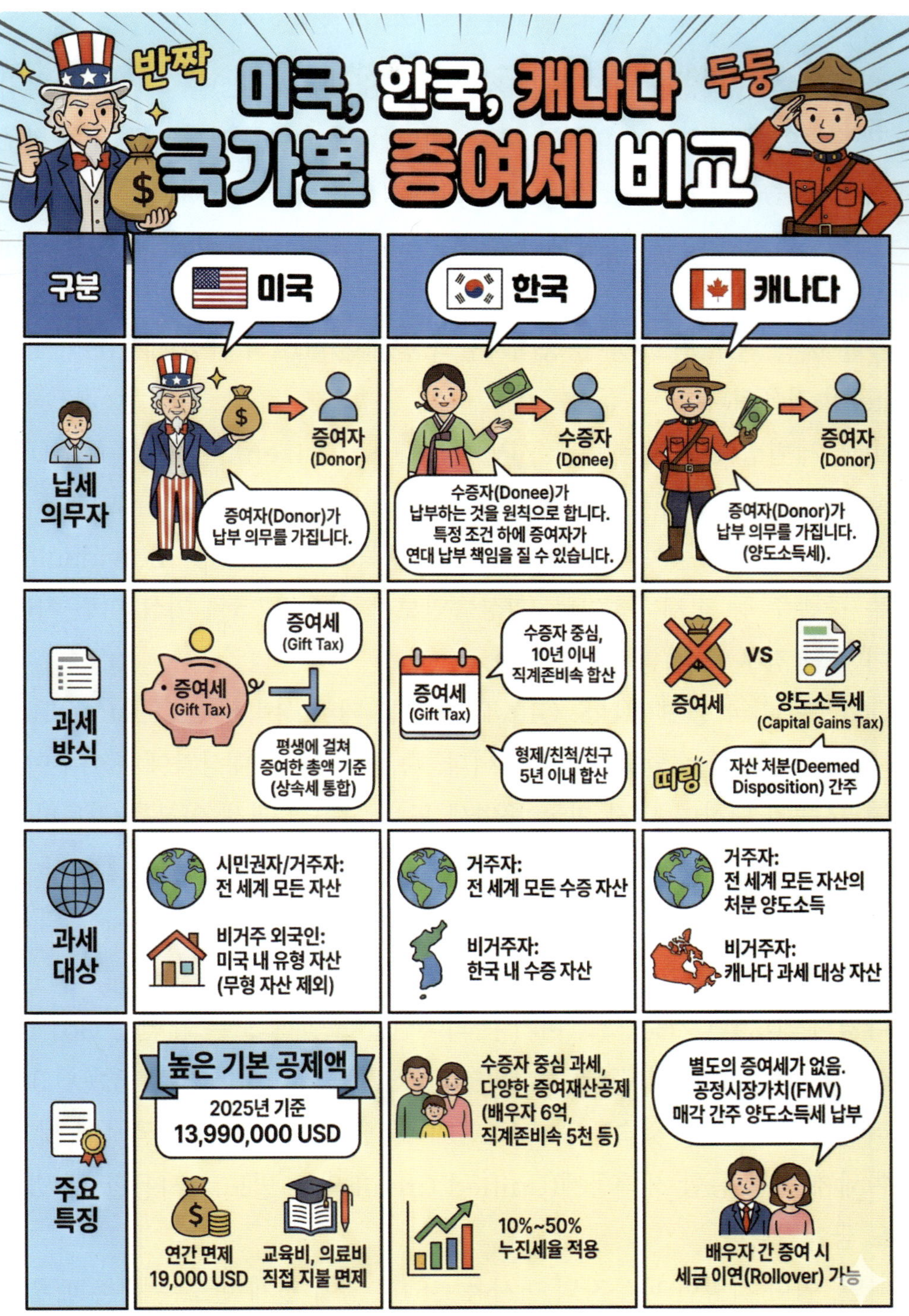
반짝
미국, 한국, 캐나다
두둥
국가별 증여세 비교
구분
미국
한국
캐나다
납세 의무자
증여자 (Donor)
증여자(Donor)가 납부 의무를 가집니다.
수증자 (Donee)
수증자(Donee)가 납부하는 것을 원칙으로 합니다. 특정 조건 하에 증여자가 연대 납부 책임을 질 수 있습니다.
증여자 (Donor)
증여자(Donor)가 납부 의무를 가집니다. (양도소득세).
과세 방식
증여세 (Gift Tax)
증여세 (Gift Tax)
평생에 걸쳐 증여한 총액 기준 (상속세 통합)
증여세 (Gift Tax)
수증자 중심, 10년 이내 직계존비속 합산
형제/친척/친구 5년 이내 합산
증여세
vs
양도소득세 (Capital Gains Tax)
띠링
자산 처분(Deemed Disposition) 간주
과세 대상
시민권자/거주자: 전 세계 모든 자산
비거주 외국인: 미국 내 유형 자산 (무형 자산 제외)
거주자: 전 세계 모든 수증 자산
비거주자: 한국 내 수증 자산
거주자: 전 세계 모든 자산의 처분 양도소득
비거주자: 캐나다 과세 대상 자산
주요 특징
높은 기본 공제액
2025년 기준 13,990,000 USD
연간 면제 19,000 USD
교육비, 의료비 직접 지불 면제
수증자 중심 과세, 다양한 증여재산공제 (배우자 6억, 직계존비속 5천 등)
10%~50% 누진세율 적용
별도의 증여세가 없음. 공정시장가치(FMV) 매각 간주 양도소득세 납부
배우자 간 증여 시 세금 이연(Rollover) 가능

세대 생략 증여세 (Generation-Skipping Transfer Tax, GSTT)

박씨 부부가 보유한 미국 소재 자산(U.S. Situs Assets)을 자녀를 거치지 않고 손주에게 직접 증여하거나, 혹은 신탁을 통해 손주에게 이전하는 경우 세대 생략 증여세(Generation-Skipping Transfer Tax, GSTT)가 부과될 수 있습니다. GSTT는 한 세대를 건너뛴 증여 또는 유증을 통해 중간 세대에서 부과될 미국 증여세·상속세를 회피하는 것을 방지하기 위한 세금으로, 세율은 해당 연도 최고 상속·증여세율과 동일한 40%의 단일 세율(Flat Tax Rate)이 적용됩니다.

미국 세법상 GSTT는 미국 시민권자(U.S. Citizen), 미국 거주자(U.S. Resident)는 물론 비거주 외국인(Non-Resident Non-Citizen)에게도 적용됩니다. 여기서 증여의 수증자인 '세대 생략 대상자(Skip-Individual)'란 손주·증손주 등 직계비속이나, 피상속인보다 최소 37.5세 이상 어린 자(혈족이 아닌 경우 포함)를 의미합니다.

GSTT는 미국 증여세(U.S. Gift Tax) 또는 미국 상속세(U.S. Estate Tax)에 추가로 부과되는 별도의 세목입니다. 즉, 세대 생략 대상자에게 이루어진 증여·유증에 대하여 먼저 미국 증여세 또는 상속세 과세 여부를 검토하고, 그와 별도로 GSTT 과세 대상에 해당하는지 다시 한 번 검토해야 합니다. 특히 미국 거주자가 아닌 경우에도, 미국 소재 자산(U.S. Situs Assets)의 증여·유증 방식에 따라 GSTT 부담이 발생할 수 있습니다.

다행히 2025년 기준으로, 비거주 외국인을 포함한 모든 개인은 GSTT를 상쇄하기 위한 생애 면제 한도(Lifetime GSTT Exemption)로 13,990,000달러까지 활용할 수 있습니다. 이 GSTT 생애 면제 한도는 미국 상속세 및 증여세에 대한 통합 세액공제(Unified Credit)와는 별도로 사용할 수 있는 한도 금액입니다.

다만, 이미 사망한 배우자의 미사용 GSTT 생애 면제 한도는 생존 배우자에게 승계·이전될 수 없습니다. 또한, 미국 시민권자 또는 미국 거주자가 설립한 신탁에서 세대 생략 대상자에게 재산이 분배되는 경우, 만약 설립 시점에 해당 신탁에 대하여 GSTT 생애 면제 한도를 적절히 할당(Allocation)하지 않았다면 GSTT가 부과될 수 있습니다.

한편, 일반적으로 자녀나 손주의 학비 또는 의료비를 위해 학교나 병원에 직접 지급하는 금액은 미국 증여세나 GSTT의 과세 대상에서 제외됩니다. 이러한 지출은 세법상 비과세 이전으로 취급되기 때문에, 교육·의료 관련 지원을 계획할 때 유용하게 활용될 수 있습니다.

시애틀 임대 부동산, 어떻게 지킬까?

박씨 부부의 시애틀 임대 부동산은 대표적인 미국 상속세 과세 대상 자산입니다. 이 부동산을 어떤 구조로 보유하느냐에 따라 향후 미국 상속세 부담은 물론, 유언 검인(U.S. Probate) 등 관련 절차와 비용이 크게 달라질 수 있습니다.

개인 소유 (Individual Ownership)

가장 간단한 방법이지만, 개인 명의로 보유할 경우 미국 상속세 절감 효과를 기대하기 어렵습니다. 또한 소유자가 사망하면 미국 내 유언 검인 절차를 거쳐야 할 수 있어 시간과 비용이 추가로 발생할 수 있습니다.

- **생존권부 공동 명의 (Joint Tenants with Right of Survivorship):** 한 명이 사망하면 지분이 자동으로 다른 공동 소유자에게 이전되므로, 유언 검인 절차를 피할 수 있습니다. 그러나 미국 상속세는 동일하게 발생합니다.
- **공유 (Tenants in Common):** 각 소유자의 지분에 대해 과세가 이루어지므로 경우에 따라 총 상속세 부담이 줄어들 수 있습니다. 그러나 사망 시 유언 검인이 필요할 가능성은 여전히 존재합니다.

캐나다 법인(Canadian Corporation)을 통한 소유

캐나다 법인이 미국 부동산을 소유하는 경우, 해당 법인의 주식은 일반적으로 캐나다 자산으로 분류됩니다. 그 결과 캐나다 법인 주식은 미국 상속세 과세 대상에서 제외될 수 있고, 유언 검인 절차도 회피할 수 있어 언뜻 보기에는 매우 매력적인 방법으로 보일 수 있습니다.

다만, 실무적으로 주의해야 할 점은, 박씨 부부가 법인 소유의 시애틀 부동산을 개인적으로 사용하는 경우, 캐나다 세법상 '과세 대상 주주 혜택(Taxable Shareholder Benefit)' 문제가 발생할 수 있습니다. 즉, 부부가 부동산을 사용하는 대가로 공정시장가치(Fair Market Value)에 해당하는 임대료를 법인에 지급하지 않으면 그 차액이 부부의 소득으로 간주되어 캐나다에서 추가 세금이 발생할 수 있습니다.

또한 미국 국세청(IRS)은 해당 구조를 사실상 개인 소유로 판단할 가능성이 있음으로 기대했던 절세 효과와는 반대로 미국 상속세 과세 대상이 될 수 있습니다.

캐나다 재량 신탁(Canadian Discretionary Trust)을 통한 소유

캐나다 재량 신탁을 통해 미국 부동산을 보유하는 방식은 미국 상속세 및 유언 검인을 동시에 회피하는 효과적인 대안이 될 수 있습니다.

다만 캐나다 소득세법상 신탁에는 '21년 간주 처분 규정(21-Year Deemed Disposition Rule)'이 적용될 수 있습니다. 따라서 장기간 보유를 전제로 할 경우, 21년 시점의 간주 처분으로 인한 캐나다 양도소득세가 오히려 더 큰 세금 부담으로 이어질 수 있으므로, 보유 기간과 출구 전략을 함께 설계할 필요가 있습니다.

비소구 모기지 (Non-Recourse Debt) 활용

미국 부동산을 취득할 때 비소구 모기지(Non-Recourse Mortgage)를 활용하면, 사망 시 총재산에 포함되는 해당 부동산의 순자산 가치를 효과적으로 낮출 수 있습니다. 비소구 모기지란 상환 불이행 시 대출 기관이 담보 부동산에 대해서만 권리를 행사할 수 있고, 차주에게 추가 청구(추심)를 할 수 없는 구조의 대출을 의미합니다.

이러한 구조는 박씨 부부의 시애틀 부동산에 대한 순자산 가치를 줄여, 결과적으로 미국 상속세 부담을 완화하는 데 도움이 될 수 있습니다.

다만 이 전략이 세법상 인정되려면, 해당 대출이 형식적인 장치에 그치지 않고 진정성 있는 거래(Bona Fide Transaction)로 성립되어야 합니다. 이를 위해서는 시장 수준에 부합하는 이자율이 적용되어야 하며, 대출 조건과 담보관계, 당사자 간 권리·의무가 서면으로 명확히 문서화되어야 합니다. 또한 약정된 상환 일정이 실제로 이행되어야 합니다. 이러한 요건들을 충족할 수 있다면, 비소구 모기지는 자산 보호와 상속세 절감 측면에서 의미 있는 전략이 될 수 있습니다.

또 다른 이웃, 김씨 가족: 한국 거주자의 미국 부동산 투자

박씨 부부의 고민을 듣던 이웃 김씨 부부의 마음도 편치 않았습니다. 한국에 거주하고 있는 김씨 부부 역시 은퇴 후를 대비해 하와이에 작은 콘도를 소유하고 있었으며, 미국 주식에 일부 투자하고 있었기 때문입니다. 김씨 부부의 자녀들은 모두 한국에 거주하고 있었습니다. "우리는 캐나다 시민권자도 아닌데, 미국 상속세가 우리에게도 해당될까?" 김씨 부부의 궁금증은 박씨 부부의 그것과 닮아 있었습니다.

한국 거주자에게도 적용되는 미국 상속세

결론부터 말하면, 김씨 부부처럼 한국 거주자(미국 상속세·증여세법상 '비거주 외국인')라도 미국 내 특정 자산을 보유하고 있다면 미국 상속세 과세 대상이 될 수 있습니다.

과세 대상이 되는 미국 소재 자산(U.S. Situs Assets)의 범위, 그리고 미국 소재 자산이 60,000달러를 초과할 경우 Form 706-NA 신고 의무가 발생한다는 기본 원칙은 캐나다 거주자인 박씨 부부와 동일합니다. 따라서 하와이 콘도와 미국 주식은 모두 미국 과세 대상 유산에 포함됩니다.

한미 조세조약의 역할: 무엇이 다른가?

여기서 중요한 차이점이 발생합니다. 바로 각국이 미국과 맺은 조세조약의 내용입니다.

캐나다 거주자인 박씨 부부는 캐나다-미국 조세조약 덕분에 미국 시민권자와 유사한 수준의 비례 통합 세액공제(Prorated Unified Credit)와 배우자 세액공제(Marital Credit) 혜택을 받을 수 있습니다.

반면, 한미 조세조약은 주로 소득세에 관한 내용을 다루고 있으며, 상속세 및 증여세에 대한 직접적인 규정은 없습니다. 이는 미국이 캐나다, 영국, 독일, 프랑스 등 소수의 국가와만 상속세 관련 조약을 맺고 있기 때문입니다.

한국 거주자가 받는 세금 혜택의 한계

이러한 조세조약의 차이로 인해 김씨 부부가 받을 수 있는 미국 상속세 공제 혜택은 박씨 부부보다 훨씬 제한적입니다.

통합 세액공제 (Unified Credit): 김씨 부부는 조세조약에 따른 비례 통합 세액공제 혜택을 받을 수 없습니다. 따라서 미국 세법이 비거주 외국인에게 일반적으로 제공하는 13,000 USD의 통합 세액공제만 적용받게 됩니다. 이는 60,000 USD의 자산 가치에 해당하는 세금을 공제해주는 효과가 있습니다.

조세조약상 배우자 세액공제 (Tax Treaty Marital Credit): 한미 조세조약에는 캐나다-미국 조세조약과 달리 배우자 세액공제(Marital Credit)에 대한 규정이 없습니다. 따라서 김씨 부부 중 한 분이 먼저 사망하여 생존 배우자에게 미국 자산을 상속하더라도, 캐나다 거주자인 박씨 부부처럼 조약상 배우자 세액공제 혜택을 받을 수 없습니다.

미국 시민권자가 아닌 배우자에게 상속할 경우, 일반적으로 배우자 공제(Marital Deduction)가 적용되지 않으므로 세금 부담이 즉시 발생할 수 있습니다. 물론, 까다로운 요건의 Qualified Domestic Trust (QDOT) 신탁을 활용하는 방법은 여전히 존재합니다.

결론적으로, 미국 내에 동일한 가치의 자산을 보유하고 있더라도, 피상속인의 거주 국가와 미국 간의 조세조약 내용에 따라 미국 상속세 부담은 극명하게 달라질 수 있습니다. 김씨 부부는 박씨 부부에 비해 훨씬 큰 미국 상속세 부담에 직면할 가능성이 높으므로, 비소구 모기지 활용, 생전 증여(미국 주식 등 무형자산), 또는 신탁 설립과 같은 적극적인 사전 계획이 필요할 수 있습니다.

만약 김씨가 미국 시민권자였다면?

지금까지 우리는 김씨 부부가 한국에 거주하는 한국 시민권자라는 가정하에 이야기를 풀어왔습니다. 하지만 만약 김씨가 한국에 거주하지만 미국 시민권자라면 상황은 어떻게 달라질까요? 이는 해외에 거주하는 많은 미국 시민권자(Expat)들이 직면하고 있는 현실적인 상황입니다.

이 경우, 김씨의 유산 집행자는 비거주 외국인 상속세 신고서인 Form 706-NA가 아닌, 미국 시민권자 및 거주자 상속세 신고서인 Form 706를 제출하게 됩니다. 두 양식의 차이는 단순히 서류의 종류를 넘어, 과세의 근본적인 범위와 공제 혜택에서 엄청난 차이를 가져옵니다.

과세 대상의 확대: 전 세계 자산

가장 큰 차이점은 과세 대상 자산의 범위입니다. 비거주 외국인은 미국 내에 소재한 자산(U.S. Situs Assets)에 대해서만 미국 상속세 납세 의무를 지지만, 미국 시민권자는 거주 지역과 관계없이 전 세계에 보유한 모든 자산(Worldwide Assets)이 과세 대상에 포함됩니다.

따라서 김씨가 미국 시민권자였다면, 하와이 콘도와 미국 주식은 물론 한국에 있는 아파트, 예금, 주식 등 모든 재산이 미국 상속세 과세 대상이 됩니다.

비교할 수 없는 큰 상속세 세액 공제 혜택

전 세계 자산이 과세 대상이 된다는 점은 큰 부담처럼 보일 수 있지만, 미국 시민권자는 비거주 외국인과 비교할 수 없을 정도로 큰 세액공제 혜택을 받을 수 있습니다.

김씨는 2025년 기준 1,399만 달러(13,990,000 USD)에 달하는 높은 기본 면제액을 활용할 수 있습니다. 따라서, 김씨의 전 세계 자산 가치(Gross Estate)가 이 금액을 초과하지 않는 한, 실질적으로 신고 및 납부할 미국 상속세는 없습니다.

배우자 공제와 QDOT의 중요성

배우자에게 자산을 상속할 경우의 규정 또한 달라집니다.

만약 김씨의 배우자도 미국 시민권자라면, 무제한 배우자 공제(Unlimited Marital Deduction)를 통해 배우자에게 상속되는 모든 자산에 대해 상속세가 이연(Deferral)됩니다.

만약 김씨의 배우자가 한국 국적자라면, 무제한 배우자 공제는 일반적으로 적용되지 않습니다. 이 경우 상속세를 이연받기 위해서는 앞서 언급된 적격 국내 신탁(Qualified Domestic Trust, QDOT)을 설정하여 자산을 신탁으로 이전해야만 합니다. 다만, QDOT는 미국 내 수탁자를 두는 등 까다로운 요건을 충족해야 합니다.

이중 과세 방지를 위한 외국 사망 세액 공제 (Foreign Death Tax Credit)

김씨는 미국 시민권자이지만 동시에 한국 거주자이므로 그의 전 세계 자산은 한국 상속세법상 과세 대상이 됩니다. 동시에 미국 시민권자의 전 세계 자산 역시 미국 상속세 과세 범위에 포함되므로, 동일한 재산에 대해 한·미 양국에서 과세되는 이중 과세 문제가 발생할 수 있습니다.

이러한 문제를 완화하기 위해 미국 세법은 미국 시민권자의 유산이 외국에 납부한 상속세에 대해 '외국 사망 세액공제(Foreign Death Tax Credit)'를 신청하는 것을 허용합니다. 이 세액공제는 미국-한국 간 조세조약이 아닌, 미국 내국세법(Internal Revenue Code) Section 2014에 따른 규정입니다.

외국 사망 세액공제를 신청하려면 미국 상속세 신고서인 Form 706의 Schedule P (Credit for Foreign Death Taxes)를 작성하고 Form 706-CE (Certificate of Payment of Foreign Death Tax)를 첨부하여 제출해야 합니다.

Form 706-CE는 유산 집행자(Executor)가 작성하여 한국 국세청 등 해당 국가의 과세당국으로부터 외국 세금 납부 사실에 대한 인증을 받아야 합니다. 만약 한국 국세청 등 해당 국가의 인증을 받기 어려운 경우, 유산 집행자는 Form 706-CE를 직접 미국 국세청(IRS)에 제출하되, 인증받지 못한 사유서, 한국 상속세 신고서 사본, 그리고 세금 납부 영수증이나 취소된 수표 사본 등을 함께 첨부해야 합니다. 또한 모든 국문 서류는 영문으로 공증 번역되어야 하며, 필요한 경우 아포스티유(Apostille) 인증 또한 받아야 할 수 있습니다.

외국(한국)에서 납부한 상속세를 미국 상속세에서 공제받을 때는 다음 두 기준 중 더 작은 금액까지만 공제가 가능합니다.

1. 외국(한국)에서 납부한 상속세 중,
   미국 총 유산에도 포함되는 외국(한국) 소재 자산에 부과된 세액.
2. 미국 상속세액에서 한국 자산 비율을 곱해 산출한 금액

$$\frac{\text{한국 자산 가치}}{\text{미국 총 유산 가치}} \times \text{미국 상속세액}$$

다만, 실무적으로는 미국 상속세가 애초에 발생하는지를 먼저 점검하는 것이 중요합니다. 2025년 기준 미국의 기본 면제액은 13,990,000달러로 매우 높습니다. 따라서 김씨의 전 세계 유산 가치가 이 금액보다 작다면, 원칙적으로 미국 상속세 신고·납부 의무는 발생하지 않습니다. 이 경우 법적으로는 외국 사망 세액공제를 검토할 여지가 있더라도, 공제를 적용할 미국 상속세 자체가 없으므로 공제 효과는 실질적으로 제한적일 수밖에 없습니다. 결과적으로 많은 해외 거주 미국 시민권자에게는 미국의 높은 기본 면제

액 자체가 이중 과세 위험을 상당 부분 완화해 주는 역할을 합니다. 따라서, 주된 세금 부담은 거주 국가인 한국의 상속세가 됩니다.

한편, 김씨의 유산이 미국의 높은 면제액 덕분에 실제로 신고 및 납부할 미국 상속세가 없게 되더라도, 한국 상속세를 계산할 때는 미국 자산을 포함한 전 세계 자산이 과세 대상이 됩니다. 이 경우, 미국에 실제로 신고 및 납부한 세금은 없지만 이는 높은 면제액이 적용된 결과일 뿐 원칙적으로 미국 상속세는 발생한 것으로 볼 여지가 있습니다. 다만, 이렇게 계산은 되었으나 통합 세액공제(Unified Credit)로 인해 신고 및 납부까지는 이어지지 않았음으로 한국 상속세법상 외국납부세액공제(Foreign Tax Credit)는 적용받을 수 없게 됩니다.

하지만, 미국의 상속세(Estate Tax)는 한국의 상속세(Inheritance Tax)와는 법적 성격이 사실상 동일한 가운데 한미 조세조약에는 이러한 세부 사항에 대한 명시적 규정이 없어 해석에 여지를 남깁니다.

이와 달리, 사망 시 자산 가치 상승분에 대해 과세하는 캐나다의 양도소득세(Capital Gains Tax)는 한국의 상속세(Inheritance Tax)와는 법적 성격이 달라 한국과 캐나다 간에는 일반적으로 외국납부세액공제가 인정되지 않습니다. 흥미로운 점은 미국과 캐나다의 경우에도 세금의 법적 성격은 다르지만, 양국 간 조세조약의 특별 규정을 통해 미국의 상속세와 캐나다의 양도소득세 간 세액공제를 상호 인정하고 있다는 것입니다.

따라서 이처럼 복잡한 국제 상속 문제는 반드시 각 국가의 상속 전문 변호사 및 세무사와 상담하여 정확한 절세 전략을 수립하는 것이 중요합니다.

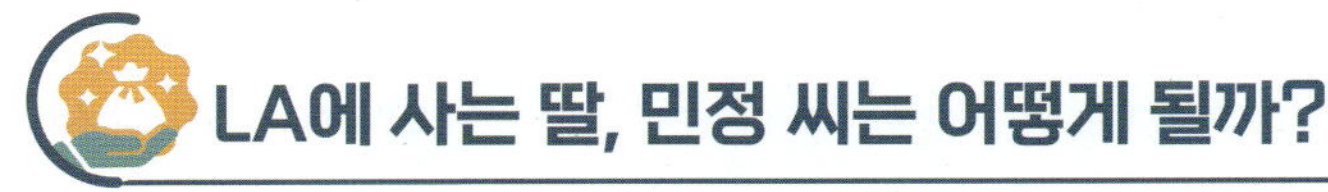

LA에 사는 딸, 민정 씨는 어떻게 될까?

이제 캐나다에 거주하는 박씨 부부의 이야기로 다시 돌아오겠습니다. 박씨 부부의 가장 큰 걱정 중 하나는 미국 시민권자인 딸 민정 씨에게 재산을 상속할 때 발생할 수 있는 미국 세금 신고(보고) 의무입니다.

미국 시민권자 상속인의 보고 의무: 해외 유산으로부터의 상속

우선, 민정 씨가 상속받게 될 캐나다 유산(Estate)은 미국 세법상 '해외 신탁(Foreign Trust)'이 아니라 **'해외 유산(Foreign Estate)'**으로 분류됩니다. 이는 비록 캐나다 소득세법(Income Tax Act)상 유산(Estate)을 신탁(Trust)으로 간주하여 동일한 세율과 신고 의무 기준을 적용하는 구조와는 무관하게, 미국 내국세법(Internal Revenue Code, IRC)은 해외 유산과 해외 신탁을 명확히 구분하여 각각 다른 세율과 신고 의무 기준을 설정한다는 것을 의미합니다.

따라서, 미국 세법에서는 해외 유산(Foreign Estate)으로부터 받는 상속(Inheritance) 또는 유증(Bequest)을 비거주 외국인(Non-Resident Non-Citizen)으로부터 받는 증여(Gift)와 동일하게 취급합니다. 그 결과, 상속을 통해 취득한 자산은 해외 신탁(Foreign Trust)을 통해 취득한 자산과 달리, IRC Section 102(a)에 따라 상속인의 총소득(Gross Income)에서 제외됩니다. 즉, 상속재산 그 자체에 대해서는 미국 소득세가 과세되지 않습니다.

또한 해외 신탁에 적용될 수 있는 징벌적 '소급 적용 규정(Throwback Rules)'은 해외 유산으로부터 취득한 자산에는 적용되지 않으므로, 해당 규정에 대한 우려는 없습니다.

다만, 소득세 납부 의무와는 별도로 '보고 의무(Reporting Obligation)'는 발생할 수 있습니다.

민정 씨가 캐나다 유산으로부터 해당 과세 연도에 상속(또는 유증)으로 받은 자산의 총액이 미화 100,000달러를 초과하는 경우, 미국 국세청(IRS)에 Form 3520(Annual Return To Report Transactions With Foreign Trusts and Receipt of Certain Foreign Gifts) Part IV를 작성하여 신고해야 합니다. 이 신고는 과세 목적이 아니라, 미국 국세청(IRS)이 해외로부터의 대규모 자산 이전을 파악하기 위한 정보성 보고입니다. 기한 내 신고하지 않을 경우 미신고 금액의 매월 5%, 최대 25%에 이르는 상당한 벌금이 부과될 수 있으므로, 기준 금액을 초과한다면 반드시 기한 내 신고해야 합니다.

Form 3520 의무에는 예외가 존재합니다. 미국 국세청(IRS)은 캐나다-미국 조세조약 및 관련 지침에 따라 특정 캐나다 은퇴 투자 계좌에 대해 Form 3520 보고를 면제하는 입장을 취하고 있습니다. 예컨대 Rev. Proc. 2014-55에 따르면 RRSP(Registered Retirement Savings Plan), RRIF(Registered Retirement Income Fund) 등이 면제 대상에 포함될 수 있습니다. 따라서 상속인인 민정 씨가 이러한 은퇴 계좌의 수혜자

(Beneficiary)로 지정되어 자산을 이전받는 경우, 해당 자산은 Form 3520 신고 대상에서 제외될 수 있으며, 경우에 따라 100,000달러 계산에도 포함되지 않을 수 있습니다.

정리하면, 민정 씨의 캐나다 유산 상속은 미국 세법상 과세 대상 소득은 아니지만, 해당 연도 수령액이 100,000달러를 초과하면 Form 3520을 통한 보고 의무가 발생할 수 있습니다. 이는 해당 자산이 '해외 신탁(Foreign Trust)'이 아니라 '해외 유산(Foreign Estate)'으로부터 받는 '유증/상속(Bequest/Inheritance)'으로 취급되기 때문입니다.

민정 씨가 캐나다 법인 주식을 상속받을 경우 (CFC & PFIC)

만약 박씨 부부의 유산에 캐나다 법인(개인 투자회사 또는 뮤추얼 펀드 포함)의 주식이 포함되어 있고, 민정 씨가 이를 상속받는다면 문제는 한층 더 복잡해질 수 있습니다.

민정 씨와 다른 미국인 주주들이 해당 법인의 의결권 또는 가치 기준 50% 이상을 보유하게 되면, 그 법인은 CFC(Controlled Foreign Corporation)로 분류될 수 있습니다. 이 경우 법인이 배당을 하지 않더라도, 민정 씨는 매년 법인의 특정 수동적 소득(Subpart F Income) 또는 글로벌 저세율 무형소득(Global Intangible Low-Taxed Income, GILTI)과 관련하여 미국에 소득세를 납부해야 할 수 있습니다.

CFC가 아니더라도, 해당 캐나다 법인의 자산 또는 소득이 대부분 수동적(Passive) 성격이라면 PFIC(Passive Foreign Investment Company)로 분류될 가능성이 높습니다. PFIC 규정은 매우 복잡하며, 향후 민정 씨가 주식을 처분하거나 초과분배(Excess Distribution)를 받을 때 높은 세율과 이자가 부과될 수 있고 Form 8621 등 연례 신고가 문제될 수 있으므로, 이 경우에는 전문가의 조언이 반드시 필요합니다.

FBAR, FATCA 등 기타 해외 금융 자산 신고 의무

앞서 설명한 미국 국세청(IRS) 보고 의무와는 별개로, 민정 씨는 상속으로 취득한 해외 금융 자산의 종류와 규모에 따라 추가적인 신고 의무가 발생할 수 있습니다.

해외 금융 계좌 신고서 (FBAR): FBAR는 FinCEN Form 114를 통해 제출합니다. 해외 금융 계좌(은행, 증권 등)의 총 잔액 합계가 연중 어느 시점이든 10,000 USD를 초과하는 경우, 미국 재무부(FinCEN)에 온라인으로 신고해야 합니다.

해외 금융 자산 신고서 (FATCA, Form 8938): 해외계좌세금준수법(Foreign Account Tax Compliance Act, FATCA)에 따라, 미국 시민권자 또는 거주자는 일정 기준을 초과하는 해외 금융 자산을 보유할 경우, 개인 소득세 신고 시 Form 8938 (Statement of Specified Foreign Financial Assets)을 첨부하여 미국 국세청(IRS)에 보고해야 합니다. 일반적으로 기준금액은 50,000 USD로 언급되지만, 신고자 신분 및 신고 형태에 따라 기준이 달라질 수 있습니다. 또한 Form 8938은 FBAR보다 적용 범위가 넓어, 은행 계좌뿐 아니라 주식, 펀드, 일부 생명보험 등 특정 해외 금융 자산이 포함될 수 있습니다.

만약 민정 씨가 유언 집행자(Executor)라면

박씨 부부가 민정 씨를 캐나다 유산의 유언 집행자(Executor)로 지정할 경우, 유산의 '거주지(Residency)'가 미국으로 변경될 위험이 있습니다.

미국 내국세법(Internal Revenue Code, IRC)은 '해외 유산(Foreign Estate)'에 대한 명확한 정의가 없습니다. 대신 유산의 자산 소재지, 유산의 주된 관리 감독이 이루어지는 국가, 그리고 유언 집행자의 국적 및 거주지와 같은 여러 요소를 종합적으로 고려하여 유산이 '미국 국내 유산(U.S. Domestic Estate)'인지 '해외 유산(Foreign Estate)'인지를 판단합니다.

여기서 특히 중요한 점은, 고인(박씨 부부) 또는 수익자(아들 민준 씨와 딸 민정 씨)의 국적은 유산의 거주지 판단에 거의 영향을 미치지 않는다는 점입니다. 반면, 유산을 실질적으로 통제·관리하는 유언 집행자의 국적과 거주지가 유산의 거주지 판단에 더 큰 비중을 갖습니다.

따라서 미국 시민권자이자 미국 거주자인 민정 씨가 단독 유언 집행자로서 캐나다에 있는 부모님의 유산을 관리한다면, 미국 국세청(IRS)은 해당 유산을 미국 국내 유산으로 분류할 가능성이 높습니다. 그렇게 되면 유산은 미국 내 유산처럼 취급되어, 캐나다 자산에서 발생하는 임대 소득, 이자 등 전 세계 소득에 대해 매년 미국 신탁·유산 소득세 신고(Form 1041) 및 납부 의무가 발생할 수 있습니다. 이는 결과적으로 캐나다와 미국 양국에서 과세가 이루어지는 이중 과세 위험으로 이어질 수 있습니다.

한국 거주자가 미국 수익자(U.S. Beneficiary)에게 상속하는 경우

이러한 복잡성은 캐나다와 미국의 상속법이 영미법 체계를 따르기 때문입니다. 그렇다면 한국법에 따라 상속이 이루어지는 경우는 어떨까요?

한국 민법에는 사망한 사람의 재산을 관리하고 분배하는 별도의 '유산(Estate)'이라는 중간 단계가 존재하지 않습니다. 대신 '포괄승계'의 원칙에 따라, 사망과 동시에 고인의 모든 재산이 별도의 절차 없이 상속인들에게 직접 이전됩니다.

미국 수익자/상속인(U.S. Beneficiary)의 입장에서 보면, 캐나다의 '해외 유산(Foreign Estate)'으로부터 상속받는 경우와 한국의 피상속인(비거주 외국인)으로부터 상속받는 경우, 모두 신고 절차상 실질적인 차이는 없습니다. 왜냐하면 두 경우 모두 Form 3520의 Part IV를 통해 연간 100,000 USD를 초과하는 증여(Gift)나 유증(Bequest)을 받았다는 사실을 보고하기 때문입니다. 이 양식은 두 주체를 구분하지 않으므로, 순수한 신고 행위 자체만 놓고 보면 절차상 큰 차이가 없습니다.

하지만 실질적인 세법 측면에서는 매우 중요한 차이가 있습니다. 캐나다의 경우, 유산(Estate)이라는 독립적인 법적 실체가 존재하기 때문에 유언 집행자(Executor)의 국적과 거주지에 따라 유산의 거주지(Residency)가 달라질 수 있습니다.

만약 미국 시민권자이며 미국 거주자가 유언 집행자로 지정될 경우, 캐나다 유산은 '미국 국내 유산(U.S. Domestic Estate)'으로 간주될 위험이 있습니다. 이 경우, 유산이 전 세계 소득에 대해 Form 1041 신고를 해야 하는 등 과세 범위와 부담이 크게 확대될 가능성이 있습니다. 반면, 한국의 상속 절차에는 이러한 '유산'이라는 독립적인 법적 실체가 없으므로, 유언 집행자의 역할이나 국적 및 거주지에 따라 유산의 거주지가 바뀌는 위험은 존재하지 않습니다. 이는 상속 계획에 있어 매우 중요한 장점입니다.

결론적으로, 미국 수익자/상속인의 관점에서 신고 양식은 일부 유사할 수 있으나, 영미법을 기반으로 한 캐나다와 미국에서 이루어지는 상속은 '유산(Estate)'이라는 중간 단계로 인해 유언 집행 기간 중 유산 단계에서 발생할 수 있는 소득에 대한 과세 여부까지 함께 고려해야 합니다. 반면 한국법에 따른 상속은 그 구조가 상대적으로 단순하여 상속재산에 대한 상속세를 중심으로 명확한 상속 계획을 세울 수 있습니다. 이는 피상속인이 여러 국가에 자산을 보유한 상태에서 사망한 경우, 어느 국가에서 상속 절차를 개시할지에 대한 전략적 판단을 내리는 데 중요한 기준이 될 수 있습니다.

사례 7

미국 거주 유언 집행자/수익자를 둔 고령 부모
(Elderly Parents with US-Resident Executor/Beneficiary)

윤씨 부부는 밴쿠버에 거주하는 고령의 한국계 이민자입니다. 미국에 보유한 자산은 없지만, 두 자녀 중 딸 지혜 씨가 캘리포니아주에 거주하고 있어 그 딸을 유언 집행자(Executor)로 지정하고 주요 수익자(Beneficiary)로 두려 합니다. 이 경우 발생할 수 있는 캐나다와 미국의 세금 신고 의무와 관련하여 명확한 지침을 원합니다.

CHAPTER 07 자녀가 미국에 산다면? 사랑의 증표가 신고의 덫으로

제6장에서는 캐나다 거주자인 박씨 부부가 미국 내 자산(U.S. Situs Assets)을 보유했을 때 직면하게 되는 미국 연방 상속세(U.S. Federal Estate Tax)를 다뤘습니다. 핵심은 부모가 남긴 미국 소재 자산이었습니다.

하지만 국경을 넘는 상속 문제는 거기서 끝나지 않습니다. 만약 부모의 재산이 모두 캐나다 또는 한국에 있고, 미국 자산이 단 하나도 없다면 어떻게 될까요? 언뜻 보기에는 미국 상속세와는 거리가 멀어 보입니다.

그러나 상속을 받는 자녀가 미국 시민권자 또는 영주권자라면 상황은 달라집니다. 이번 장에서는 미국 신분을 가진 상속인에게 발생할 수 있는 다양한 세무 보고 의무(Reporting Obligation)를 살펴보겠습니다.

80대 중반의 윤씨 부부는 고민했습니다.

"우리 재산은 모두 캐나다에 있으니 미국 상속세는 걱정 없겠지. 그런데 미국 시민권자인 딸 지혜가 우리가 남긴 재산 때문에 복잡한 미국 국세청(IRS) 보고 의무를 떠안게 되는 건 아닐까?"

문제의 핵심: 부모는 '외국인', 딸은 '미국인'

국경 간 상속을 이해하는 첫걸음은, 미국 세법이 국적과 거주지에 따라 사람을 어떻게 구분하는지를 파악하는 것부터 시작됩니다. 윤씨 부부는 캐나다 시민권자 및 거주자로서 미국 세법상 '비거주 외국인(Non-Resident Non-Citizen)'입니다. 이 경우, 미국 상속세는 원칙적으로 미국 내 자산(U.S. Situs Assets)에 대해서만 적용됩니다. 윤씨 부부처럼 미국 자산이 없다면, 미국 상속세는 부과되지 않습니다.

반면, 딸 지혜 씨는 미국 시민권자이며 캘리포니아주 거주자로서 미국 세법상 '미국인(U.S. Person)'입니다. 미국인은 전 세계에서 발생하는 모든 소득(Income)에 대해 미국 국세청(IRS)에 신고해야 할 의무가 있습니다. 또한, 일정 기준을 넘는 해외 자산을 보유하거나 해외로부터 자산을 이전 받을 경우, 미국 국세청(IRS)에 관련 사실을 보고해야 합니다.

바로 이 지점에서 문제가 시작됩니다. 지혜 씨가 캐나다에 거주하시는 부모님(외국인)으로부터 재산을 물려받는 순간, 그녀는 '해외로부터 자산을 이전 받은 미국인'으로 분류되어 미국 국세청(IRS)의 감시망에 들어가게 됩니다.

꼭 기억하세요!

미국 세법상 상속인은 상속받은 재산에 대해 별도의 세금을 내지는 않습니다. 하지만, 그 사실을 미국 국세청(IRS)에 보고하지 않으면 벌금이 부과될 수 있습니다.

미국 시민권자 자녀에게 발생하는 '보고 의무'

지혜 씨가 부모님으로부터 캐나다 자산을 상속받을 경우, 지혜 씨는 해당 사실을 미국 국세청(IRS)에 보고해야 합니다. 대표적으로 다음 네 가지 보고 의무가 발생합니다.

1. 해외 유산(Foreign Estate) 상속 보고: Form 3520 (Part IV)

제6장의 민정 씨 사례처럼, 지혜 씨가 부모님의 '해외 유산(Foreign Estate)'으로부터 1년 동안 미화 100,000달러를 초과하는 상속을 받는 경우, 일반적으로 Form 3520(Annual Return to Report Transactions with Foreign Trusts and Receipt of Certain Foreign Gifts)의 Part IV를 작성해 제출해야 합니다(Internal Revenue Code § 6039F, IRS Notice 97-34).

제출 기한은 과세 연도 종료 후 4월 15일까지이며 소득세 신고서와는 별도로 작성해야 합니다. 만약 Form 3520을 제때 신고하지 않거나 정보가 부정확할 경우, 미신고된 상속 가치의 매월 5%, 최대 25%에 달하는 벌금이 부과될 수 있습니다.

2. 해외 금융 계좌 보고: FBAR (FinCEN Form 114)

지혜 씨가 부모님으로부터 캐나다의 은행 예금, 증권 계좌, 뮤추얼펀드 등 해외 금융 계좌(Foreign Financial Accounts)를 상속받아 보유하게 되면, 일정 요건 충족 시 FBAR(Foreign Bank Account Report, FinCEN Form 114) 보고 의무가 발생합니다.

미국 시민권자, 영주권자, 또는 미국인(U.S. Person)이 해외 금융 계좌에 재정적 이해관계나 서명 권한을 보유하고 있으며, 해당 계좌들의 연중 최고 잔액 합계가 미화 10,000달러를 초과하는 경우, 매년 FBAR 보고 의무가 발생합니다. 지혜 씨가 상속받은 캐나다 은행 계좌의 잔액이 연중 한 번이라도 10,000달러를 초과했다면 보고 대상이 됩니다.

FBAR는 과세 연도 종료 다음 해 4월 15일까지 온라인으로 제출해야 하며, 별도 신청 없이 자동으로 10월 15일까지 연장됩니다. 만약 신고를 하지 않거나 허위로 보고할 경우, 벌금이 부과될 수 있습니다. 단순한 실수로 인한 누락의 경우에는 최대 1만 달러, 고의적인 위반에 대해서는 10만 달러 또는 해당 계좌 잔액의 50% 중 더 큰 금액이 벌금으로 부과될 수 있습니다.

3. 특정 해외 금융 자산 보고: Form 8938 (FATCA)

미국 시민권자 및 거주자인 지혜 씨가 일정 금액 이상의 해외 금융 자산을 보유하고 있는 경우, Form 8938(Statement of Specified Foreign Financial Assets)을 개인소득세 신고서와 함께 제출해야 합니다. 이는 해외계좌세금준수법(Foreign Account Tax Compliance Act, FATCA)에 따른 의무로, 해외 금융 자산을 통한 탈세를 방지하기 위해 도입되었습니다.

Form 8938의 보고 대상은 FBAR보다 광범위하며 다음을 포함합니다:

- 해외 금융 계좌
- 해외 주식 및 증권
- 투자 펀드
- 특정 생명보험
- 해외 법인 지분
- 해외 신탁 지분

단, 이미 다른 미국 국세청(IRS) 양식(Form 3520, 5471, 8621, 8865 등)에 신고된 자산은 중복 보고하지 않아도 됩니다.

보고 기준은 납세자의 거주지와 신고 형태에 따라 다릅니다. 2025년 기준, 미국 내 거주자의 경우 단독 신고자는 연말 기준 해외 금융 자산 총액이 50,000 USD를 초과하거나 연중 어느 시점이라도 75,000 USD를 넘으면 보고 대상이 됩니다. 부부 합산 신고자는 연말 기준 100,000 USD, 연중 기준 150,000 USD를 초과할 경우 Form 8938 제출 의무가 있습니다.

해외 거주자는 기준이 더 높으며, 단독 신고자는 연말 기준 200,000 USD, 연중 기준 300,000 USD, 부부 합산 신고자는 연말 기준 400,000 USD, 연중 기준 600,000 USD를 초과하면 보고해야 합니다.

자산 가치는 연중 최고 공정시장가치를 기준으로 산정합니다. 금융 계좌는 주기적인 계좌 명세서를, 계좌 외 자산은 연말 가치를 기준으로 보고할 수 있습니다. 해외 자산이 외화로 표시된 경우, 미국 재무부가 제공하는 환율을 사용해 달러로 환산해야 합니다.

Form 8938을 제출하지 않거나 부정확하게 신고할 경우, 기본 10,000 USD 벌금, 미국 국세청(IRS) 통보 후 계속 미제출 시 50,000 USD 추가 벌금, 신고 누락으로 인한 세금 과소 보고 시 최대 40% 벌금이 부과될 수 있습니다. 합리적 사유가 인정되는 경우에는 벌금이 면제될 수 있습니다.

Form 8938를 제출했다고 해서 FBAR(FinCEN Form 114) 보고 의무가 면제되는 것은 아닙니다. 일부 계좌는 두 양식 모두에 신고해야 하며, 보고 대상과 정보 요구 사항이 다르므로 각각 별도로 확인해야 합니다.

따라서 지혜 씨가 부모님으로부터 상속받은 해외 은행 계좌, 증권 계좌, 투자 펀드 등의 가치가 보고 기준을 초과한다면 Form 8938과 FBAR를 모두 적시에 제출해야 합니다.

4. 소득세 신고서 내 해외 계좌 및 신탁 보고: Form 1040 Schedule B

미국 시민권자 및 거주자는 개인 소득세 신고서 Form 1040 제출 시 전 세계 소득을 보고해야 하며, 이 과정에서 해외 금융 자산 보유 현황을 명확히 밝혀야 합니다. 특히 이자 및 일반 배당 소득을 보고하는 Schedule B의 Part III는 해외 금융 계좌 및 신탁에 관한 질문을 포함하고 있어 주의 깊은 검토가 필요합니다.

납세자는 신고 연도 중 다음에 해당하는 경우 Schedule B의 Part III에 "예"라고 답변해야 합니다:

- 해외 금융 계좌에 대한 재정적 이해관계 보유 또는 서명 권한 행사
- 해외 신탁으로부터 자산 분배 수령
- 해외 신탁의 위탁자 또는 양도인

이러한 규정은 상속받은 자산에도 동일하게 적용됩니다. 지혜 씨가 캐나다 금융 계좌를 상속받고, 이와 더불어 Form 3520 신고 대상이 되는 해외 유산을 받았다면, 두 상황 모두 Schedule B 신고 요건에 해당합니다. 따라서 Form 1040 Schedule B Part III의 관련 질문에 정확히 "예"로 표시하여 미국 국세청(IRS)에 이러한 사실을 보고해야 합니다.

유언 집행자를 미국에 거주하는 자녀로 지정할 때의 고려사항

윤씨 부부가 미국에 거주하는 딸 지혜 씨를 유언 집행자(Executor)로 지정하려는 계획은 신중한 검토가 필요합니다. 이는 지혜 씨 개인의 서류 작업을 넘어 캐나다에 있는 윤씨 부부의 유산(Estate) 전체에 예상치 못한 중대한 세금 및 법적 문제를 일으킬 수 있기 때문입니다.[1]

캐나다 세법상 고인의 유산은 하나의 '신탁(Trust)'으로 간주됩니다. 이 신탁의 거주지는 유언 집행자가 어디서 **'중심적 관리 및 통제(Central Management and Control)'**를 실질적으로 행사하는지에 따라 결정됩니다. 이 원칙은 캐나다 대법원의 Fundy Settlement v. Canada, 2012 SCC 14 판례를 통해 확립되었으며, 단순히 집행자가 사는 곳이 아니라 투자 결정, 자산 분배, 부채 상환과 같은 핵심적인 의사결정이 실질적으로 이루어지는 장소를 의미합니다.

만약 미국에 거주하는 지혜 씨가 단독 유언 집행자가 되어 유산의 주요 의사 결정을 미국에서 내린다면, 윤씨 부부의 캐나다 유산은 **'사실상 비거주 신탁(Factually Non-Resident Trust)'**으로 분류됩니다.

1 제6장에서 다룬 민정 씨 사례는 미국에 거주하는 자녀가 캐나다 유산의 유언 집행자(Executor)로 지정될 경우 미국 세법 관점에서 고려해야 할 사항들을 살펴보았다면, 이번 장에서는 지혜 씨 사례를 통해 동일한 상황을 캐나다 세법 관점에서 분석하고자 합니다.

'간주 거주 신탁(Deemed Resident Trust)' 규정

유산이 사실상 비거주 신탁이 되었다고 하더라도 문제가 끝나는 것은 아닙니다. 캐나다 소득세법(Income Tax Act) Section 94의 **'간주 거주 신탁(Deemed Resident Trust)'** 규정이 적용될 수 있기 때문입니다. 이 규정을 이해하려면 먼저 유산에 대한 '기여(Contribution)'라는 개념을 살펴봐야 합니다.

'기여(Contribution)'란 간단히 말해 누군가 신탁(또는 유산)에 재산을 이전하여 넣어주는 행위를 뜻합니다. 중요한 점은, 사망으로 인한 상속 역시 '기여'로 본다는 것입니다.

캐나다 소득세법은 이를 다음과 같이 규정합니다.

- **Income Tax Act, Section 248(8):** 사람이 사망하면서 유언 또는 법률에 따라 자산이 유산으로 넘어가면, 이를 피상속인의 '이전(Transfer)'으로 간주한다.
- **Income Tax Act, Section 94(2)(j):** 유산이 이러한 방식으로 자산을 받는 경우, 피상속인이 사망 직전에 유산에 재산을 '기여(Contribute)'한 것으로 간주한다.

즉, 사망을 통해 유산으로 자산이 넘어가는 행위를 "죽기 직전에 유산에 재산을 넣어준 것"으로 본다는 것입니다.

윤씨 부부가 사망하면서 남긴 재산은 법적으로 유산(Estate)에 대한 기여(Contribution)로 인정됩니다. 그리고 기여 시점(사망 직전) 윤씨 부부는 캐나다 거주자였으므로 소득세법상 **'연결된 기여자(Connected Contributor)'**에 해당합니다.

이제 핵심 조건을 살펴보겠습니다. 유산이 간주 거주 신탁(Deemed Resident Trust)으로 분류되기 위해서는 두 가지 요건이 충족되어야 합니다.

1. 캐나다 거주자가 유산에 기여했을 것: 윤씨 부부가 이에 해당합니다.
2. 유산의 수익자(Beneficiary) 중 캐나다 거주자가 있을 것: 예를 들어, 첫째 아들이 캐나다 거주자(Resident Beneficiary)인 경우.

이 두 조건이 모두 충족되면, 윤씨 부부의 유산은 소득세법상 캐나다 '간주 거주 신탁(Deemed Resident Trust)'으로 분류됩니다.

유산(Estate)의 이중적 지위:

요약하자면, 유산의 집행자(Executor)가 미국 또는 한국 시민권자이고 해외에서 유산을 관리하더라도, 피상속인(Deceased)과 상속인/수익자(Beneficiary)의 거주지가 캐나다라면 해당 유산은 한편으로는 '사실상 비거주 신탁(Factually Non-Resident Trust)'에 해당하면서 동시에 '간주 거주 신탁(Deemed Resident Trust)'으로 분류되어 이중적 지위를 갖게 됩니다.

이처럼 신탁이 '사실상 비거주 신탁(Factually Non-Resident Trust)'과 '간주 거주 신탁(Deemed Resident Trust)'의 특성을 모두 지니게 되면, 세무 및 법률 측면에서 매우 복잡한 문제가 발생할 수 있습니다.

캐나다 세법상 유산과 신탁의 이중적 지위
(Canadian Tax Law: The Dual Status of Estates and Trusts)

1. 기본 개념: 유산은 하나의 '신탁(Trust)'

캐나다 세법상 고인의 유산은
신탁으로 간주됩니다.

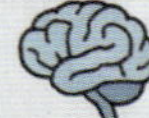

중심적 관리 및 통제
(Central Management and Control)

거주지는 집행자가 실질적으로 핵심 의사결정(투자, 분배 등)을 내리는 장소에 따라 결정됩니다.
(Fundy Settlement v. Canada, 2012 SCC 14 판례 기준)

2. 시나리오: 사실상 비거주 신탁 (Factually Non-Resident Trust)

윤씨 부부
(피상속인, 캐나다)

유산
(Estate)

지혜 씨
(미국 거주 단독 유언 집행자)

결과: 사실상 비거주 신탁
(Factually Non-Resident Trust)

하지만, 여기서 끝이 아닙니다!

3. 함정: '간주 거주 신탁' (Deemed Resident Trust) 규정 - ITA Section 94

기여(Contribution)의 개념

사망
(Death)

유산으로 자산 이전
(Asset Transfer to Estate)
(ITA 248(8))

사망 직전 피상속인의 '기여'로 간주
(Deemed 'Contribution' by Deceased just before death)
(ITA 94(2)(j))

윤씨 부부의 재산은 법적으로 유산에 대한 '기여'로 인정되며, 이들은 '연결된 기여자(Connected Contributor)'입니다.

4. 간주 거주 신탁의 요건 (두 가지 모두 충족 시)

- ☑ 캐나다 거주자가 기여했을 것 (윤씨 부부 해당)
- ☑ 캐나다 거주 수익자가 있을 것 (예: 캐나다 거주 첫째 아들)

결과: 간주 거주 신탁
(Deemed Resident Trust)

5. 결론: 유산의 이중적 지위와 복잡성

사실상 비거주 신탁
(Factually Non-Resident Trust)
(해외 집행자)

간주 거주 신탁
(Deemed Resident Trust)
(캐나다 기여자 & 수익자)

이처럼 두 가지 특성을 모두 지니게 되면, 세무 및 법률 측면에서 매우 복잡한 문제가 발생할 수 있습니다.
전문가의 조언이 필수적입니다.

시나리오별 분석: 사실상 비거주 신탁(Factually Non-Resident Trust) vs. 간주 거주 신탁(Deemed Resident Trust)

피상속인(Deceased), 유언 집행자(Executor), 그리고 상속인/수익자(Beneficiary)의 거주지는 유산(Estate)의 법적 성격과 세금 부담에 결정적 영향을 미칩니다. 이를 보다 명확하게 이해하기 위해 두 가지 대비되는 시나리오를 살펴보겠습니다.

시나리오 A: 사실상 비거주 신탁 (상속인이 모두 캐나다 비거주자인 경우)

첫 번째 시나리오는 유언 집행자인 지혜 씨가 미국에 거주하며, 그녀가 유일한 상속인이거나 모든 상속인이 캐나다 비거주자인 경우입니다. 우선, 유산의 중심적 관리와 통제는 미국에서 이루어지기 때문에 유산은 '사실상 비거주 신탁(Factually Non-Resident Trust)'으로 분류됩니다. 또한 캐나다 거주 상속인/수익자(Beneficiary)가 존재하지 않으므로, 캐나다 소득세법 Section 94(3)에 따른 '간주 거주 신탁' 규정은 적용되지 않습니다.

사실상 비거주 신탁으로 분류되면 유산은 캐나다에서 발생한 소득에 대해서만 과세됩니다. 여기에는 캐나다 부동산 임대 소득과 양도소득, 캐나다 내 사업 소득이 포함됩니다. 미국 은행 이자나 해외 주식 배당처럼 캐나다 외부에서 발생하는 소득은 과세 대상에서 제외됩니다. 또한, 캐나다 거주 신탁에게만 허용되는 배우자 롤오버 혜택은 비거주 신탁에게는 제공되지 않습니다.

행정적 측면에서는 비거주 신탁이라는 이유로 캐나다 부동산 매각 시 Section 116 절차를 거쳐야 할 수 있습니다. 또한, 금융기관과의 거래가 제한될 수 있으며, 법원이 보증 공탁을 요구할 가능성도 있습니다.

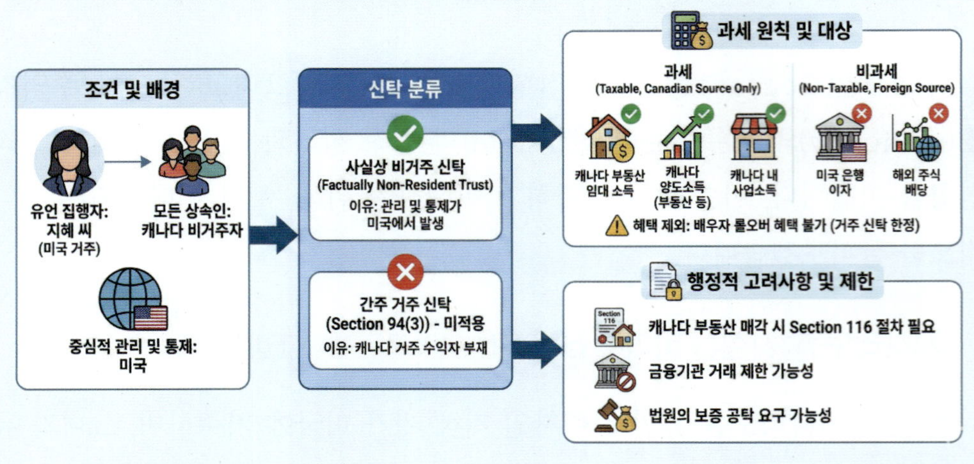

시나리오 B: 간주 거주 신탁 (캐나다 거주 상속인이 있는 경우)

두 번째 시나리오는 이번 장에서 다루는 상황으로, 유언 집행자인 지혜 씨가 미국에 거주하지만 상속인 중 한 명인 첫째 아들이 밴쿠버에 거주하고 있는 경우입니다. 유산의 중심적 관리가 해외에서 이루어지므로 '사실상 비거주 신탁'이라는 점은 시나리오 A와 동일하지만, 결정적인 차이는 피상속인인 윤씨 부부가 사망 당시 캐나다 거주자였고 그들이 유산에 기여한 것으로 간주된다는 점입니다. 더불어 첫째 아들인 캐나다 거주 상속인이 존재하기 때문에 유산은 캐나다 소득세법 Section 94(3)에 따라 '간주 거주 신탁(Deemed Resident Trust)'으로 취급됩니다.

간주 거주 신탁이 되면 유산은 캐나다 거주자와 동일하게 전 세계 모든 소득을 캐나다 국세청(CRA)에 신고하고 세금을 납부해야 합니다. 더욱 중요한 점은 소득세법 Section 94(3)(d)에 따라 캐나다 거주 상속인(첫째 아들)은 유산의 세금 체납액에 대해 연대 책임(Joint and Several Liability)을 지게 됩니다. 이는 시나리오 A에서는 발생하지 않는 매우 중대한 법적 의무입니다.

행정적 복잡성도 크게 증가합니다. 예를 들어, 캐나다 소득세법은 이자나 배당금을 지급할 때 유산을 비거주자로 간주하여 원천징수를 의무화하지만,

동시에 유산 자체는 거주자로 취급되어 전 세계 소득을 매년 T3 신고서에 포함해야 하는 모순적인 상황을 초래합니다.

요약하자면, 캐나다 거주 상속인/수익자(Beneficiary)가 단 한 명이라도 존재한다면, 유산의 거주지는 완전히 달라집니다. 상속인이 모두 비거주자인 경우에는 유산이 단순한 사실상 비거주 신탁으로 취급되어 캐나다 자산에서 발생한 소득에 대해서만 제한적으로 과세됩니다. 그러나 캐나다 거주 상속인이 포함된 경우 유산은 간주 거주 신탁이 되어 전 세계 소득에 대해 과세되며, 상속인에게까지 연대 납세 책임이 부과됩니다. 결과적으로 유산 전체와 캐나다 거주 상속인 모두에게 막대한 세금 부담과 법적 책임이 지워지게 됩니다.

시나리오 B: 간주 거주 신탁 (캐나다 거주 상속인이 있는 경우)

피상속인 (윤씨 부부)
사망 당시 캐나다 거주자

해외 거주 유언 집행자 / 유산의 중심적 관리 (해외)

캐나다 거주 상속인 존재
(밴쿠버 거주)

신탁 분류: 이중적 지위
간주 거주 신탁 (Deemed Resident Trust) - Section 94(3)
사실상 비거주 신탁 (Factual Non-Resident Trust)

주요 결과 및 의무

1. 과세 대상 소득
전 세계 모든 소득 신고
(캐나다 거주자와 동일)

2. 상속인의 책임
캐나다 거주 상속인 (첫째 아들)에게 세금 체납액에 대한 연대 책임 (Joint and Several Liability) 발생
- Section 94(3)(d)

3. 행정적 복잡성
유산 비거주자로 간주: 원천징수 의무
유산 거주자로 취급: 전 세계 소득 매년 T3 신고

요약: 상속인 거주 여부에 따른 결정적 차이

상속인 모두 비거주자 (시나리오 A)
단순 사실상 비거주 신탁 → 캐나다 소득만 제한적 과세, 연대 책임 없음

캐나다 거주 상속인 존재 (시나리오 B)
간주 거주 신탁 → 전 세계 소득 과세, 상속인 연대 납세 책임 부과. 막대한 세금 및 법적 부담

'간주 거주 신탁(Deemed Resident Trust)' 지위가 유산(Estate) 관리에 미치는 영향

앞서 살펴본 시나리오 B를 조금 더 깊게 들여다보겠습니다.

우선, 유산(Estate)이 '간주 거주 신탁(Deemed Resident Trust)'으로 분

류되면, 유산에 부과되는 세율이 증가합니다. '간주 거주 신탁'은 특정 주(Province)에 거주하는 것으로 간주되지 않기 때문에, 상대적으로 낮은 주 정부 세율 대신 48%에 이르는 높은 연방 추가세(Federal Surtax)가 기본 연방세에 더해져 전체 세율이 급격히 높아집니다. 또한, 생존 배우자에게 자산을 세금 없이 이전할 수 있는 롤오버(Rollover) 혜택을 활용할 수 없어 배우자 또는 배우자 신탁에게 자산을 이전할 경우 양도소득세가 즉시 발생할 수 있습니다(Income Tax Act, Sections 70(6) and 94(4)(b)).

유산 관리 중 상속인/수익자(Beneficiary)에게 소득(Income)을 분배할 때도 제약이 따릅니다. 비거주 상속인(Non-Resident Beneficiary)에게 캐나다 부동산 임대 소득이나 사업 소득과 같은 '지정 소득(Designated Income)'을 분배하는 경우, 소득세법 Section 104(7.01)에 의해 유산 단계에서 해당 소득을 공제할 수 없어 높은 세율로 과세된 후 분배됩니다. 다만, 캐나다 거주 상속인에게 분배할 때는 배당세액공제(Dividend Tax Credit) 등의 혜택을 계속 적용받을 수 있습니다.

아울러, '간주 거주 신탁'은 소득세법상 캐나다 거주자로 간주됨에도 불구하고 금융 거래나 자산 처분 시에는 비거주자로 취급됩니다. 따라서, 캐나다 내에서 발생하는 이자(Interest)나 배당 소득(Dividend)은 25%의 PART XIII 원천징수세가 차감된 후 유산에 지급됩니다. 유언 집행자는 원천징수된 세금을 돌려받기 위해 유산의 T3 소득세 신고서를 통해 환급을 신청해야 합니다. 또한, 유언 집행자가 부동산과 같은 '과세 대상 캐나다 자산(Taxable Canadian Property, TCP)'을 매각할 경우, 유산은 비거주자로 분류되어 Section 116 세금 완납 증명서(Certificate of Compliance) 발급이 필요할 수 있습니다.

마지막으로, 유산의 세금 신고 의무가 광범위해 집니다. 유산은 '간주 거주 신탁'으로서 매년 T3 신고서를 제출해야 하며, 자산 구성에 따라 T1135(해외 자산), T1134(해외 계열사), T1141(비거주 신탁 기여) 등의 추가 신고서를 작성해야 할 수 있습니다.

즉 유산이 '간주 거주 신탁(Deemed Resident Trust)'으로 분류되는 순간, 단순한 세금 문제를 넘어 유산 관리 전반에 걸친 심각한 문제들이 발생합니다. 이는 유언 집행자 입장에서 매우 큰 부담으로 다가올 수 있습니다.

주의하세요!

유산의 거주지 변경에 따른 '출국세(Departure Tax)' 위험:
만약 유산(Estate)이 관리되던 중 캐나다 거주 집행자(Executor)가 해외로 이주하여 비거주자가 되거나, 사망 또는 사임하여 비거주 집행자만 남게 될 경우, 캐나다 소득세법 Section 94(5)에 따라 유산은 비거주자로 변경됩니다.
이 경우 소득세법 Section 128.1(4) 규정이 적용되어 그 시점에서 유산이 보유한 모든 자산(과세 대상 캐나다 자산 등 일부 제외)을 공정시장가치(Fair Market Value)로 처분한 것으로 간주하여 막대한 양도소득세가 즉시 부과될 수 있습니다. 유산 집행 기간은 보통 1년 이상 소요되므로, 이 기간 동안 캐나다 거주 집행자의 거주지가 변경되지 않도록 각별히 주의해야 합니다.

미국 등 해외 거주 자녀를 상속인으로 지정 시 유의사항

설령 윤씨 부부가 유언 집행자를 밴쿠버의 첫째 아들로 지정하더라도, 상속인 중 한 명인 지혜 씨는 비거주자 상속인(Non-Resident Beneficiary)이기 때문에 유언 집행자는 유산 분배 과정에서 복잡한 세금 문제에 직면하게 됩니다.

소득 분배에 대한 캐나다 원천징수세

유산에서 발생한 이자나 배당과 같은 소득(Income)을 지혜 씨에게 분배할 때, 유언 집행자는 해당 금액에 대해 원천징수세(Withholding Tax)

를 공제하고 캐나다 국세청(CRA)에 납부해야 합니다. 기본 원천징수세율은 25%이지만, 미국 거주자인 지혜 씨의 경우 캐나다-미국 조세조약에 따라 15%로 인하된 세율이 적용됩니다.

특히 유의할 점은, 유산을 통해 소득이 분배되면 원래의 소득 성격이 '유산 소득'으로 바뀔 수 있다는 것입니다. 예를 들어, 이자 소득은 조세조약상 원천징수세율이 0%일 수 있으나, 이 소득이 유산을 통해 미국 거주자에게 분배되면 '유산 소득'으로 간주되어 15%의 세율이 적용됩니다.

특정 소득에 대한 특별세 (Part XII.2 Tax)

'지정 소득(Designated Income)'으로 분류되는 특정 소득에 대해서는 일반 원천징수세보다 높은 세율의 특별세(Part XII.2 Tax)가 부과될 수 있습니다. 지정 소득에는 캐나다 내 부동산 임대 소득, 캐나다 내 사업 소득, 그리고 '과세 대상 캐나다 자산(Taxable Canadian Property, TCP)' 매각으로 발생한 양도소득 등이 포함됩니다. 다만, 이 특별세 규정은 고인의 '누진세율 적용 유산(Graduated Rate Estate, GRE)'에는 적용되지 않습니다. 따라서 유언 집행자가 GRE를 통해 비거주 상속인에게 지정 소득을 분배할 경우, 일반 원천징수세율만 적용되어 상당한 절세 효과를 볼 수 있습니다.

자본 분배와 Section 116 규정 세금 완납 증명서

지혜 씨에게 현금이나 부동산 같은 자본(Capital)을 분배하는 경우, 유언 집행자는 캐나다 소득세법 Section 116에 따른 규정을 반드시 준수해야 합니다.

캐나다 비거주자인 지혜 씨에 대한 자본 분배는, 지혜 씨가 자신의 유산에 대한 '자본 지분(Capital Interest)'을 처분하는 것으로 간주됩니다. 만약 유산 가치의 50% 이상이 지난 60개월 동안 캐나다 부동산에서 비롯되었다면,

지혜 씨의 지분은 '과세 대상 캐나다 자산(Taxable Canadian Property; TCP)'으로 분류될 가능성이 높습니다. '과세 대상 캐나다 자산'으로 분류될 경우, 지혜 씨는 자산을 분배받기 전 캐나다 국세청(CRA)로부터 Section 116 세금 완납 증명서(Certificate of Compliance)를 발급받아야 합니다. 이 증명서 없이 자본을 분배하면, 유언 집행자(밴쿠버의 첫째 아들)는 분배한 총액의 25%를 개인적으로 납부할 책임을 지게 될 수 있으므로, 증명서를 신청하여 발급받는 것이 가장 안전한 방법입니다.

현물 자산 분배 (In Specie Distribution)

자산을 현금이 아닌 현물(In Specie)로 지혜 씨에게 이전할 경우, 유산은 해당 자산을 공정시장가치(Fair Market Value, FMV)로 매각한 것으로 간주되어 유산 단계에서 양도소득세가 발생할 수 있습니다. 이는 자산이 캐나다의 과세 관할권을 떠나기 전에 그동안 발생한 미실현 이익에 대해 캐나다가 과세하기 위함입니다. 다만, 캐나다 부동산 등 특정 자산은 예외적으로 세금 이연이 가능합니다.

결론: 사랑의 증표가 덫이 되지 않도록

윤씨 부부의 사례는 국경을 넘는 상속 계획이 단순히 재산 이전을 넘어, 양국의 복잡한 세법이 얽힌 중대한 문제임을 명확히 보여줍니다. 그렇다면 밴쿠버의 첫째 아들을 유언 집행자로 지정하여 유산의 거주지를 캐나다로 유지하면 모든 문제가 해결될까요? 안타깝게도 문제는 여전히 남습니다.

유언 집행자는 미국에 거주하는 상속인 지혜 씨에게 재산을 분배할 때, 캐나다 세법에 따라 원천징수 의무와 Section 116 규정에 따른 세금 완납 증명서(Clearance Certificate)를 발급받아야 하는 복잡한 과제에 직면하게 됩니다. 동시에, 상속을 받는 지혜 씨 본인은 미국 시민권자이자 거주자로서 미국 국세청(IRS)에 해외 자산 보유 사실을 별도로 보고해야 하는 의무를 지게 됩니다.

결론적으로, 국경을 넘나드는 상속 문제는 피상속인, 유언 집행자 및 상속인의 거주지가 어디냐에 따라 캐나다와 미국 양국의 촘촘한 세법 망에 얽혀 예상치 못한 세금과 법적 책임으로 이어질 수 있습니다.

사례 8

서울 아파트를 상속받는 캐나다 시민권자 아들 (Canadian Citizen Son Inheriting Seoul Apartment)

밴쿠버에 거주하는 50대 남성 김철수 씨는 최근 한국에 계시던 아버지가 돌아가시면서 서울에 있는 아파트를 상속받게 되었습니다. 김철수 씨는 캐나다 시민권자입니다. 한국 국적을 포기한 지 오래되어 한국 가족관계등록부 기록이 불확실한 상황입니다. 그는 한국의 복잡한 상속 절차와 아포스티유(Apostille) 인증에 대해 명확한 지침을 원합니다.

밴쿠버의 철수 씨, 서울 아파트를 상속받다

어느 화요일 아침, 밴쿠버의 자택 거실에서 김철수 씨는 커피를 들고 잠시 창밖을 바라보고 있었습니다. 평소처럼 하루를 시작하려던 순간, 한국에서 걸려 온 전화 한 통이 그의 손을 멈춰 세웠습니다. 가슴 철렁한 소식, 서울에 계시던 아버지가 갑작스럽게 돌아가셨다는 비보였습니다.

아버지의 부재는 철수 씨의 마음을 깊이 흔들었습니다. 슬픔 속에서도 그는 아버지께서 남기신 유산, 특히 서울의 아파트 한 채에 대한 상속 문제와 마주해야 했습니다. 캐나다 시민권자로서 한국 국적을 포기한지 오래였고 한국 가족관계등록부 기록마저 불확실한 상황이었습니다. 철수 씨에게 한국에서의 상속 절차는 마치 미지의 미로처럼 느껴졌습니다.

"캐나다 시민권자인 내가 한국에 있는 아파트를 상속받을 수 있을까? 대체 뭘 어떻게 준비해야 하는 거지?" 철수 씨의 머릿속은 복잡한 질문들로 가득 찼습니다.

예상치 못한 소식, 그리고 막막함

철수 씨는 아버지의 장례를 치른 후 며칠 밤낮을 뒤척였습니다.

"이 복잡한 서류들은 대체 어디서부터 시작해야 할까? 아포스티유 인증은 또 뭐고, 한국 인감증명서는 어떻게 발급받지?" 철수 씨는 인터넷을 검색해 봤지만, 쏟아지는 정보 속에서 자신에게 딱 맞는 답을 찾기란 쉽지 않았습니다. 한국에 남아있는 형제들에게 부탁하기도 미안하고, 그렇다고 마냥 손 놓고 있을 수도 없는 노릇이었습니다.

한국 상속, 어디서부터 시작해야 할까?

한국에서의 상속 절차는 피상속인과 상속인들이 누구인지 확인하고 상속 재산의 유형과 소재지, 그리고 가치와 채무를 정확히 파악하는 것부터 시작됩니다.

1단계: 돌아가신 아버지의 기록부터 찾아요

사망 신고 후 가장 먼저 해야 할 일은 돌아가신 아버지의 신분과 철수 씨가 아버지의 정당한 상속인임을 증빙할 수 있는 서류들을 확보하는 것입니다. 모든 서류들은 반드시 '상세(Detailed)' 버전으로, 주민등록번호 뒷자리까지 모두 표시되도록 발급받아야 합니다.

- **기본증명서(상세):** 아버지의 출생부터 사망까지의 기록.
- **가족관계증명서(상세):** 아버지와 철수 씨의 가족 관계를 증명.
- **혼인관계증명서:** 아버지의 혼인 관계 증명.
- **주민등록초본 (주소변동사항 포함):**
  아버지의 마지막 주소지와 주소 변동 내역 확인.
- **제적등본 (출생 기록부터 2008년 기록까지 일체):**
  2008년 가족관계등록법 시행 전의 가족 기록 확인.

이 서류들은 대부분 한국의 주민센터 등에서 발급받을 수 있습니다.

철수 씨의 경우 한국에 거주하는 다른 형제자매나 친척들에게 발급을 부탁하거나, 한국의 법무사, 세무사, 변호사 등 전문가의 도움을 받을 수 있습니다.

아울러, 철수 씨는 한국에 거주하는 상속인들과 함께 '안심 상속 원스톱 서비스'를 신청하여 아버지의 부동산, 금융 거래, 연금, 국세/지방세 체납 여부 등을 확인할 수 있습니다.

2단계: 캐나다 시민권자 철수 씨를 증명하는 서류들

김철수 씨는 한국 국적을 상실한 '외국인' 신분이므로, 한국의 서류들을 대체할 특별한 서류 준비가 필요합니다.

1. 주소 증명 (거주사실확인서)

한국 부동산 상속 등기 신청 시에는 신청인의 "현재 주소"를 확인할 수 있는 서류가 필요합니다. 캐나다처럼 별도의 거주증명 제도가 없는 국가의 국민은 「재외국민 및 외국인의 부동산등기신청절차에 관한 예규」 제13조에 따라 아래 방식으로 주소를 증명할 수 있습니다.

가장 일반적인 방법은 캐나다 현지 공증인(Notary Public)으로부터 "현재 주소"에 관한 진술서(서면)를 공증받아 제출하는 것입니다.

위 방식이 어려울 경우, 다음 대안을 사용할 수 있습니다.

주소가 기재된 운전면허증 또는 공과금 고지서 등의 사본에 대해 캐나다 현지 공증인으로부터 "원본과 동일함" 취지의 인증을 받아 제출합니다.

또 다른 방법으로, 주소가 기재된 신분증 원본과 사본을 한국 등기소에 함께 제출하고, 등기관 면전에서 원본과 사본의 동일 여부를 확인받은 뒤 원본을 반환받는 방식입니다.

2. 서명 증명 (인감증명 대체)

한국에서 상속재산분할협의서, 위임장 등 부동산 상속 등기 관련 서류는 통상 인감도장 날인과 인감증명서 제출을 요구합니다. 그러나 한국에 거주하지 않고 인감 등록을 한 적이 없는 외국인의 경우, 이 절차를 그대로 이행하기 어렵습니다.

이러한 경우 「재외국민 및 외국인의 부동산등기신청절차에 관한 예규」 제12조 제2항에 따라 인감도장 및 인감증명서를 "서명과 서명에 대한 공적 확인"으로 대체할 수 있습니다.

캐나다에 거주하는 김철수 씨는 인감 날인이 요구되는 서류(예: 상속재산분할협의서)에 본인이 직접 서명한 뒤, 해당 서명이 본인의 의사에 따라 이루어졌음을 확인하는 취지의 공증을 캐나다 현지 공증인(Notary Public)으로부터 받아야 합니다.

꼭 기억하세요!

위 항에 따른 공증은 인감 날인이 요구되는 서면 그 자체에 받아야 하는 것이며, 별도의 문서에 서명을 하고 그에 대한 공증을 받는 것이 아닙니다.
「재외국민 및 외국인의 부동산등기신청절차에 관한 예규」 제12조제2항 및 제9조 제3항.

이렇게 공증받은 서류가 한국의 인감증명서를 대신하는 '서명 증명'의 역할을 하게 됩니다. 이 서류는 다른 서류들과 마찬가지로 아포스티유(Apostille) 인증을 받아야 합니다.

3. 동일인 증명

한국에 남겨진 아버지의 가족관계증명서 및 제적등본에는 한국 이름인 "김철수"가 자녀로 기록되어 있으나, 현재 상속인은 캐나다 시민권자인 "Cheol-su Kim"입니다.

이 둘이 동일 인물임을 증명하는 서류가 바로 동일인증명서(Verification of Identity for Canadian Citizens)입니다. 이 서류 또한 캐나다 현지에서 공증을 받은 뒤 아포스티유(Apostille) 인증을 받아야 합니다.

4. 상속인 이외의 다른 상속인이 없다는 내용의 진술서

상속 등기 심사 과정에서 "현재 신고된 상속인들 외에 다른 상속인이 없다"는 사실을 명확히 하기 위해 추가 진술서를 요구하는 경우가 있습니다. 이는 별도의 정해진 서식은 없는 임의 양식이지만, 상속인 이외의 다른 상속인이 존재하지 않는다는 내용을 반드시 명시해야 합니다.

진술서는 한글과 영어를 병기하여 작성해야 하고, 현재 파악된 상속인 모두가 서명해야 합니다. 이 서류 역시 작성 후 캐나다 현지 공증인으로부터 공증(Notarization)을 받고, 아포스티유(Apostille) 인증을 받아야 비로소 효력이 발생합니다.

꼭 기억하세요!

이 모든 서류들은 발행일로부터 3개월 이내의 것만 유효합니다 (『부동산등기규칙』 제62조). 따라서, 추후 부동산 매매 등 다른 목적의 절차를 진행할 때에는 동일한 서류들을 다시 준비해야 할 수 있습니다.

캐나다 시민권자 김철수 씨를 증명하는 서류들 (상속 등기 준비)

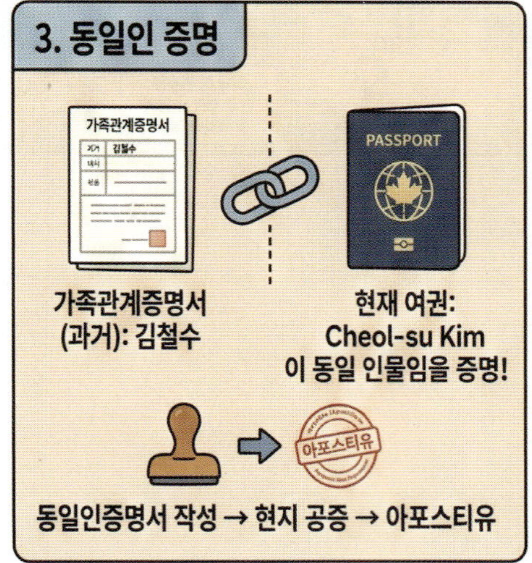

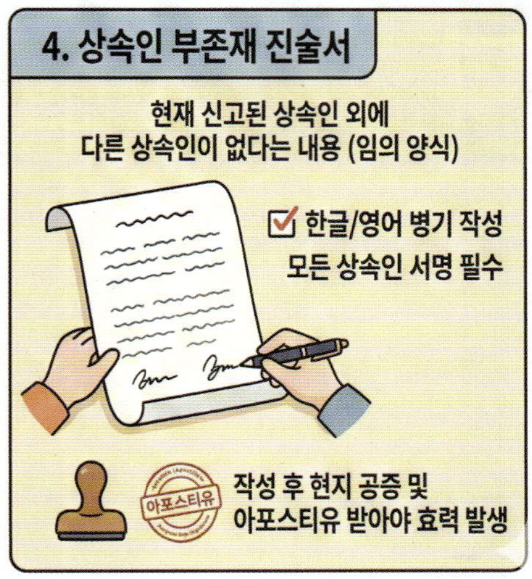

3단계: 철수 씨의 '한국 주소' 만들기, 부동산등기용등록번호

해외 거주 외국인이 한국 부동산을 상속받아 등기하려면, 한국에서의 주민등록번호와 같은 식별 번호가 필요합니다. 철수 씨는 캐나다 시민권자이므로 한국 주민등록번호가 없습니다. 이럴 때 필요한 것이 바로 **'부동산등기용등록번호(Real Estate Registration Number for Foreigners)'**입니다.

국내에 체류지가 없는 외국인은 대법원 소재지를 관할하는 서울출입국·외국인관서의장으로부터 부동산등기용등록번호를 부여받아야 합니다(「재외국민 및 외국인의 부동산등기신청절차에 관한 예규」 제14조). 이 번호는 한국 내에서 철수 씨의 부동산 관련 활동을 식별하는 역할을 합니다.

외국인 부동산 상속, 첫걸음은?

해외 서류, 한국에서 통하게 하는 마법 - 아포스티유 인증

철수 씨가 캐나다에서 발급받거나 작성한 서류들을 한국에서 법적 효력을 가지게 하려면 특별한 인증 절차가 필요합니다. 바로 **아포스티유 인증(Apostille Certification)**입니다.

아포스티유 협약(Apostille Convention)은 외국 공문서의 진위를 확인하는 절차를 간소화하기 위한 국제 협약입니다.

협약 가입국 간에는 복잡한 영사 확인 절차 없이, 해당 국가의 아포스티유 발행 권한기관에서 인증을 받으면 됩니다. 한국과 캐나다는 아포스티유 협약 가입국이므로, 철수 씨는 캐나다에서 발급받은 공문서나 캐나다 공증인이 공증한 사문서에 대해 캐나다 외교부 등 지정 기관에서 아포스티유 인증을 받을 수 있습니다.

아포스티유 인증 절차:

1. **현지 공증(Notarization):** 캐나다에서 작성한 거주사실확인서나 동일인증명서와 같은 사문서는 먼저 캐나다 현지 공증인(Notary Public)으로부터 공증을 받아야 합니다.
2. **아포스티유 인증(Apostille Certification):** 공증이 완료된 서류 또는 캐나다 정부기관이 발행한 공문서를 캐나다 외교부 또는 주(州) 정부기관의 아포스티유 발행 부서에 제출하여 아포스티유 인증을 받습니다.

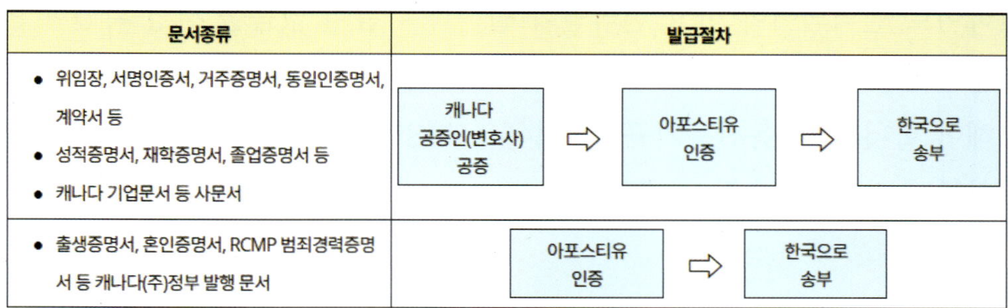

문서종류	발급절차
• 위임장, 서명인증서, 거주증명서, 동일인증명서, 계약서 등 • 성적증명서, 재학증명서, 졸업증명서 등 • 캐나다 기업문서 등 사문서	캐나다 공증인(변호사) 공증 ⇨ 아포스티유 인증 ⇨ 한국으로 송부
• 출생증명서, 혼인증명서, RCMP 범죄경력증명서 등 캐나다(주)정부 발행 문서	아포스티유 인증 ⇨ 한국으로 송부

※ 아포스티유 발급 절차 관련 자세한 문의는 아포스티유발급처로 문의(발급처 주소 및 연락처는 다음 참고)

출처: 주토론토 대한민국 총영사관

캐나다 연방 정부 발행 문서:

우편 접수: Global Affairs Canada

Authentication Services Section (JLAC)

125 Sussex Drive

Ottawa, ON K1A 0G2

브리티시컬럼비아(BC)주:

우편 접수: Ministry of Attorney General OIC Administration Office Attention: BC Authentication Program

1001 Douglas Street Victoria, BC V8W 2C5

온타리오(Ontario)주:

우편 접수: Official Documents Services

777 Bay Street, lower level

Toronto, ON M7A 2J8

「부동산등기규칙」 제46조 제9항 및 「재외국민 및 외국인의 부동산등기신청절차에 관한 예규」 제3조에 따르면, 협약국가에서 발행된 공문서 및 사문서는 아포스티유 인증을 반드시 받아야 한국에서 법적 효력을 인정받을 수 있습니다.

또한, 해외에서 발급받은 서류가 영어 등 외국어로 작성되었다면, 반드시 한국어로 번역되어야 하고 번역인이 원문과 다름이 없음을 서명 확인한 번역문을 함께 첨부해야 합니다. 필요할 경우 번역인의 신분증 사본도 함께 첨부해야 합니다(「부동산등기규칙」 제46조 제8항, 「재외국민 및 외국인의 부동산등기신청절차에 관한 예규」 제4조).

상속재산분할협의서, 그리고 위임장(Power of Attorney)

만약 철수 씨가 아버지의 아파트를 단독으로 상속받는 것이 아니라, 다른 형제자매들과 공동으로 상속받는 상황이라면, 상속인들 간의 상속재산분할협의서(Agreement on Division of Inherited Property)를 작성해야 합니다. 이 협의서는 누가 어떤 재산을 얼마나 상속받을지 명시하는 중요한 문서입니다.

철수 씨를 포함한 모든 상속인은 협의서에 서명 또는 날인해야 합니다. 철수 씨처럼 해외에 거주하고 있는 상속인은 본인의 서명에 대해 캐나다 현지 공증인의 공증을 받고 번역 후 아포스티유 인증까지 받아야 합니다.

만약 철수 씨가 직접 한국에 갈 수 없어서 대리인에게 상속재산분할협의 권한을 위임한다면, 해당 위임장(Power of Attorney)에 철수 씨의 서명을 공증받고 영문 번역 후 아포스티유 인증을 받아야 합니다(「재외국민 및 외국인의 부동산등기신청절차에 관한 예규」 제6조).

추후 상속받은 아파트를 매매할 계획이 있다면, 부동산 매매 시 **'부동산양도신고확인서'**를 세무서로부터 발급받아야 합니다(「재외국민 및 외국인의 부동산등기신청절차에 관한 예규」 제8조의2).

철수 씨의 상속 등기, 이제 마지막 단계!

이 모든 서류가 준비되면, 이제 한국 등기소에 소유권이전등기를 신청할 수 있습니다. 철수 씨는 고인의 법적 상속인으로서 상속 등기를 신청하게 됩니다(「부동산등기규칙」 제49조).

해외 거주 캐나다 시민권자인 철수 씨가 한국 서울 아파트를 상속받기 위해 필요한 서류 및 절차를 다시 한번 정리해 드립니다.

1. 돌아가신 아버지 관련 서류 (한국에서 발급)

- **기본증명서(상세)**
- **가족관계증명서(상세)**
- **혼인관계증명서**
- **주민등록초본 (주소변동사항 포함)**
- **제적등본 (출생 기록부터 2008년 기록까지 일체)**

2. 김철수 씨 본인 관련 서류 (캐나다에서 준비)

- **주소 증명:** 현지 공증인 공증 거주사실확인서
- **서명 증명:** 현지 공증인 공증 서명확인서
- **동일인 증명:** 현지 공증인 공증 동일인증명서
- **진술서:** 상속인 이외의 다른 상속인이 없다는 내용의 진술서

3. 한국에서 발급/신고해야 할 번호

- **부동산등기용등록번호 발급 신청:** 서울출입국·외국인관서의장 (국내 체류지 없는 외국인의 경우)

4. 해외 서류의 한국 내 효력 확보

- **아포스티유 인증:** 캐나다에서 공증받은 모든 서류에 대해 캐나다 외교부 또는 주정부 지정 기관에서 아포스티유 인증
- **번역문 첨부:** 외국어 서류는 한국어로 번역하고, 번역인의 서명 및 신분증 사본 첨부

5. 상속인 간의 합의 (필요시)

- **상속재산분할협의서:** 상속인 전원 합의 및 서명, 철수 씨 서명은 캐나다 공증 및 아포스티유 인증

6. 향후 매매 계획 시 (선택 사항)

- **부동산양도신고확인서:** 세무서 발급

주의사항: 모든 서류는 3개월의 유효기간을 준수해야 합니다.

전문가의 조언: 복잡한 길, 함께 가면 쉬워져요

김철수 씨의 사례에서 볼 수 있듯이, 해외 거주 상속인이 한국 부동산을 상속받는 절차는 결코 간단하지 않습니다. 한국의 법률 지식은 물론, 해외 서류 준비 및 아포스티유 인증 절차에 대한 이해가 필수적입니다.

하지만 상속은 재산을 법적으로 물려받는 것에서 끝나지 않습니다. 상속받은 재산을 어떻게 활용할 것인지에 대한 새로운 계획과 함께 또 다른 과제들이 남아 있습니다. 특히 상속받은 부동산을 처분하여 현금화하고, 그 자금을 캐나다로 반출하기 위해서는 양도소득세와 해외 송금이라는 두 번째 절차가 남아 있습니다.

사례 9

은퇴 부부의 한국 상속 부동산 매각 (Retired Couple's Sale of Inherited Korean Real Estate)

밴쿠버 써리(Surrey)에 거주하는 캐나다 시민권자 부부가 최근에 돌아가신 부모님으로부터 한국 아파트를 상속받았습니다. 부부는 이 아파트를 매각하여 그 대금을 캐나다로 반출해 은퇴 자금으로 활용하고 싶어 합니다. 하지만 비거주자로서 한국의 양도소득세를 어떻게 납부해야 하는지, 소유권 이전 전에 세금을 미리 내야 하는지, 그리고 거액의 자금을 캐나다로 안전하게 송금하는 절차는 무엇인지에 대해 고민하고 있습니다.

캐나다 은퇴 자금, 한국 아파트 매각하여 마련하기

제8장에서 밴쿠버의 김철수 씨는 국경을 넘어 한국의 아파트를 무사히 상속받았습니다. 하지만 상속 등기를 완료했다고 해서 모든 과정이 끝나는 것은 아닙니다. 장기간 한국에 거주할 계획이 없다면, 상속받은 한국 아파트를 매각해 그 대금을 캐나다로 반출하고 은퇴 자금으로 활용하는 방안도 고려할 수 있습니다.

밴쿠버 써리(Surrey)에 거주하는 최민준·이수진 씨 부부도 몇 년 전 부모님으로부터 한국 아파트를 상속받았습니다. 그러나 막상 아파트를 매각하고 거액의 자금을 캐나다로 송금하려고 하니, 현실적인 고민이 한꺼번에 밀려왔습니다.

첫째, 한국의 비거주자로서 양도소득세를 어떻게 신고 · 납부해야 하는가? 둘째, 거액의 매각 대금을 어떻게 캐나다로 반출(송금)할 수 있는가? 셋째, 자금을 반입한 뒤 캐나다 국세청(CRA)에 무엇을 어떻게 신고해야 하는가?

한국 양도소득세: 비거주자 과세 기준과 신고 기간

최씨 부부가 마주한 첫 번째 질문은 한국의 양도소득세입니다. 최씨 부부는 한국 세법상 '비거주자(Non-Resident)'에 해당합니다. 비거주자에게는 거주자에 비해 다른 과세 기준과 신고 기간이 적용됩니다.

한국의 비거주자는 1세대 1주택 비과세 혜택을 받지 못합니다. 아울러, 실무적으로는 매각 전 양도소득세를 미리 신고하고 납부해야 합니다. 이는 잔금 수령과 소유권이전등기를 진행할 때 필요한 **'부동산양도신고확인서'** 관련 서류를 사전에 확보하기 위함입니다.

매각 대금을 해외로 송금하기

한국에서 상속받은 부동산을 매각해 그 대금을 캐나다로 반출(송금)하기 위해서는 한국 세무서장으로부터 **'부동산 매각자금확인서'**를 발급받아 지정거래 외국환은행에 제출해야 합니다.

이 확인서는 단순한 서류가 아닙니다. 이것은 해당 자금이 깨끗하다는 것을 증명하는 공식적인 '여권'과 같습니다. 세무서는 이 확인서를 발급하기 전에 다음 사항들을 꼼꼼히 심사합니다.

1. **자금 출처의 명확성**: 이 돈이 정말 아파트 매각 대금이 맞는가?
2. **관련 세금 완납 여부**: 해당 부동산에 대한 상속세와 이번 매각에 대

한 양도소득세가 모두 완납되었는가?

3. **기타 국세 체납 여부**: 신청인에게 다른 체납된 세금은 없는가?

이 모든 심사를 통과해야만 '부동산 매각자금확인서'라는 여권이 발급되고, 비로소 최씨 부부는 한국 돈을 캐나다로 송금할 수 있게 됩니다. 만약, 송금하려는 자금이 부동산 매각대금이 아니라 상속 금융 자산의 인출금, 예금, 증권 처분대금 등 다른 출처에서 발생한 경우에는, 자금의 성격과 출처를 입증하기 위해 별도의 **'자금출처확인서'**를 발급받아야 할 수 있습니다.

반출(송금) 승인 심사는 세무조사 가능성 등을 고려하여 최소 1년 이상 소요될 수 있습니다. 따라서, 필요하다면 한국 내 대리인을 선임하여 세금 신고 및 승인 절차를 진행할 수 있습니다. 다만, 승인 단계와 실제 은행 송금 단계에서 위임장 외에도 상속인의 해외 거주사실확인서, 서명확인서, 동일인증명서 등 추가 서류가 요구될 수 있어, 캐나다 현지에서의 공증, 번역, 및 아포스티유 인증 절차를 반복적으로 밟아야 할 수 있습니다.

꼭 기억하세요!

반출(송금) 금액이 미화 100,000달러 이상인 경우, 세무서 승인을 받기 위해서는 해당 자금이 상속인 본인 명의의 한국 계좌에 예치되어 있어야 합니다. 형제자매 등 타인 명의 계좌에 보관된 자금은 아예 승인 심사가 진행되지 않거나 지연될 수 있습니다. 또한 매각대금이 타인 명의의 계좌를 거쳐 송금되면 증여로 간주될 소지가 있어 예상치 못한 증여세 과세 대상이 될 수 있습니다.

캐나다 해외 소득 및 자산 신고 의무

많은 분들이 한국에서 세금 문제를 모두 해결했으니 끝이라고 생각하지만, 가장 중요한 마지막 절차가 남아있습니다. 바로 캐나다 국세청(CRA)에 대한 해외 자산 신고 의무입니다.

캐나다 거주자는 '전 세계 소득'을 신고한다

캐나다 소득세법의 기본 원칙은 캐나다 거주자의 전 세계 소득(Worldwide Income)에 대한 신고 의무입니다. 따라서 최씨 부부가 한국 아파트를 매각해 발생한 양도소득(Capital Gain)은 캐나다에서도 신고 대상이 됩니다.

이중 과세는 피할 수 있다 - '외국납부세액공제'

"그럼 한국에도 세금을 내고, 캐나다에도 또 내야 하나요?"

반드시 그렇지는 않습니다. 캐나다-한국 조세조약에 따라, 한국에서 납부한 양도소득세를 캐나다 세금 계산 시 일정 범위 내에서 공제받을 수 있습니다.

예를 들어, 캐나다 기준으로 산출된 세금이 50,000달러이고, 한국에서 이미 40,000달러 상당의 세금을 납부했다면, 원칙적으로 캐나다에서는 차액인 10,000달러를 추가 납부해야 합니다. 실제 계산은 환율, 공제 한도, 소득 구성 등에 따라 달라질 수 있으나, 기본 원리는 동일합니다.

해외 자산은 별도로 보고해야 한다 - T1135

최씨 부부는 한국 아파트를 상속받은 시점부터, 해당 자산의 조정된 취득가액(Adjusted Cost Amount)이 100,000 캐나다 달러를 초과한다면 매년 **T1135(해외자산 보고서)**를 캐나다 국세청(CRA)에 제출해야 합니다. 여기서 상속 자산의 조정된 취득가액은 상속받을 당시의 공정시장가치(Fair Market Value)로 평가됩니다.

해외자산 보고 의무는 한국 아파트를 매각한 후에도 지속됩니다. 만약, 매각 대금을 한국 은행 계좌에 예치하여 그 잔액이 연중 100,000 캐나다 달러를 초과할 경우, T1135를 작성하여 제출해야 합니다. 미보고 시 상당한 벌금이 부과될 수 있습니다.

최씨 부부의 사례는 한국에서의 세금·승인 절차와 캐나다에서의 신고·보고 의무가 서로 분리된 것이 아니라, 하나의 흐름으로 연결된다는 점을 보여줍니다. 어느 한쪽이라도 놓치게 되면 예기치 못한 추가 세금, 벌금, 또는 송금 지연과 같은 실무적인 문제가 발생할 수 있으므로, 양국 절차를 동시에 염두에 두고 차례대로 진행하는 것이 중요합니다.

사례 10

한국으로 역이민한 캐나다 부동산 투자자 (The Emigrated Couple's Real Estate Investment)

서울에 주로 거주하는 한인 부부가 BC주 밴쿠버에 별장 콘도를 소유하고 있으며, 일년 중 일부 기간은 임대를 주고 있습니다. 한 배우자가 한국에서 사망했을 때, 캐나다 콘도에 대한 양도소득세와 상속 및 행정 절차는 어떻게 될까요?

캐나다 비거주자의 해외 사망 시 세금 문제와 상속

역이민한 서울 박씨 부부의 고민: 투자용 밴쿠버 콘도

서울에 거주하는 박준호 씨와 이정민 씨 부부는 캐나다 밴쿠버에 아늑한 별장 콘도를 소유하고 있습니다. 박씨 부부는 과거 캐나다로 이주해 영주권을 취득하고 한동안 밴쿠버에서 생활했지만, 몇 년 전 역이민을 결심해 다시 한국으로 돌아왔습니다. 밴쿠버를 방문할 때마다 머무는 곳이기도 하였고, 일 년 중 일부 기간은 임대를 주어 소소한 수입도 얻고 있었습니다. 15년 전 투자 목적으로 이 콘도를 구매한 이후 가격은 꾸준히 올라, 현재는 구매 당시보다 두 배 이상 상승했습니다.

어느 날 준호 씨는 갑작스러운 사고로 한국에서 세상을 떠났습니다. 슬픔에 잠긴 정민 씨는 남편이 남긴 한국 내 재산을 정리하던 중, 문득 캐나다 밴쿠버 콘도에 대한 생각이 떠올랐습니다.

"한국법에 따라 남편의 모든 재산은 나와 아이들이 상속받고, 전 세계 자산에 대해 한국에 상속세도 내야 한다고 들었는데, 그렇다면 캐나다 콘도에 대해서는 캐나다에 내야 할 세금은 없는 걸까? 캐나다에서 이루어지는 상속 절차는 어떻게 진행되는 걸까?"

정민 씨의 고민은 국경을 넘어 자산을 소유한 많은 분들이 겪을 수 있는 현실적인 문제입니다. 역이민후 한국에서 거주하던 중 사망할 경우, 한국의 상속법과 자산 소재지인 캐나다의 상속법이 동시에 적용되면서 양국에서 상속 절차를 개시해야 하는 상황이 발생할 수 있기 때문입니다.

장례식과 사망신고: 한국에서의 첫걸음

정민 씨가 가장 먼저 해야 할 일은 남편의 장례식을 치르는 것이었습니다. 그리고 가장 중요한 서류인 남편의 사망진단서(Death Certificate)를 병원으로부터 발급받는 것이었습니다. 이 서류는 이후 캐나다에서 고인의 사망 사실을 입증하는 데 사용되기 때문입니다.

장례를 마친 뒤, 정민 씨는 한국의 「가족관계의 등록 등에 관한 법률」에 따라 사망 사실을 안 날로부터 1개월 이내에 관공서에 사망신고를 완료했습니다. 그 결과, 준호 씨의 기본증명서와 가족관계증명서에 사망 사실이 공식적으로 기재되었습니다. 이 서류들은 추후 캐나다 법원에 제출하여 고인의 신분과 정민 씨가 상속인(또는 유산 관리인)임을 증명하는 자료로 사용됩니다.

국경을 넘는 상속: 한국의 상속세와 캐나다의 양도소득세

남편의 사망으로 정민 씨는 한국에서는 상속세를, 캐나다에서는 사망 시 간주 처분으로 발생하는 양도소득세를 각각 신고하고 납부해야 했습니다.

한국 민법에 따르면, 상속은 사망으로 개시되며 상속재산에 관한 모든 권리와 의무는 상속인에게 포괄적으로 승계됩니다. 피상속인이 한국 거주자였다면 전 세계 모든 자산이 한국 상속세 과세 대상입니다. 여기에는 밴쿠버 콘도도 포함됩니다.

반면 캐나다 소득세법은 피상속인이 캐나다 비거주자인 경우, 그가 보유한 '과세 대상 캐나다 자산(Taxable Canadian Property, TCP)'에 대해서만 사망 시 간주 처분에 따른 양도소득세를 부과합니다. 밴쿠버 콘도는 캐나다 소재 부동산이므로 '과세 대상 캐나다 자산'에 해당합니다.

중요한 점은, 밴쿠버 콘도와 관련해 한국에서 납부한 상속세는 캐나다 양도소득세 계산 시 외국납부세액공제(Foreign Tax Credit)로 인정되지 않습니다. 반대로 캐나다에서 납부한 양도소득세 역시 한국 상속세 계산 시 공제받기 어렵습니다. 이는 두 세금의 법적 성격이 '상속세(Inheritance Tax)'와 '소득세(Income Tax)'로 서로 다르기 때문입니다.

국경을 넘는 상속 절차: 밴쿠버 콘도 상속받기

이제 정민 씨가 밴쿠버 콘도를 상속받기 위해 한국과 캐나다에서 어떠한 서류들을 준비해야 하는지 알아보겠습니다.

1단계: 유언 검색과 재산 목록 작성 (Pre-Application Matters)

우선, 정민 씨가 가장 먼저 확인해야 할 부분은 유언이 존재하는지 여부입니다. 정민 씨는 변호사의 도움을 받아 남편이 한국이나 캐나다에 유언장을 남겼을 가능성을 염두에 두고 물리적 장소부터 전자 기계까지 꼼꼼히 확인했습니다. 또한, 캐나다 현지 변호사를 선임하여 유언장의 존재 여부와 무관하게 BC주의 Vital Statistics Agency 기관에 남편의 이름으로 등록된 유언장이 있는지를 공식적으로 확인하고 유언 검색 증명서를 발급 받았습니다. 이는 법원에 반드시 제출해야 하는 서류입니다.

아울러, 남편이 BC주 비거주자였으므로 BC주 내에 소재한 자산과 부채를 파악했습니다. 사망일 기준으로 밴쿠버 콘도의 공정시장가치를 감정받고 담보대출 잔액 등을 확인하여 정확한 목록을 작성했습니다. 이 정보는 추후 법원에 제출할 비거주자 유산 자산 및 부채 진술서(Form P11)의 기초 자료로 활용됩니다.

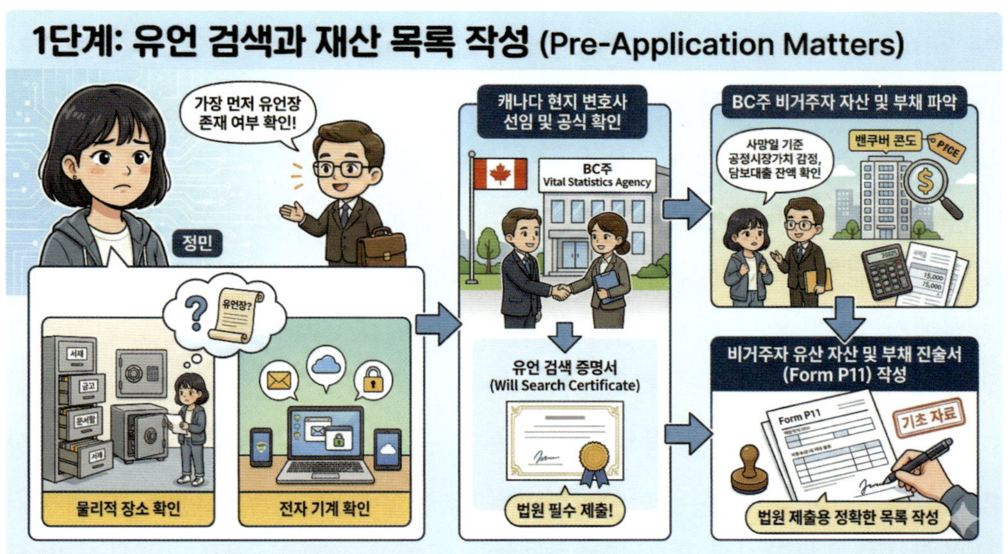

2단계: 한국에서 상속 권한 증빙서류 준비

그 다음으로는 정민 씨는 한국에서 남편의 상속재산을 처리할 법적 권한이 있음을 증빙하는 서류를 준비했습니다. 이는 BC주 법원이 해외 유산 대표자(Foreign Representative)의 자격을 인정하는 핵심 근거 자료로 활용됩니다.

기본적으로 고인의 사망 사실이 기재된 사망진단서(Death Certificate), 기본증명서(상세), 주민등록등본(초본), 그리고 상속인 전원이 명시된 가족관계증명서(상세)가 필요합니다. 이때 반드시 확인해야 할 점은, 서류에 기재된 고인의 영문 성명이 밴쿠버 콘도 등기부에 등록된 영문 이름과 완전히 일치하는지 여부입니다. 철자(Spelling), 띄어쓰기(Spacing), 하이픈(Hyphen), 미들네임(Middle Name) 등 사소해 보이는 차이도 추후 법원 절차 및 등기 이전에서 보완 요구의 원인이 될 수 있으니 꼼꼼히 검토해야 합니다.

따라서 고인의 정확한 영문 이름이 표기된 운전면허증, 거소증, 여권 등을 확인하여 한국에서 발급되는 각종 증명서의 영문 표기(또는 번역본)와 캐나다 부동산 등기상의 이름이 일치하는지 검토하고 정렬해 두어야 합니다. 만약, 이미 발급된 서류의 영문 표기가 등기상 이름과 다를 경우, 유산 대표자는 진술서(Affidavit)를 작성하여 소명자료(여권, 캐나다 신분증, 등기 서류 등)와 함께 두 이름이 동일인임을 증명해야 합니다.

유언장이 있는 경우에는 공증된 유언장 원본(Notarized Will) 또는 가정법원에서 검인을 받은 자필 유언장을 확보해야 합니다. 이러한 서류는 BC주 법원에서 해외 유산 대표자(Foreign Representative)의 권한을 인정받기 위한 증빙 자료로 활용됩니다.

반대로 유언장이 없는 경우에는 상속인 전원이 "밴쿠버 콘도를 포함한 상속재산의 관리 및 처분 권한을 특정인(예: 배우자)에게 위임한다"는 취지의 상속재산분할협의서를 작성해야 합니다. 여기서 중요한 점은, 이 문서가 상속재산을 누구에게 무엇을 나누어주는지에 관한 '분배 합의'라기보다, 절차 진행을 위해 특정 상속인에게 유산 집행 및 처분 권한을 부여하는 '대표자 지정(권한 위임) 합의'라는 점입니다. 즉, 재산 분할의 내용과는 구분되는 별도의 합의여야 합니다.

작성된 협의서에는 모든 상속인이 서명 또는 인감도장을 날인하고 각자의 인감증명서를 첨부한 뒤 공증을 받아야 합니다. 이렇게 공증을 받은 협의서는 BC주 법원에서 외국에서의 유산 관리증서(Foreign Grant of Administration)로 활용됩니다.

이때 준비된 한국 법원의 유언 검인증서나 공증 받은 상속분할협의서는 반드시 원본이어야 합니다. 또한 모든 국문 서류는 영문으로 번역되어야 하는데, 단순한 번역이 아니라 번역가가 변호사 앞에서 그 정확성을 확인하는 번역가 진술서(Form P12)가 동반되어야 합니다. 따라서, 번역 업무는 한국보다는 BC주 현지에서 진행하여 현지 변호사 앞에서 서명하는 것이 더 바람직합니다.

꼭 기억해야 할 점은, 비록 한국과 캐나다 모두 아포스티유(Apostille) 협약 가입국임에도 불구하고, BC주 법원은 아직까지 한국 서류에 대한 별도의 아포스티유 인증을 요구하고 있지 않습니다. 다만, 아포스티유 인증 요건이 제기될 가능성을 완전히 배제할 수는 없음으로 가능하다면 아포스티유 인증을 선제적으로 받아 두는 것이 좋습니다.

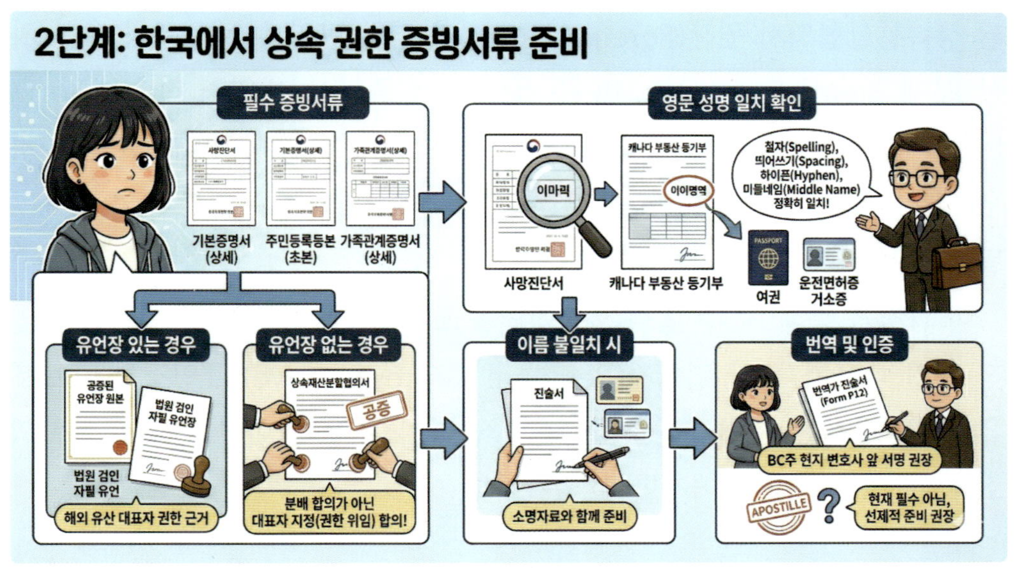

3단계: BC주 법원에 '보조 유산 관리증서(Ancillary Grant)' 신청

한국에서 준비한 서류만으로는 BC주 등기소에서 소유권 이전이 불가합니다. 먼저, BC주 변호사를 통해 BC주 고등법원(BC Supreme Court)에 보조 유산 관리증서(Ancillary Grant)를 발급받아야 합니다. 대한민국은 영연방 국가가 아니어서 절차가 비교적 간소한 재봉인(Resealing) 증서는 허용되지 않습니다.

신청 시에는 상속 절차 개시를 알리는 Notice of Proposed Application (Form P1), 해당 통지가 규정에 따라 전달되었음을 입증하는 Affidavit of Delivery(Form P9), 법원에 유산 관리증서를 요청하는 Submission for Estate Grant(Form P2)를 제출합니다. 신청인의 진술서(Affidavit)는 유언장 유무에 따라 달라지며, 유언장이 있으면 Form P6, 유언장이 없으면 Form P7을 제출해 신청인의 자격과 권한을 소명합니다.

여기에 한국에서 준비한 공증된 유언장 원본, 법원 검인증서 또는 공증된 상속분할협의서 원본(Foreign Grant)과 영문 번역본, 비거주자 유산 자산·부채 진술서 Form P11, BC주 유언 검색 증명서, 번역가 진술서 Form P12를 함께 제출합니다. 상속인 중 미성년자나 법적 무능력자가 포함된 경우에는 Public Guardian and Trustee의 검토 및 서면 동의가 추가로 요구될 수 있습니다.

이 과정을 통해 BC주 법원은 신청인을 고인의 BC주 내 재산에 관한 합법적 개인 대표자/유산 집행자(Personal Representative)로 인정하는 보조 유산 관리증서(Ancillary Grant)를 발급하며, 이를 받아야 비로소 콘도의 소유권을 이전하거나 매각할 수 있습니다.

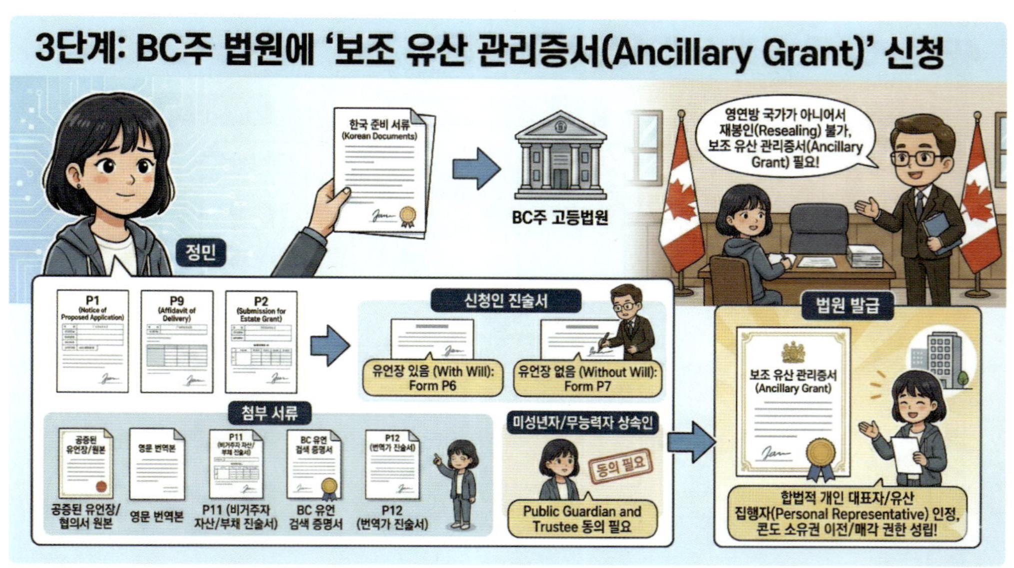

4단계: BC주 등기소에 소유권이전등기

법원의 보조 유산 관리증서(Ancillary Grant)가 발급되면, 정민 씨는 드디어 콘도의 소유권을 이전할 수 있습니다.

일반적으로 먼저 '박준호 씨 유산의 관리인 이정민' 명의로 소유권을 이전 (Transmission)하는 절차를 진행하고, 그 다음 관리인 명의에서 최종 상속인(예: 이정민 씨 단독 또는 이정민 씨와 자녀들의 공동명의)에게 최종 이전(Transfer)을 진행합니다. 이 단계에서는 BC주 변호사가 등기소에 소유권 이전 신청서(Form 17), 양도 증서(Form A), 부동산 취득세 신고서(Property Transfer Tax Return) 등을 제출하여 등기를 완료하게 됩니다.

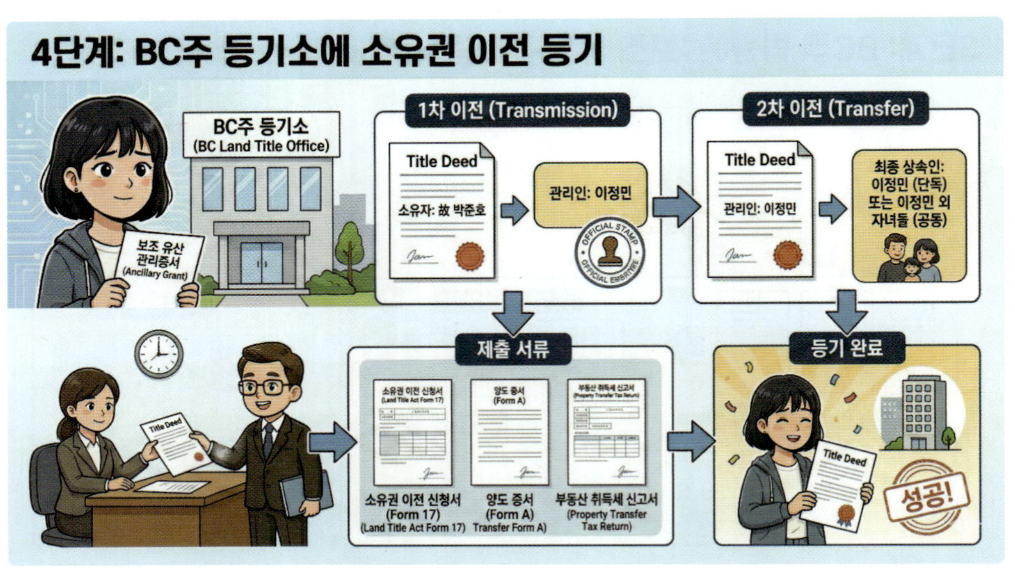

 비거주자에게 적용되는 기타 캐나다 세법 규정

배우자 간 롤오버 혜택의 제한 (No Spousal Rollover)

일반적으로 피상속인과 상속인이 캐나다 거주자인 경우, 배우자에게 자산이 이전될 때 이른바 배우자 간 롤오버(Spousal Rollover) 규정을 통해 양도소득세 납부를 유예할 수 있습니다. 그러나 정민 씨 부부처럼 캐나다 비거주자에게는 이 혜택이 적용되지 않습니다. 따라서, 정민 씨가 남편의 콘도를 상속받더라도, 간주 처분으로 발생하는 양도소득세는 즉시 납부해야 합니다.

임대 소득 원천징수와 Section 216 신고

해당 콘도에서 임대 소득이 발생해 왔다면, 비거주자는 일반적으로 총 임대료(Gross Rent)의 25%를 원천징수세로 납부해야 합니다. 다만 필요경비를 반영한 순임대소득(Net Rental Income) 기준으로 납부하는 Section 216 신고 방식을 선택할 수도 있습니다.

정민 씨의 경우, 남편의 사망 시점까지 발생한 임대 소득은 고인의 최종 소득세 신고서(Terminal Tax Return)에 포함되어 신고되어야 합니다. 또한 임대 콘도에 대해 감가상각(Capital Cost Allowance, CCA)을 적용해 왔다면, 사망 시 간주 처분으로 인한 감가상각 환수(Recapture of CCA)가 발생할 수 있으므로 해당 금액 역시 최종 소득세 신고서에 반영해야 합니다.

Section 116 준수 증명서 면제 규정

일반적으로 비거주자가 캐나다 부동산을 매각할 때는 Section 116 세금 완납 증명서(Certificate of Compliance)를 발급받아야 하지만, 정민 씨의 경우처럼 사망으로 인한 간주 처분 상황에서는 증명서가 요구되지 않습니다.

결론: 국경을 넘는 자산 관리, 두 나라 전문가의 지혜가 필수

정민 씨의 사례는 역이민 후 한국에서 사망하는 상황에서 캐나다 소재 자산의 상속 절차가 한국의 상속 절차 못지않게 복잡해질 수 있음을 잘 보여줍니다. 특히 이 과정은 "한 단계씩 순서대로" 진행되기보다는, 각국의 상속세 신고 기한과 캐나다 법원의 검인(Probate) 절차 소요 기간이 맞물리면서, 실무적으로는 여러 절차를 병행할 수밖에 없는 구조입니다. 그 결과, 일정이 촉박한 상태에서 필요한 서류들을 정확하고 철저하게 준비하지 못할 경우 신고 및 납부 지연에 따른 가산세 및 이자가 발생할 수 있습니다.

이러한 사안에서는 초기 단계부터 한국과 캐나다 양국의 전문가를 함께 선임해 역할을 분명히 나누고, 필요한 서류와 정보를 신속하게 확보·작성·제출할 수 있는 환경을 만드는 것이 중요합니다.

돌이켜보면 정민 씨 부부에게 가장 현명한 상속 계획은 생전에 밴쿠버 콘도를 처분하는 것이었을지도 모릅니다. 다만, 이는 사후 관점의 평가일 뿐 생전에는 거주 계획과 생활 기반, 현금흐름, 자녀 · 가족의 필요성, 부동산 시장 흐름과 환율 변동 등이 더 큰 고려 요소가 될 수 있음으로 상속 절차를 단순화한다는 이유만으로 처분 여부를 결정하기는 어렵습니다.

사례 11

은퇴 후 고국에서의 새로운 시작 (A New Beginning in the Homeland After Retirement)

미국 이민 생활을 정리하고 한국으로 돌아온 김정숙 씨는 F-4 비자와 거소증 신청을 준비하면서 모든 서류에 기재된 성명이 정확히 일치해야 한다는 사실을 깨달았습니다. 거소증은 한국에서 신분증 역할을 하는 만큼, 여기에 기재되는 영문·국문 성명이 미국 여권, 시민권증서, 그리고 각종 공식 문서의 표기와 완벽하게 동일하지 않으면 향후 은행 업무, 부동산 거래, 상속 절차 과정에서 혼선이 발생할 수 있다는 사실을 알았습니다.

익숙하지만 낯설게 느껴지는 한국, 역이민자의 정착기

수십 년간 정든 미국 생활을 뒤로하고, 김정숙 씨는 마침내 고국 한국 땅을 밟았습니다. 은퇴 후 한국에서 평화로운 노년을 보내겠다는 오랜 꿈이 이루어지는 순간이었습니다. 공항을 나서는 그녀의 마음은 설렘과 함께 낯선 긴장감으로 가득했습니다.

"그래, 이제 한국에서 새롭게 시작하는 거야."

하지만 한국 생활은 생각보다 녹록지 않았습니다. 은행 계좌를 열어 미국에서 받던 연금을 송금받으려 했지만, 주민등록증이 없으니 쉽지 않았습니다. 건강보험 혜택을 받으려 해도 마찬가지였습니다. 그녀는 곧 깨달았습니다. 한국에서 재외동포로 살아가기 위해서는, 먼저 한국 사회가 인정하는 신분증이 필요하다는 사실을요.

재외동포, 당신은 누구인가요?

김정숙 씨처럼 대한민국 국적을 포기하고 외국 시민권을 취득한 사람을 '외국국적동포'라고 부릅니다. 흔히 '교포'라고도 합니다. 반대로, 대한민국 국적을 유지한 채 외국 영주권을 취득한 사람을 '재외국민'이라고 부릅니다. 김정숙 씨는 미국 시민권을 취득했기 때문에 '외국국적동포'에 해당합니다.

한국에서 안정적으로 정착하기 위해서는 재외동포 F-4 비자와 거소증

(국내거소신고증)이 필요합니다. 주민등록증이 없는 김정숙 씨에게 거소증은 사실상 국내에서 그녀의 법적 신분을 증명해 주는 역할을 합니다. 은행 계좌 개설과 휴대폰 개통을 비롯해 취업, 건강보험 가입, 부동산 임대·매매 등 일상적인 경제활동 전반에 반드시 필요한 서류입니다.

참고하세요!

F-4 비자는 재외동포에게 한국에서 장기간 체류할 수 있는 '체류자격'을 부여하는 문서이고, 거소증은 그 체류자격을 국내에서 공식적으로 증명해 주는 '신분증'입니다.

김정숙 씨는 한국에서 F-4 비자와 거소증을 통합 신청하기로 했습니다. 이 방법을 통해 체류 기간을 더 길게 받을 수 있기 때문입니다.

신청 유형	체류 기간 부여
해외 영사관에서 F-4 비자 받고 입국 후 거소증 신청	2년
한국에서 F-4 비자 & 거소증 통합 신청	3년

김정숙 씨의 첫 번째 난관: 국적상실신고

김정숙 씨는 미국 시민권을 취득하면서 한국 국적을 자동으로 상실했습니다. 다만, 아직 한국 정부에 공식적으로 국적상실신고를 하지 않은 상태였기 때문에 F-4 비자를 받기 위해서는 이 절차가 선행되어야 했습니다.

김정숙 씨는 한국에 있는 출입국사무소에서 국적상실신고를 진행하기로 했습니다. 해외 영사관에서도 가능하지만, 한국에서 처리하는 것이 더 간편했기 때문입니다.

국적상실신고에 필요한 구비 서류:

1. 국적상실신고서
2. 미국 여권 원본 및 사본
3. 미국 시민권증서 원본 및 사본
4. 기본증명서(상세) 및 가족관계증명서(상세), 또는 제적등본
6. 이름 변경 입증 서류 (판결문, 동일인 확인서, 혼인관계증명서 등)

실무적으로는 국적상실신고가 최종 처리되기까지 통상 약 2개월이 소요됩니다. 다만 최종 처리가 완료되기 전이라도 '접수증'만 있으면 F-4 비자와 거소증 신청을 진행할 수 있습니다. 국적상실신고가 완료되면 해당 사실이 기본증명서, 가족관계증명서 또는 제적등본에 기재됩니다. 외국에서 시민권을 취득한 경우에도 해당 서류는 영사관 또는 주민센터를 통해 발급받을 수 있습니다.

성명 일치의 중요성

국적상실신고 서류를 준비하면서 김정숙 씨가 가장 주의를 기울인 부분은 바로 성명의 일관성이었습니다. 그녀는 결혼 후 성을 바꾸었고, 미국에서 생활하며 사용하던 한국 이름의 영문 표기가 여러 문서에서 조금씩 달랐습니다.

"혹시 이름이 조금이라도 다르면 어떡하지?"

변호사와 상담을 마친 뒤, 그녀는 모든 공식 서류의 성명이 완벽히 일치해야 한다는 사실을 깨달았습니다. 특히, 미국 여권에 기재된 영문명, 미국 시민권증서에 기재된 영문명, 한국 기본증명서·가족관계증명서에 기재된 국문명과 영문명, 향후 발급받을 거소증에 기재될 국문명과 영문명이 정확히 일치해야 했습니다. 만약 결혼이나 개명으로 이름이 변경되었다면, 반드시

그 변경 사실을 입증하는 서류(법원 판결문, 영사관 동일인 확인서, 혼인관계증명서 등)를 함께 제출해야 했습니다.

김정숙 씨는 특히 향후 상속 절차를 염두에 두고 있었습니다. 상속 과정에서 한국 서류와 미국 서류에 기재된 성명이 다를 경우 동일인임을 입증하는 데 상당한 시간과 비용이 들 수 있다는 점을 알고 있었습니다. 미국과 한국 양국에서 상속 절차가 차질 없이 진행되기 위해서는 거소증에 기재될 성명은 다음과 같은 모든 서류의 표기와 정확히 일치해야 했습니다.

- **미국 서류:**
    - 미국 여권 (US Passport)
    - 미국 시민권증서 (Certificate of Naturalization/Citizenship)
    - 미국 국세청(IRS) 세금 신고 서류
    - 미국 사회보장 카드 (Social Security Card)
    - 운전면허증 (Driver's License)
    - 은행 계좌 (Bank Accounts)
    - 연금 계좌 (Pension/Retirement Accounts - 401(k), IRA 등)
    - 부동산 등기 서류 (Real Estate Deed/Title)
    - 투자 계좌 (Investment/Brokerage Accounts)
    - 보험 증서 (Insurance Policies - 생명보험, 의료보험, 주택보험, 자동차보험 등)
    - 의료 기록 (Medical Records)
    - 유언장 및 신탁 문서 (Will and Trust Documents)
    - 신용카드 및 대출 서류 (Credit Cards and Loan Documents)
- **한국 서류:**
    - 거소증 (국내거소신고증)
    - 기본증명서 및 가족관계증명서
    - 제적등본 또는 말소된 주민등록 기록

- 향후 개설할 한국 은행 계좌
- 향후 가입할 건강보험 및 국민연금 서류
- 부동산 매매 또는 임대차 계약서
- 휴대폰 개통 서류

특히 주의해야 할 부분:

- 결혼으로 성이 바뀐 경우:
  혼인관계증명서 또는 Marriage Certificate 필요.
- 법원을 통해 개명한 경우:
  법원 판결문(Court Order for Name Change) 필요.
- 미들네임(Middle Name) 사용 여부가 다른 경우:
  일부 서류에만 미들네임이 있거나 이니셜만 있는 경우.
- 한글 이름의 영문 표기가 다른 경우: 예) "정숙" → Jeong-sook, Jung-sook, Jungsuk 등, 모든 표기가 통일되어야 함.

김정숙 씨는 변호사의 조언에 따라 미국에서 출발하기 전에 모든 서류의 성명 표기를 엑셀 시트에 정리했습니다. 불일치하는 부분은 미국에서 미리 정정하거나, 동일인임을 증명하는 공증 서류를 준비해 왔습니다. 그리고, F-4 비자와 거소증을 신청하기 위해 다음 사항들을 재확인하였습니다.

1. 모든 기존 서류의 성명 표기를 꼼꼼히 확인했습니다. 특히 미국 여권, 시민권증서, IRS 세금 신고서, 은행 계좌, 연금 계좌, 부동산 등기 서류, 운전면허증의 성명이 동일한지 대조했습니다.
2. 불일치하는 부분이 있다면 이를 정정하거나 동일인 확인서를 준비했습니다. 결혼 후 성이 바뀌었으므로 Marriage Certificate를 아포스티유(Apostille) 인증받아 준비했습니다.
3. 한글 이름의 영문 표기를 표준화했습니다. "김정숙"의 영문 표기를 "KIM, Jeong-Sook"으로 통일하고, 모든 한국 서류 신청 시 이 표기를 일관되게 사용하기로 했습니다.

4. 거소증 신청 시 영문명과 국문명이 정확히 입력되도록 출입국관리사무소 직원과 확인했습니다. 신청서 작성 시 여권과 시민권증서를 옆에 놓고 한 글자 한 글자 대조하며 기재했습니다.
5. 거소증 수령 후 즉시 카드에 인쇄된 성명을 재확인했습니다.

꼭 기억하세요!

거소증에 기재된 성명은 향후 은행 계좌 개설, 부동산 매매, 상속 절차, 연금 수령, 세금 신고 등 모든 과정에서 사용되므로, 처음 신청할 때 오류가 없도록 꼼꼼히 확인해야 합니다.

김정숙 씨의 거소증 신청에 필요한 서류

국적상실신고 접수증을 받은 김정숙 씨는 이제 F-4 비자 및 거소증 통합 신청을 위한 서류들을 꼼꼼히 챙기기 시작했습니다. 그녀는 입국일로부터 90일 이내에 신청해야 한다는 것을 명심했습니다.

한국에서 F-4 비자 & 거소증 통합 신청에 필요한 구비 서류:

1. **통합신청서:** 출입국관리사무소에 비치되어 있거나, 하이코리아(www.hikorea.go.kr) 사이트에서 미리 다운로드하여 작성.
2. **미국 여권 원본과 사본:** 잔여 기간이 6개월 이상이어야 하며, 체류 기간은 여권 잔여 기간까지만 발급되므로 미리 갱신하는 것을 권장합니다.
3. **한국 여권 사진 1매:** 3.5cm x 4.5cm, 흰색 배경.
4. **미국 시민권증서 원본 지참 및 사본 제출.**
5. **기본증명서(상세) 및 가족관계증명서(상세):** 본인이 한국 혈통의 재외동포임을 증명하는 서류입니다.
6. **국적상실 신고 접수증.**
7. **범죄경력증명서:** 면제 대상은 만 60세 이상, 13세 이하, 독립유공자 가족, 특별공로자입니다. 최근 5년 이내에 타 국가에 1년 이상 체류한 이력이 있다면 그 국가의 범죄경력증명서도 함께 제출해야 합니다. 또한 연방제 국가에서 발급받는 서류는 연방정부가 발급한 문서여야 하며, 해당 문서에는 연방정부 아포스티유(Apostille) 인증이 첨부되어야 합니다. 따라서 한국에 입국하기 전, 현지에서 미국의 FBI Background Check 또는 캐나다의 RCMP Criminal Records Check 등을 발급받고 아포스티유 인증까지 완료한 뒤 입국하는 것이 가장 효율적입니다. 범죄경력증명서의 유효기간은 발급일 기준 6개월입니다.
8. **직업 신고서.**
9. **재외동포 제한 직업 비취업 서약서.**
10. **체류지 입증 서류:** 주소 제공자 신분증, 등기부등본, 임대차계약서, 또는 호텔 예약증도 가능합니다. 김정숙 씨는 잠시 친지 댁에 머물 예정이라 숙소 제공 확인서와 친지의 신분증 사본을 준비했습니다.
11. **이름 변경 시 서류 (해당하는 경우):** 시민권증서 뒷면 기록, 법원 이름 변경 서류, 영사관 공증 동일인 확인서, 혼인관계증명서 등.
12. **병적증명서 (필요 시)**

김정숙 씨는 모든 서류를 완벽하게 준비한 뒤, 아래 절차에 따라 신청을 진행했습니다.

1. 하이코리아 온라인 방문예약

출입국관리사무소는 예약 없이 접수가 불가능하므로, 하이코리아(www.hikorea.go.kr)에서 회원가입 후 '방문예약' 메뉴를 통해 예약을 완료했습니다.

2. 출입국관리사무소 방문 및 서류 접수

예약한 날짜와 시간에 맞춰 모든 서류를 지참해 관할 출입국관리사무소를 방문했습니다. 담당 직원이 서류를 꼼꼼히 확인했으며, 김정숙 씨는 "왜 한국에 오셨나요?", "어디에 머무시나요?"와 같은 간단한 질문에 답했습니다.

이때 김정숙 씨는 신청서에 기재한 영문명과 국문명이 미국 여권, 시민권증서와 정확히 일치하는지 직원과 함께 재확인했습니다. 작은 오타나 띄어쓰기 차이도 나중에 큰 문제가 될 수 있기 때문입니다.

3. 지문 등록 및 인터뷰

서류 심사 후 지문 등록 절차를 진행했습니다. 이는 신분 확인을 위한 기본 절차로, 거소증 발급 과정에 포함됩니다.

4. 거소증 수령

신청이 완료되면 보통 3~4주 후 거소증이 발급되며, 등기 우편으로 배송되거나 출입국관리사무소를 방문해 직접 수령할 수 있습니다.

주의하세요!

거소증 카드를 수령하기 전에 출국하면 F-4 비자의 효력이 상실될 수 있습니다. 다만 F-4 비자와 거소번호가 전산에 입력되어 승인된 이후에는 카드 수령 전이라도 출국이 가능한 경우가 있습니다. 심사 기간 중에는 가능한 한 국내에 체류하는 것을 권장 드립니다.

거소증 수령 후, 성명 확인이 최우선

마침내 김정숙 씨는 '국내거소신고증'을 발급받았습니다. 자신의 이름과 거소신고번호, 체류자격(재외동포 F-4)이 또렷이 새겨진 카드를 보니 비로소 한국에 정착했다는 실감이 났습니다.

거소증을 받으면 가장 먼저 해야 하는 일은 카드에 인쇄된 성명이 정확한지 확인하는 것입니다. 확인 후, 거소증 앞뒤를 컬러로 복사해 여러 장 보관해 두는 것도 유용합니다.

또 다른 재외동포의 이야기: 선천적 복수국적자

김정숙 씨는 자진해서 외국 국적을 취득한 경우이지만, 태어날 때부터 두 나라의 국적을 가지게 되는 선천적 복수국적자들도 있습니다. 이들의 상황은 김정숙 씨와는 다른 절차와 의무를 수반합니다.

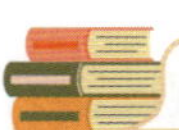

선천적 복수국적자란?

선천적 복수국적자란, 태어나는 순간부터 한국 국적과 외국 국적을 동시에 갖게 된 사람을 말합니다. 즉, 나중에 선택해서 국적을 두 개 갖게 된 것이 아니라, 출생과 동시에 법률상 두 국적이 함께 성립한 경우입니다.

1998년 6월 13일 이전 출생: 부계 혈통주의에 따라 출생 당시 아버지가 한국 국적이면 자녀도 한국 국적을 취득.

1998년 6월 14일 이후 출생: 양계 혈통주의로 변경되어 출생 당시 부모 중 한 명이라도 한국 국적이면 자녀에게 한국 국적이 성립 가능.

이때 출생지 국가 법에 따라 외국 국적도 동시에 부여되면 선천적 복수국적이 됩니다.

만약, 부모가 모두 해외 시민권자라도 출생 당시 부모 중 한 명이 국적상실신고가 완료되지 않은 상태였다면, 자녀도 선천적 복수국적자로 간주될 수 있습니다.

선천적 복수국적자는 한국에 출생신고를 해야 합니다. 남성의 경우 병역 의무가 자동으로 발생하며, 만 18세가 되는 해 3월 31일 이전에 국적이탈 신고를 해야 합니다. 그리고 병역을 이행하거나 면제를 받은 후에만 국적 선택이 가능합니다. 여성의 경우 만 22세 생일 전까지 국적선택신고를 해야 하며, 외국국적불행사서약서를 제출하면 복수국적을 유지할 수 있습니다. 또한 만 65세 이상 재외동포는 외국국적불행사 서약을 통해 복수국적 유지가 가능합니다.

미래를 위한 선택: F-5 영주권, 그리고 국적회복

김정숙 씨는 거소증을 발급받으면서 한국 생활의 기반을 다졌지만, 앞으로 더 안정적인 생활을 위해 어떤 선택을 할 수 있을지 궁금했습니다.

F-5 영주권: 10년 주기 체류

F-4 비자로 대한민국에 2년 이상 계속 체류했다면 영주권(F-5)을 신청할 수 있습니다. 영주권은 F-4 비자와 비교했을 때 여러 장점이 있습니다. 우선 취업 제한이 없습니다. F-4 비자는 취업이 가능한 업종이 제한되는 반면, 영주권자는 취업 제한이 전혀 없습니다. 체류 기간 측면에서도 10년 주기로 갱신할 수 있습니다. 또한 국민연금, 건강보험, 고용보험, 장기요양보험 등 사회보험 혜택을 누릴 수 있으며, 영주권 취득 3년 후에는 지방선거에도 투표할 수 있습니다.

국적회복: 다시 한국인이 되는 길

김정숙 씨처럼 과거 대한민국 국민이었던 사람은 국적회복 절차를 통해 다시 한국 국적을 취득할 수 있습니다. 특히 만 65세 이상 재외동포는 국적회복 후 외국국적불행사서약서를 제출하면 복수국적이 허용됩니다.

국적회복 심사 기간은 최소 6개월 이상 소요되며, 신청 후 출국하면 심사가 중단될 수 있습니다. 국적회복 허가 후에는 국적증서 수여식, 외국국적불행사서약서 제출, 주민등록 발급, 여권 신청 등의 절차를 거치게 됩니다.

국적회복을 신청할 때도 모든 서류의 성명이 일치해야 한다는 원칙은 동일합니다. 특히 거소증에 이미 기재된 성명과 향후 발급받을 주민등록증의 성명이 일치해야 하므로, 거소증 단계에서부터 성명을 정확히 기재하는 것이 매우 중요합니다.

F-4 재외동포의 외국인 배우자 및 미성년 자녀: F-1 비자

김정숙 씨는 홀로 귀국했지만, F-4 비자를 보유한 재외동포에게 외국인 배우자 또는 만 18세 미만의 미성년 자녀가 있는 경우, 이들은 통상 1년 유효의 방문동거(F-1-9) 비자를 발급받을 수 있습니다. F-4 비자 소지자가 한국에서 거소증을 발급받는 과정에서 배우자와 자녀의 비자도 국내에서 동반신청하는 방식으로 진행할 수 있습니다. 다만 F-1 비자 소지 외국인 배우자는 취업 등 영리활동에 제한이 있습니다. 미성년 자녀는 국내 초·중·고등학교에 재학 중인 경우 요건에 따라 F-4 비자로 변경이 가능합니다.

김정숙 씨는 이 모든 절차가 혼란스럽기도 했지만, 하나씩 해결해 나가며 한국에서의 새로운 삶에 대한 희망을 키웠습니다. 그녀는 이제 더 이상 손님이 아닌, 이 땅의 한 구성원으로서 당당하게 뿌리내릴 수 있었습니다.

사례 12

해외 연금 정보 공유
(Overseas Pension Information Sharing)

이영자 씨는 한국으로 귀국한 다른 미국 및 캐나다 출신 한인 이민자들과 함께 '해외 연금 정보 공유 모임'을 운영하고 있습니다. 이들은 각국의 연금 신청 절차, 수령 노하우, 세금 혜택 등에 대한 정보를 교환하며, 서로의 은퇴 생활을 돕고 있습니다.

CHAPTER 12

국경을 넘나드는 연금, 한국에서 맞이하는 황금빛 노후

이영자 씨는 따스한 햇살이 내리쬐는 서울의 한 카페에서 노트북을 열고 회원들을 기다리고 있었습니다. 그녀는 '해외 연금 정보 공유 모임'의 운영자로서, 매달 한국으로 돌아온 미국 및 캐나다 출신 한인 이민자들과 만나 각국의 연금 시스템에 대한 정보를 나누고 있었습니다. 오늘은 특히 캐나다와 미국 연금을 한국에서 수령할 때 주의해야 할 사항들을 다룰 예정이라, 이영자 씨는 평소보다 더 꼼꼼하게 자료를 검토하고 있었습니다.

"여러분, 안녕하세요!" 이영자 씨가 환한 미소로 회원들을 맞이했습니다. "오늘은 박씨와 김씨의 사례를 통해 캐나다와 미국 연금을 한국에서 어떻게 하면 더 현명하게 받을 수 있는지 이야기해 볼 거예요. 국경을 넘나드는 우리의 노후, 함께 든든하게 준비해 봅시다!"

국경 없는 시대의 새로운 노후

한국은 2024년 12월, 65세 이상 인구 비율이 20%를 넘어서며 초고령사회에 진입했습니다. 우리금융경영연구소의 2025년 트렌드 보고서에 따르면, 이들은 디지털 환경에 비교적 익숙하고 활동적이며, 자기 자신을 위한 소비에도 적극적입니다. 그러나 한편으로는 미흡한 노후 준비, 부동산 중심의 자산 구조, 외로움과 사회적 고립, 부족한 재취업 기회 등 현실적 어려움

도 동시에 안고 있습니다.[1]

이영자 씨의 모임은 '뉴노멀 시니어' 중에서도 해외 이민 생활을 하다 한국으로 돌아온 분들을 위해 미국과 캐나다, 한국의 연금 제도를 비교 분석하여 각자의 노후를 더 안정적으로 준비할 수 있도록 돕고 있습니다.

이날 모임에 참석한 박씨는 캐나다에서 30년 넘게 살다가 한국으로 돌아온 귀국 이민자입니다. 그는 캐나다에서 마련한 연금 자산을 한국에서 어떻게 관리하고 언제, 어떤 방식으로 수령하는 것이 좋을지 고민하고 있었습니다.

또 다른 참석자인 김씨는 미국에서 사업을 하며 은퇴 자금을 마련했습니다. 다만 미국 시민권자 신분으로 한국에 거주할 경우 세금 신고를 어떻게 해야 하는지 궁금했습니다.

캐나다 연금, 한국에서 받기: 그리운 단풍국과 세금의 실타래

박씨는 캐나다에서의 시간을 떠올리며 말문을 열었습니다.

"은퇴 준비를 열심히 했습니다. CPP(Canada Pension Plan), OAS(Old Age Security), RRSP(Registered Retirement Savings Plan), TFSA(Tax-Free Savings Account)까지 차근차근 모아뒀죠. 그런데 한국에 돌아와 보니, 이걸 어떻게 수령해야 할지, 세금은 얼마나 내야 하는지 너무 복잡하더군요."

이영자 씨는 박씨의 말에 고개를 끄덕이며 자료를 펼쳤습니다.

"박씨처럼 캐나다에서 오신 분들이 가장 먼저 확인해야 할 부분은 바로 캐나다 세법상 비거주자(Non-Resident for Tax Purposes)로 분류되는지 여부입니다."

1 우리금융지주 · 우리금융경영연구소, "2025 우리금융 트렌드 보고서, AI시대의 시니어 라이프"(우리금융지주 AI전략센터, 2025년 12월)

캐나다는 단순히 "출국했다"는 이유만으로 캐나다 세법상 비거주자가 되었다고 보지 않습니다. 캐나다와의 생활 기반이 어느 정도 남아 있는지에 따라 '거주지(Residency)' 여부를 판단합니다.

캐나다 국세청(CRA)은 일반인이 생각하는 것보다 훨씬 더 정교하게 해외 이주자들의 거주지 상태를 추적합니다. 캐나다 국경관리청(CBSA)은 2019년부터 모든 개인의 캐나다 출입국 기록을 중앙 데이터베이스에 저장하고 있습니다. 그리고 이 정보는 캐나다 국세청(CRA)과 상시적으로 공유되고 있습니다.

캐나다 국세청(CRA)은 CRS(Common Reporting Standard)와 FATCA(Foreign Account Tax Compliance Act) 등 국제 협약에 따라 100개국이 넘는 국가와 금융계좌 정보를 자동 교환하고 있습니다. 한편, 캐나다 내 은행과 금융기관은 $10,000 CAD 이상 해당하는 해외 송금·자금 반출이 있을 때마다 관련 내용을 국세청(CRA)에 보고해야 하는 의무가 있습니다.

캐나다 세법상 비거주자로 인정받으려면 캐나다와의 연결고리가 명확히 단절되어야 합니다. 특히, 출국 전 캐나다 내 주택을 타인에게 임대하거나 매각하고, 가족이 모두 해외로 이주해야 비로소 주요 유대 관계가 끊어진 것으로 봅니다. 여기에 더해 은행 계좌, 신용카드, 운전면허, 의료보험 등 일상 생활 기반을 보여주는 항목들도 함께 정리되었는지 검토합니다.

결국 연금 수령 방식과 세금 신고는 거주지 판정에 따라 달라집니다. 따라서 박씨가 가장 먼저 확인해야 할 것은, 한국으로 돌아온 뒤 캐나다 세법상 비거주자로 전환되었는지 여부입니다.

캐나다 '출국세(Departure Tax)'

이영자 씨는 캐나다를 떠나기 전 반드시 짚고 넘어가야 할 중요한 세금 신고 의무에 대해 설명했습니다.

"많은 분들이 떠날 준비를 하면서 짐 챙기기에 바쁘지만, 정작 가장 중요한 '출국세(Departure Tax)' 신고를 하지 않는 경우가 많습니다."

캐나다 국세청(CRA)은 개인이 비거주자가 되는 순간 출국세를 부과합니다. 출국 직전 보유 중인 특정 자산을 공정시장가치(Fair Market Value, FMV)로 모두 매각한 것으로 간주하여 그동안 발생한 미실현 이익(Unrealized Capital Gains)에 대해 양도소득세를 부과합니다. 이것이 흔히 말하는 출국세의 '간주 처분(Deemed Disposition)' 규정입니다.

그렇다면 어떤 자산이 출국세 대상이 될까요?

- **출국세 과세 대상:**
  - **금융 자산:** 주식, 채권, ETF, 뮤추얼 펀드 등이 포함된 비등록 투자 계좌(Non-Registered Accounts).
  - **비상장 주식:** 개인 법인이나 소규모 비즈니스의 주식(Private Corporation Shares).
  - **해외 자산:** 많은 분들이 놓치기 쉬운 부분인데, 한국 등 해외에 보유한 부동산이나 타국 소재 자산도 캐나다 거주 기간 동안 가치가 올랐다면 과세 대상이 됩니다.

- **출국세 면제 대상:**
  - **캐나다 부동산:** 개인 소유의 캐나다 내 주거용 또는 상업용 부동산.
  - **은퇴 등록 계좌:** RRSP, RRIF, TFSA, RESP 등.
  - **개인 물품:** 공정시장가치 $10,000 CAD 미만의 가구, 의류, 자동차 등 개인적인 용도로 사용하는 물품.
  - **현금:** 개인 은행 계좌 예치금 포함

"출국 시 내야 할 세금이 없더라도 신고는 반드시 해야 합니다."

출국 시점에 보유한 과세 대상 자산의 총 가치가 $25,000 CAD를 초과한다면, 양도소득 발생 여부와 관계없이 반드시 T1161 양식을 작성하여 국세청에 제출해야 합니다. 만약 이를 누락할 경우 하루 $25씩, 최대 $2,500

까지 벌금이 부과될 수 있습니다. 또한, 간주 처분으로 발생한 양도소득은 T1243 양식을 통해 신고하고 세금을 납부해야 합니다. 세액은 일반 양도소득과 동일하게, 양도차익의 50%를 과세소득에 포함한 뒤 한계세율(Marginal Tax Rate)을 적용하여 최종 세액을 산출합니다.

다행히, 모든 이민자가 출국세를 내는 것은 아닙니다. 지난 10년 동안 캐나다 거주 기간이 60개월(5년) 미만이라면, 캐나다 거주자가 된 시점에 이미 보유하고 있던 자산(예: 캐나다 이민 시점에 소유하고 있던 한국 아파트)과 거주자가 된 이후 상속을 통해 취득한 자산은 출국세 과세 대상에서 제외됩니다. 이는 캐나다에 비교적 짧은 기간 체류하는 주재원이나 유학생 출신 이민자에게까지 출국세를 부과하지 않겠다는 캐나다 정부의 정책을 반영한 것입니다.

만약, 출국세가 예상보다 많이 나왔는데 당장 납부할 현금이 없다면 어떻게 될까요?

캐나다 국세청은 T1244 양식을 통해 자산이 실제로 매각될 때까지 세금 납부를 미룰 수 있는 납부 유예(Deferral) 제도를 운영하고 있습니다. 다만, 출국세가 $16,500 이상인 경우에는 국세청에 적절한 담보(Security)를 제공해야 유예가 가능합니다.

이영자 씨는 마지막으로 조언했습니다. "출국세는 '캐나다가 보내는 마지막 청구서'라고 생각할 수 있습니다. 출국 전 미리 전문가와 상담하여 자산 가치를 평가하고, 절세 전략을 세우는 것이 반드시 필요합니다."

캐나다 '출국세(Departure Tax)' 완벽 가이드

캐나다를 떠나기 전,
가장 중요한 세금 신고를 놓치지 마세요!

출국세란 무엇인가요?

비거주자가 되는 순간, 모든 자산을 공정시장가치(FMV)로 매각한 것으로 간주! (Deemed Disposition)

➡ 미실현 이익에 대한 양도소득세 부과

과세 대상 vs 면제 대상 자산

과세 대상

금융 자산
(비등록 계좌: 주식, 채권, ETF)

비상장 주식
(개인 법인)

해외 자산
(한국 부동산 등, 가치 상승분)

면제 대상

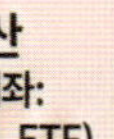

캐나다 부동산
(주거/상업용)

은퇴 등록 계좌
(RRSP, TFSA 등)

개인 물품
($10,000 미만)

현금
(은행 예치금)

반드시 신고해야 할 경우

자산 총 가치 >
$25,000 CAD 초과 시

T1161 양식
(자산 신고)

T1243 양식
(양도소득 신고)

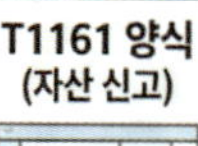

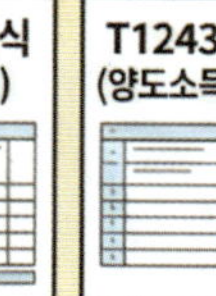

미신고 시:
하루 $25,
최대 $2,500 벌금!

출국세 면제 조건

지난 10년 중
캐나다 거주 기간
60개월 미만!

➡ 입국 시 보유 자산, 상속 자산은 제외

세금 납부 유예 (Deferral)

자산 매각 시까지
납부 유예 가능

출국세 $16,500 이상
시 담보 제공 필요

전문가와 미리 상담하여 절세 전략을 세우세요!

캐나다 공적연금에 대한 비거주자 세금

"그럼 캐나다 연금은 한국에서 받으면 어떻게 되나요?" 박씨가 물었습니다.

"비거주자가 된 이후에도 캐나다로부터 받는 연금에는 캐나다에서 세금을 신고 및 납부해야 합니다." 이영자 씨가 설명했습니다.

캐나다 연금(Canada Pension Plan, CPP)과 노령연금(Old Age Security, OAS)의 경우, 비거주자에게 기본적으로 25%의 원천징수세(Non-Resident Withholding Tax)가 부과됩니다. 다만, 각 국가 간 체결된 조세조약에 따라 세율이 감면될 수 있습니다. 한국-캐나다 조세조약 제17조(Pensions and Annuities)는 각 체약국에서 발생하는 연금 및 퇴직연금은 원천 국가에서 과세된다고 명시하고 있습니다. 이에 따라 캐나다에서 발생한 연금 및 퇴직연금은 캐나다에서 과세된 후 한국 수령자에게 지급됩니다.

캐나다 정부가 발표한 2025년 기준 공적연금 월 지급액은 다음과 같습니다. 캐나다 연금(CPP)과 노령연금(OAS)은 물가상승률을 반영해 분기마다 조정되며, 아래 금액은 2025년 기준으로 공개된 최신 수치를 반영한 것입니다.

공적연금 종류 (Benefit Type)	연령 및 자격 조건 (Eligibility)	2025년 월 최대 수령액 (Maximum Amount)	참고 사항 (Note)
Canada Pension Plan (CPP) (캐나다 연금)	65세 수령 시	$1,433.00	신규 수급자 월평균 수령액: $848.37
	60세 수령 시	$917.12	36% 영구 감액 적용
	70세 수령 시	$2,034.86	42% 영구 증액 적용
Old Age Security (OAS) (노령연금)	65세 ~ 74세	$740.09	고소득에 따른 반환 의무 존재 (Clawback)
	75세 이상	$814.10	10% 증액된 연금 수령
Guaranteed Income Supplement (GIS) (저소득층 연금)	독신 (Single)	$1,105.43	연 소득 $22,440 미만 시 지급
	부부 (배우자 OAS 수령)	$665.41 (1인당)	부부 합산 연 소득 $29,616 미만 시 지급

꼭 기억하세요!

OAS 반환 의무 (OAS Recovery Tax, 일명 Clawback): 고소득자의 경우 OAS 수령액의 일부 또는 전액을 반환해야 합니다. 2025년 순 연간 소득(Net World Income)이 $93,454를 초과할 경우, 초과분의 15%만큼 OAS 지급액이 삭감됩니다. 만약, 연 소득이 약 $148,000 ~ $154,000 구간(연령에 따라 상이)을 넘으면 OAS 지급이 완전히 중단됩니다.

캐나다 공적연금의 해외 수령 여부(Portability)

박씨는 가장 궁금했던 질문을 던졌습니다.
"제가 한국에 살면서도 캐나다 연금을 계속 받을 수 있을까요?"
이영자 씨는 미소를 지으며 설명했습니다.
"네, 연금 종류마다 조금씩 다르긴 하지만, 대부분 가능합니다."

공적연금 종류	성격 및 재원	해외 거주자 수령 가능 여부	핵심 조건 및 과세 특이사항
Canada Pension Plan (CPP) (캐나다 연금)	근로자와 고용주가 각각 월 급여에서 5.95%를 원천징수하여 납부하는 기여금으로 운영되는 공적연금.	완전 수령 가능	전 세계 어디서나 수령 가능. 해외 수령 시 기본 25% 원천징수세 적용. 조세조약에 따라 감소 가능.
Old Age Security (OAS) (노령연금)	만 65세 이상이며, 18세 이후 캐나다에서 최소 10년 이상 거주한 경우 신청 가능.	조건부 수령 가능	18세 이후 캐나다 거주기간이 20년 이상이어야 해외 수령 가능. 미만 시 출국 6개월 후 중단. 해외 수령 시 기본 25% 원천징수세 적용. 조세조약에 따라 감소 가능.

공적연금 종류	성격 및 재원	해외 거주자 수령 가능 여부	핵심 조건 및 과세 특이사항
Guaranteed Income Supplement (GIS) (저소득층 연금)	OAS 수급 자격이 있으며, 소득이 일정 기준 이하인 캐나다 거주자만 신청 가능.	수령 불가	거주자 전용 복지 혜택으로, 해외 체류 6개월 후 지급 중단(예외 없음).

한국-캐나다 조세조약과 사회보장협정

한국과 캐나다 간의 조세조약은 이중 과세를 방지하고, 연금 및 기타 소득에 대한 원천징수 세율을 조정하는 데 중요한 역할을 합니다. 특히 제4조(Fiscal Domicile)의 '타이브레이커 규칙(Tie-Breaker Rules)'은 개인이 양국 모두에서 거주자로 판단될 경우, 주된 집이 있는 곳, 중대한 이해관계의 중심지, 일상적 거주지, 그리고 국적 순서로 최종 세법상의 거주지를 판정합니다.

또한, 한국-캐나다 사회보장협정(Social Security Totalization Agreement)은 한국과 캐나다 양국에서 생활한 분들이 한 국가에서 연금 수급에 필요한 최소 거주 기간을 충족하지 못했을 경우, 양국의 거주 기간을 합산하여 공적연금 수급 자격을 인정받을 수 있게 합니다. 이를 통해 단기 해외 체류자에게도 캐나다의 노령연금(OAS)과 한국의 국민연금을 수령할 수 있는 길이 열리게 됩니다.

캐나다의 개인형 퇴직 연금: RRSP, RRIF, TFSA

캐나다에서 말하는 사적연금에는 은행·증권사·보험사 같은 금융기관에 개인이 자유롭게 가입할 수 있는 '개인 등록 계좌(Individual Registered Accounts)'가 있습니다. 대표적으로 RRSP(Registered Retirement Savings Plan), RRIF(Registered Retirement Income Fund), 그리고 TFSA(Tax-Free Savings Account)가 있습니다.

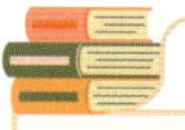

RRSP란 무엇인가?

RRSP(Registered Retirement Savings Plan)는 캐나다 납세자가 금융기관이나 보험사를 통해 개설하는 등록형 은퇴저축계좌입니다. 계좌에 돈을 넣어 운용하다가 은퇴 후 인출해 소득으로 사용할 수 있도록 설계되어 있습니다.

RRSP의 가장 큰 장점은 세금 이연입니다. RRSP에 납입한 금액은 일정 한도 내에서 공제되어 세금을 줄여줍니다. 계좌 안에서 발생하는 이자, 배당, 양도소득은 당장 과세되지 않고 누적되며, 실제로 인출할 때 세금이 부과됩니다. 인출 시에는 소득으로 과세되지만, 보통 은퇴 후에는 소득이 줄어 세율이 낮아지기 때문에 전체적으로 절세 효과를 기대할 수 있습니다.

RRSP는 가입자가 71세가 되는 해의 마지막 날까지 반드시 만기되어야 합니다(Income Tax Act, Section 146(2)(b.4)). 만기 시에는 다음과 같은 방법 중 하나를 선택할 수 있습니다:

1. RRSP 자산을 인출해 현금화할 수 있습니다. 다만 인출한 금액은 전액 소득으로 간주되어 과세됩니다.
2. RRSP 자산으로 종신연금 또는 90세 만기 연금을 구매해 정기적으로 소득을 받을 수도 있습니다. 이 경우에도 연금으로 수령하는 금액은 소득으로 과세됩니다.
3. RRSP를 RRIF로 전환해 과세 이연을 유지하면서 매년 일정 금액을 인출하는 방식을 선택할 수 있습니다. 많은 사람들이 이 방법을 선택합니다.

RRIF란 무엇인가?

RRIF(Registered Retirement Income Fund)는 RRSP에 모아둔 자금을 은퇴 후 소득으로 인출하기 위한 계좌입니다. RRSP를 71세 만기 전에 RRIF로 전환하면, 계좌 내 투자수익은 세금이 이연된 상태로 누적됩니다. 다만 RRIF는 매년 법에서 정한 최소 금액을 반드시 인출해야 한다는 단점이 있습니다.

최소 인출액은 가입자의 연령(또는 계좌 개설 시 선택한 배우자의 연령)과 해당 연도의 RRIF 자산가치를 기준으로 산정됩니다(Income Tax Act, Section 146.3(1); Income Tax Regulations, Section 7308(3)). 인출액은 소득으로 과세됩니다.

TFSA란 무엇인가?

TFSA(Tax-Free Savings Account)는 세금 부담 없이 저축하고 투자할 수 있도록 설계된 등록계좌입니다. 계좌 내 수익과 인출금이 모두 비과세라는 점이 가장 큰 특징입니다. 18세 이상 캐나다 거주자라면 누구나 개설할 수 있습니다.

특히 TFSA에서 인출한 금액은 은퇴 후에도 과세소득으로 잡히지 않기 때문에, 소득 증가로 인한 고령연금(OAS) 삭감(Clawback) 우려가 없습니다. 또한 TFSA는 인출한 금액만큼의 기여 한도가 다음 해에 다시 복원되므로, 필요할 때 인출했다가 여유가 생기면 재납입하는 방식으로도 유연하게 활용할 수 있습니다.

사망 시 과세 방식: RRSP, RRIF, TFSA

RRSP/RRIF 가입자가 사망하게 되면 만기되지 않은 RRSP나 RRIF 자산은 사망 직전에 전액 인출한 것으로 간주되어 고인의 최종 소득세 신고서(Terminal Tax Return)에 포함됩니다(Income Tax Act, Sections 146(8.8) and 146.3(6)). 다만, 배우자 롤오버(Spousal Rollover) 규정을 통해 세금 납부를 연기할 수 있습니다.

배우자를 RRSP/RRIF의 지정 수혜자(Designated Beneficiary)로 지정할 경우, RRSP/RRIF 자산은 생존 배우자의 RRSP/RRIF로 롤오버(Rollover)되어 세금 납부를 연기할 수 있습니다. 만약, 생존 배우자를 승계 가입자(Successor Annuitant)로 지정했을 경우, RRSP/RRIF 자산은 고인의 최종 소득세 신고서에 포함되지 않고, 생존 배우자가 인출할 때까지 세금 이연 혜택이 유지됩니다.

고인의 TFSA는 사망 시에도 비과세 혜택이 유지됩니다. 따라서, TFSA는 유산이나 지정 수혜자(Designated Beneficiary)에게 세금 없이 이전될 수 있습니다. 만약, 배우자를 TFSA의 승계 계좌 보유자(Successor Holder)로 지정했을 경우, 배우자는 사망한 배우자의 TFSA를 자신의 TFSA처럼 계속 운용할 수 있습니다.

배우자가 아닌 자녀 등을 지정 수혜자(Designated Beneficiary)로 지정했다면 사망 시점까지의 TFSA 자산은 세금 없이 수혜자에게 이전되지만, 사망 이후 발생하는 계좌 내 수익은 과세될 수 있습니다. 일반적으로 수혜자는 면제 기간인 사망 연도 다음 해 12월 31일까지 TFSA 자산을 인출하거나 이전해야 합니다.

미국 연금 제도와 시민권자 과세 원칙

미국은 전 세계 소득에 대해 시민권을 기준으로 과세하는 거의 유일한 국가입니다. 따라서 한국에 거주하더라도 미국 시민권자라면 매년 미국 국세청(IRS)에 소득세를 신고해야 합니다.

미국 국적포기세(U.S. Expatriation Tax)

이영자 씨는 김씨를 바라보며 진지한 표정으로 말을 이었습니다.

"김 선생님, 혹시라도 나중에 미국 시민권을 포기하실 생각이 있다면, 미국의 '국적포기세(Expatriation Tax)'에 대해 미리 알고 계셔야 합니다."

흔히 미국의 출국세(U.S. Exit Tax)라고도 불리지만, 캐나다의 출국세(Departure Tax)와는 확연한 차이점이 있습니다. 캐나다는 시민권을 유지하더라도 해외로 이주하여 비거주자가 되는 경우 출국세를 부과합니다. 반면 미국은 (1) 시민권(U.S. Citizenship)을 포기하거나, (2) 미국에 일정 기간(통상 최근 15년 중 8년 이상) 거주한 뒤 영주권(U.S. Green Card)을 포기하는 경우에 한해 '국적포기세(Expatriation Tax)'를 부과합니다. 즉, 미국은 시민권자가 거주지를 해외로 옮겼다는 이유만으로 출국세를 부과하지는 않습니다. 참고로 한국에서는 해외로 이주할 때 '출국세'가 없습니다.

미국 국적포기세(Expatriation Tax) 과세 대상도 '특정 국적포기자(Covered Expatriate)'로 한정되어 있습니다. 첫째, 국적 포기일 기준 순자산이 $2,000,000 USD 이상인 경우; 둘째, 지난 5년간 연평균 소득세 납부액이 일정 금액(2025년 기준 $206,000 USD)을 초과하는 경우, 셋째, 지난 5년간의 세금 신고 의무를 성실히 이행했음을 증명하지 못하는 경우입니다. 이 중 하나라도 해당하면 국적포기세(Expatriation Tax) 대상이 됩니다.

이영자 씨는 계산 방식에 대해 설명했습니다. "세금은 각 자산의 공정시장가치에서 취득가액을 뺀 차익에 대해 부과됩니다. 2025년 기준으로 약

$890,000 USD까지는 공제되지만, 그 초과분에 대해서는 15%에서 20%의 양도소득세율이 적용됩니다."

"그래서 사전 계획이 필수적입니다." 이영자 씨가 목소리에 힘을 주었습니다. "전문가들은 국적 포기 시점보다 훨씬 전부터 준비할 것을 권합니다. 예를 들어, 자산을 미리 증여해 순자산을 200만 달러 미만으로 낮추거나, 해외 신탁을 전략적으로 활용해 자산을 분산하는 방법이 있습니다. 또한 세율이 낮을 때 미리 자산을 처분해 양도소득을 실현하거나, 국세청에 담보를 제공하고 세금 납부를 유예하는 방법도 고려해 볼 수 있습니다."

미국 사회보장연금(Social Security Payment)

미국 사회보장연금(Social Security Payment)은 대부분의 미국 근로자가 가입하는 대표적인 공적연금 제도입니다. 2026년 기준으로 근로자와 고용주는 각각 임금의 6.2%를 사회보장세(FICA)로 부담하며, 이 금액은 급여에서 원천징수되어 사회보장기금에 적립됩니다.

사회보장연금을 수령하려면 일반적으로 40분기(약 10년)의 근무 이력이 필요합니다. 만기 수령 연령(Full Retirement Age, FRA)은 1937년 이전 출생자는 65세이며, 1960년 이후 출생자는 67세입니다. 62세부터 조기 수령이 가능하지만, FRA 이전 수령 시 연 6%(62세에 수령 시 30%)의 영구적인 감액이 발생합니다. 67세 이후 70세까지 수령을 지연하면 연 8%(70세에 수령 시 24%)의 추가 금액을 받을 수 있습니다.

미국 사회보장국(Social Security Administration, SSA) 통계에 따르면, 2025년 은퇴한 근로자의 월평균 연금 수령액은 1인당 약 $1,976 (USD)입니다. 부부가 함께 연금을 수령하는 경우 가구당 월평균 $3,089 (USD)입니다.

배우자는 본인의 사회보장 크레딧(Social Security Credit)이 부족하더라도 주 소득자의 근무 이력을 바탕으로 배우자 연금(Spousal Benefit)을 추가로 받을 수 있습니다. 자격 요건은 해당 배우자가 최소 62세이거나, 16세 미만 또는 장애가 있는 자녀를 돌보고 있는 경우입니다.

배우자 연금은 주 소득자의 만기 수령 연령(FRA) 기준 연금액의 최대 50%까지 받을 수 있습니다. 예를 들어, 남편이 월 $3,000, 아내가 월 $1,000의 사회보장연금을 받고 있는 상황이라고 가정하면, 아내는 추가로 $500의 배우자 연금을 받을 수 있습니다. 배우자 연금은 별도로 신청하지 않아도 됩니다.

미국 사회보장연금은 소득으로 과세됩니다. 다만, 조정된 총소득(Modified Adjusted Gross Income, MAGI)을 기준으로 소득세가 부과되며, 개인의 경우 MAGI가 $25,000~$34,000 사이면 소득의 50%, $34,000 초과 시 소득의 85%가 과세 대상입니다. 부부 합산 신고의 경우 MAGI가 $32,000~$44,000 사이면 소득의 50%, $44,000 초과 시 소득의 85%가 과세 대상입니다. 일부 주에서는 주정부 세금도 부과합니다.

참고로, One Big Beautiful Bill Act 제정으로 인해 2025년부터 2028년까지 65세 이상 고령자는 기존 표준 공제에 더해 6,000달러의 추가 공제를 받을 수 있습니다. 이러한 추가 공제로 인해 사회보장연금에 대한 세금이 사실상 모두 면제될 수 있습니다.

해외 거주 시 사회보장연금 수령

미국 시민권자는, 예외적인 경우를 제외하면, 전 세계 어디에 거주하든 사회보장연금을 계속 수령할 수 있습니다. 반대로, 비시민권자는 일반적으로 해외에서 6개월 이상 거주할 경우 연금 지급이 중단됩니다. 다만 한국 시민권자는 예외적으로, 미국 사회보장국(SSA)의 지침에 따라 연금 수령 요건(예: 미국에서 10년 이상 근무)을 모두 충족한 경우 한국에 거주하면서도 사회보장연금을 계속 받을 수 있습니다.

미국 시민권자와 결혼한 외국인 배우자도 특정 조건을 충족하면 배우자 연금(Spousal Benefit)과 유족 연금(Survivor's Benefit)을 받을 수 있습니다.

한국 거주자는 원칙적으로 전 세계 소득에 대해 한국에 신고 및 납부할 의무가 있습니다. 다만 미국과 한국 간 조세조약에 따라 소득 유형별로 과세권이 달라질 수 있습니다.

한미 조세조약 제23조(사적연금)와 제24조(공적연금)에 따라 미국의 퇴직연금(401(k), Traditional IRA 등)과 사회보장연금(Social Security Payment)은 미국에서만 과세됩니다. 한국 국세청 서면질의 회신에서도, 한미 조세조약 제23조의 사적연금은 거주지국(한국)에 과세권이 있으나 국내법상 과세 대상 소득에 해당하지 않아 국내에서 과세되지 않으며, 제24조의 사회보장연금은 지급지국(미국)에 과세권이 있어 국내에서는 과세되지 않는다고 설명한 바 있습니다.[2]

---

2 국세청 1999. 12. 31.자 소득46011-566 [미국회사에서 받는 연금 등을 한국에서 송금받는 경우 소득세 과세 여부]; 국세청 2000. 1. 13.자 국업46017-24 [국내거주자가 미국에서 근무하던 회사로부터 지급받는 연금에 대한 과세방법]

미국 퇴직 연금 계좌

김씨는 401(k)와 Roth IRA(Individual Retirement Account) 계좌를 미국에 두고 왔다고 말했습니다.

"이 계좌들을 한국에서 관리하는 게 너무 어렵고, 세금도 어떻게 되는지 모르겠어요."

1. 흩어진 연금 계좌 하나로 모으기: 롤오버(Rollover)

"미국에서 직장 생활을 오래 하셨다면, 이직할 때마다 만들어진 401(k) 계좌가 여러 곳에 흩어져 있을 수 있습니다. 이걸 그대로 두면 관리비용도 문제지만, 한국에서 접속하거나 관리하기가 매우 까다로워질 수 있습니다."

이영자 씨는 "Rollover IRA"의 중요성을 강조했습니다.

"퇴직한 회사의 401(k)를 개인 은퇴 계좌인 IRA(Individual Retirement Account)로 옮기는 것을 추천합니다. 이렇게 하면 여러 계좌를 하나로 합쳐서 관리하기 쉽고, 투자 상품의 선택 폭도 넓어집니다. 특히 한국 주소를 등록하면 일부 미국 금융기관에서는 401(k) 접속을 차단하거나 거래를 제한하는 경우가 있기 때문에, 해외 거주자에게 우호적인 금융기관의 IRA로 미리 옮겨두는 것을 추천 드립니다."

2. 전통적 IRA(Traditional IRA) vs. 로스 IRA(Roth IRA)

이영자 씨는 김씨가 언급한 두 가지 계좌의 차이점을 명확히 짚어주었습니다.

"김 선생님이 가지고 계신 개인 은퇴 계좌가 "Traditional"인지 "Roth"인지에 따라 인출 시 과세 여부가 달라집니다"

- **Traditional IRA / 401(k):** 납입할 때 세금 공제 혜택을 받았던 계좌입니다. 다만, 돈을 찾을 때(인출 시) 원금과 수익금 모두에 대해 일반 소득세(Ordinary Income Tax)를 내야 합니다. 미국 시민권

자라면 한국에 살더라도 미국 국세청(IRS)에 이 소득을 보고하고 세금을 내야 합니다.

- **Roth IRA:** 세금을 낸 후의 돈(After-tax)으로 적립한 계좌입니다. 만약 계좌를 개설한지 5년이 지났고 인출 당시 연령이 59.5세 이상이면, 원금과 수익금 모두 세금 없이 수령이 가능합니다. 이는 미국 세법상 가장 강력한 절세 혜택 중 하나입니다.

3. 잊지 말아야 할 규칙: 최소 인출 의무(Required Minimum Distribution, RMD)

박씨가 손을 들며 물었습니다.

"그럼 그 돈은 제가 원할 때 아무 때나 꺼내 써도 되나요?"

이영자 씨는 고개를 저으며 중요한 숫자를 칠판에 적었습니다: "73".

"미국 국세청(IRS)은 세금 혜택을 준 Traditional IRA나 401(k)에 저축된 돈을 평생 넣어두는 것을 허락하지 않습니다. 만 73세(1951~1959년생 기준, 1960년 이후 출생자는 75세)가 되면, 의무적으로 일정 금액 이상을 인출해야 하는데 이를 'RMD(Required Minimum Distribution)'라고 합니다. 만약 제때 RMD를 인출하지 않으면, 인출하지 않은 금액에 대해 최대 25%의 가산세(Penalty)가 부과될 수 있습니다."

"하지만 Roth IRA는 김 선생님이 살아계시는 동안에는 RMD 적용을 받지 않습니다. 즉, 돈이 필요 없다면 굳이 인출하지 않고 자녀에게 그대로 물려줄 수도 있다는 뜻이죠. 그러나 혹시라도 급하게 현금이 필요해서 59.5세 이전에 연금 계좌에서 돈을 빼게 되면, 소득세는 물론이고 10%의 조기 인출 벌금(Early Withdrawal Penalty)까지 내야 하니 각별히 주의하셔야 합니다."

설명을 듣던 김씨의 표정이 한결 밝아졌습니다. "그럼 저는 Roth IRA는 최대한 늦게 찾아서 사용하고, 401(k)를 롤오버한 Traditional IRA부터 차근차근 인출하면 되겠군요."

"맞습니다! 아주 훌륭한 계획이세요." 이영자 씨가 엄지손가락을 치켜세우며 말했습니다. "마지막으로 미국 시민권자나 영주권자분들이 한국에서 생활을 할 때 꼭 기억해야 할 몇 가지 팁을 알려 드릴게요."

우선, 미국 금융기관들은 계좌 소유주가 해외로 완전히 이주했다고 판단하면 계좌를 동결하거나 강제 청산(Liquidation)하려 할 수 있습니다. 가능하다면 미국의 가족 주소지나 우편물 수취 서비스 등을 이용해 연락 가능한 미국 주소를 유지하는 것이 좋습니다.

아울러, 달러로 받는 연금을 원화로 환전할 경우, 환율 변동을 고려해야 합니다. 가능하다면 한국 내에서도 외화 통장(USD Account)을 개설하여 미국 달러로 직접 송금받은 후, 환율이 유리할 때 환전하는 것을 권장 드립니다.

해외 거주자를 위한 메디케어(Medicare)

메디케어(Medicare)는 미국에서 65세 이상을 대상으로 제공되는 연방 건강보험 프로그램입니다. 62세부터 사회보장연금 수령을 시작해 65세가 되는 시점에도 연금을 계속 받고 있다면, 일반적으로 65세 생일 무렵 Medicare Part A(입원·병원 치료)와 Part B(외래 진료)에 자동 가입됩니다. 다만, 메디케어는 원칙적으로 미국 외 지역에서 발생한 의료비는 보장하지 않습니다.

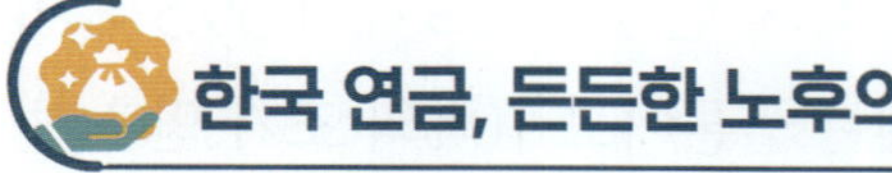

한국 연금, 든든한 노후의 버팀목

이영자 씨는 이제 한국의 연금 시스템에 대해 설명했습니다.

"캐나다나 미국 연금을 받으면서 한국에 거주하시는 분들도 한국 연금에 대한 기본적인 이해는 필수입니다. 특히 한국에서 다시 경제 활동을 시작하거나, 자산 관리를 할 때 중요하죠. 특히 2026년에는 국민연금 제도에 큰 변화가 있을 예정이니, 이 부분에 대해 자세히 알아보겠습니다."

2025년 국민연금법 개정: 지속 가능성을 위한 대변화

2025년 3월 20일, 국회는 국민연금법 개정안을 의결했습니다. 이번 개정으로 현행 9%의 보험료율은 2026년부터 매년 0.5%포인트씩 단계적으로 인상되어 2033년에는 13%까지 도달하게 됩니다. 소득대체율은 2026년부터 43%로 조정됩니다.

이와 함께 출산·군복무 등 크레딧 제도가 확대되고, 저소득 지역가입자에 대한 보험료 지원도 강화됩니다. 아울러 "국가가 연금 지급을 보장한다"는 문구를 법에 명시해 연금 지급에 대한 국가 책임을 보다 분명히 했습니다.

2025년 「국민연금법」 개정의 주요내용

<table>
<tr><th colspan="2">구 분</th><th>개정 전</th><th>개정 후(2026.1.1. 시행)</th></tr>
<tr><td colspan="2">보험료율</td><td>9%</td><td>(2026) 9.5% ~ (2033~) 13%</td></tr>
<tr><td colspan="2">명목소득대체율</td><td>(2008) 50% ~ (2028~) 40%</td><td>(2026~) 43%</td></tr>
<tr><td rowspan="3">크레딧·보험료 지원</td><td>군복무크레딧</td><td>6개월 추가 산입</td><td>최대 12개월 추가 산입</td></tr>
<tr><td>출산크레딧</td><td>두 자녀 이상부터 지원
(최대 50개월)
* 둘째아 12개월, 셋째아부터 자녀 1명당 18개월씩</td><td>한 자녀 이상부터 지원
(상한 폐지)
* 첫째아·둘째아 각각 12개월, 셋째아부터 자녀 1명당 18개월씩</td></tr>
<tr><td>저소득 지역가입자 보험료 지원</td><td>사업중단·실업·휴직 등으로 납부예외한 후 납부재개한 저소득 지역가입자 대상</td><td>전체 저소득 지역가입자 대상</td></tr>
<tr><td colspan="2">국가의 급여 지급보장</td><td>법률 제20584호 「국민연금법」 제3조의2 국가는 이 법에 따른 연금급여가 안정적·지속적으로 지급되도록 필요한 시책을 수립·시행하여야 한다.</td><td>법률 제20903호 「국민연금법」 제3조의2 국가는 이 법에 따른 연금급여의 안정적이고 지속적인 지급을 보장하여야 하며, 이에 필요한 시책을 수립·시행하여야 한다.</td></tr>
</table>

출처: 국회예산정책처, "2025년 국민연금법 개정의 재정 및 정책효과 분석 발간"(보도자료 2025. 6. 9.)

한국의 3층 연금 체계

한국의 노후 소득 보장 체계는 크게 3층으로 나뉩니다.

- **1층 공적연금:** 국민연금(일반 국민 대상)과 직역연금(공무원, 군인, 사립학교 교직원, 별정우체국 직원 대상)으로 구성됩니다. 가입과 납입이 의무이며, 사회 보장적 성격이 강합니다.
- **2층 퇴직연금:** 기업이 근로자의 퇴직금 재원을 외부 금융기관에 적립하여 운용하는 제도입니다. 확정급여형(DB), 확정기여형(DC), 개인형 퇴직 연금(IRP)이 있습니다.
- **3층 개인연금:** 개인이 자발적으로 가입하는 사적연금으로, 연금저축(세제 혜택 상품)과 연금보험(저축성 보험)이 대표적입니다.

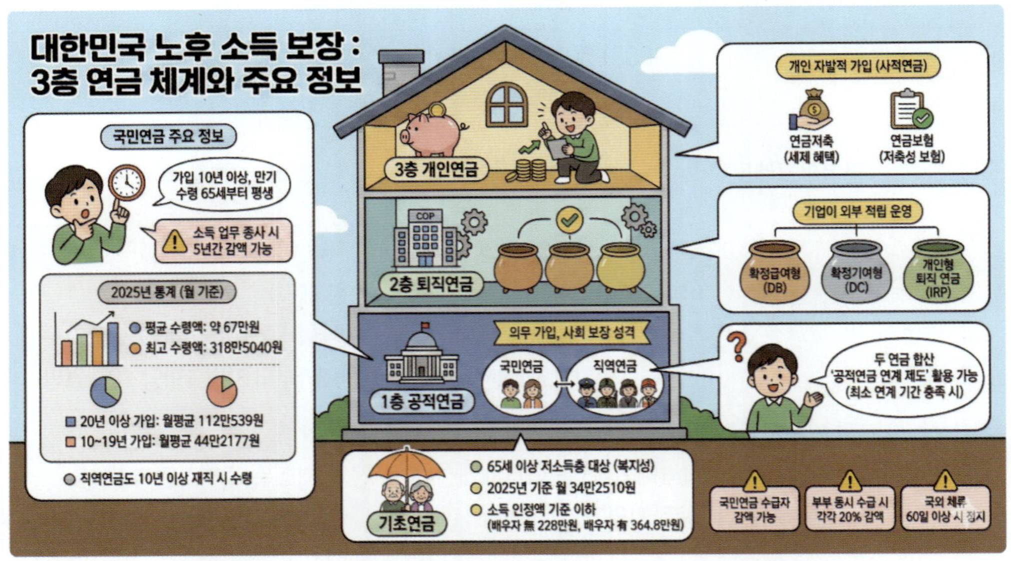

국민연금은 가입 기간 10년 이상이면 만기 수령 연령(1969년 이후 출생자는 65세)부터 평생 노령연금을 받을 수 있습니다. 노령연금 수급자가 지급개시연령부터 5년간 소득이 있는 업무에 종사할 경우, 초과 소득월액에 따라 연금액이 감액될 수 있습니다. 2025년 국민연금 평균 수령액은 약 월

67만 원입니다. 국민연금공단의 '2025년 7월 기준 공표통계'에 따르면, 국민연금 최고 수령액은 월 318만 5,040원으로 나타났습니다. 20년 이상 가입자의 월평균 수령액은 112만 539원; 10~19년 가입자는 월평균 44만 2,177원을 받는 것으로 집계되었습니다.[3]

직역연금도 10년 이상 재직 시 연금을 받을 수 있습니다. 만약, 조기 사직할 경우, 두 연금 제도의 가입 기간을 합산하여 최소 근무 기간을 충족할 수 있도록 허용하는 '공적연금 연계 제도'를 활용할 수 있습니다.

기초연금은 65세 이상 저소득층에게 국가가 매월 지급하는 복지성 연금입니다. 수급 자격은 65세 이상인 사람 중 소득 인정액이 선정 기준액 (배우자 없는 노인가구 월 228만 원, 배우자 있는 노인가구 월 364.8만 원) 이하인 경우 받을 수 있습니다. 2025년 기준 기초연금액은 월 342,510원이며, 국민연금 수급자는 소득재분배급여금액에 따라 기초연금액이 감액될 수 있습니다. 부부가 모두 수급 자격을 갖추면 동시에 받을 수 있으나, 각자의 기초연금액에서 20% 감액됩니다. 국외 체류 기간이 60일 이상 지속되는 경우, 기초연금 지급이 정지될 수 있습니다.

사적연금의 과세 방식

퇴직연금(IRP)의 경우 납입액에 대해 연 900만 원(연금저축 포함)까지 세액 공제를 받을 수 있으며, 연금 수령 시에는 연금 소득세(분리과세 또는 종합과세)가 부과됩니다. 개인연금(연금저축)은 연금저축 납입액에 대해 연 600만 원까지 세액 공제를 받을 수 있으며, 연금 수령 시에는 수령 개시 연령에 따라 3.3%~5.5%의 연금 소득세가 부과됩니다. 개인연금(연금보험)은 납입 시 세금 혜택은 없지만, 일정 요건(10년 이상 유지 등)을 충족하면 보험 차익에 대한 이자 소득세가 면제되는 비과세 상품입니다.

---

3 한겨레, "국민연금 월 최고 수령액 318만원…20년 부으면 평균 112만원"(신소윤, 2025. 11. 28.)

주택연금은 55세 이상 주택 소유자가 집을 담보로 평생 연금을 받는 국가 보증 금융 상품(역모기지)입니다. 재산세 감면, 이자 비용 공제 등의 세금 혜택이 있습니다.

보험금 및 퇴직금 등의 상속세 과세 체계

피상속인의 사망으로 인해 지급되는 보험금이나 퇴직금도 상속세 과세 대상에 포함될 수 있습니다. 생명보험이나 손해보험의 보험금은 피상속인이 보험료를 납부했는지 여부에 따라 상속재산 포함 여부가 결정됩니다. 피상속인이 보험 계약자로서 실질적으로 보험료를 납부했고 피상속인의 사망을 원인으로 상속인이 보험금을 수령하는 경우 이는 상속재산으로 간주됩니다. 반면 상속인이 계약자로서 본인의 소득으로 보험료를 납부하고 본인이 수익자가 되어 보험금을 수령하는 경우에는 상속재산에 포함되지 않습니다. 계약자와 수익자가 다른 경우 과세 문제가 발생하는데, 계약자가 생존해 있을 때 수익자가 보험금을 받으면 증여세가 부과되고 계약자의 사망으로 수익자가 보험금을 받으면 상속세가 부과됩니다.

퇴직금 역시 상속재산에 포함되는 경우가 일반적입니다. 피상속인의 사망으로 인해 지급되는 퇴직금, 퇴직수당, 공로금 등은 피상속인에게 귀속될 재산이 유족에게 승계되는 것으로 보아 상속세 과세 대상이 됩니다. 피상속인이 신탁회사에 맡긴 신탁 재산 또한 피상속인의 소유로 보아 상속재산에 포함되지만, 신탁의 이익이 피상속인이 아닌 타인에게 귀속되도록 지정된 경우에는 해당 이익은 상속재산에서 제외될 수 있습니다. 피상속인 명의로 된 종중 재산의 경우, 종중 규약이나 회의록 등을 통해 실제 소유자가 종중임이 입증된다면 상속재산에서 제외됩니다.

다만 모든 연금이나 보상금이 상속세 대상인 것은 아닙니다. 관련 법령에 따라 유족의 생활 안정을 위해 지급되는 공적 성격의 급여는 비과세됩니다. 국민연금법에 따라 지급되는 유족연금이나 반환일시금은 상속재산으로 보지 않습니다. 또한 공무원연금법, 군인연금법, 사립학교교직원 연금법 등에 따른 유족연금, 재해보상금, 퇴직유족일시금 등도 상속세가 부과되지 않습니다. 이와 더불어 산업재해보상보험법에 따른 유족보상연금이나 근로자의 업무상 사망으로 인해 사업자가 유족에게 지급하는 유족보상금 역시 상속재산에서 제외됩니다.

국경을 넘는 연금, 현명하게 관리하는 지혜

국경을 넘나드는 연금 및 세금 문제는 매우 복잡합니다. 반드시 캐나다·미국·한국 세법에 정통한 변호사·세무사의 도움을 받아야 합니다.

"결국, 우리의 노후는 우리가 얼마나 준비하고 이해하느냐에 달려 있습니다." 이영자 씨가 정리했습니다. "국경을 넘는 삶은 분명 더 많은 지혜와 노력을 필요로 하지만, 동시에 더 풍요롭고 다채로운 노후를 선물할 수도 있습니다. 우리 모임이 여러분의 든든한 길잡이가 되기를 바랍니다."

카페를 나서는 박씨와 김씨의 얼굴에는 처음 만났을 때의 막막함 대신, 한결 가벼워진 표정이 보였습니다. 이영자 씨는 오늘도 국경을 넘나드는 이들의 노후를 밝히는 일을 톡톡히 해내고 있었습니다.

Cross-Border Estates & Taxation at Death

PART 02

유언과 가업승계

유언장은 고인의 마지막 뜻을 담은 소중한 문서입니다. 하지만 우리 한인 이민자들에게 캐나다 (또는 미국) 법에 따라 영어로 유언장을 작성하는 것은 결코 쉬운 일이 아닙니다.

캐나다의 상속법 또한 낯설을 수 있습니다. 한국과 달리, 캐나다에서는 상속재산이 고인의 유산(Estate)에 귀속되어 검인 절차를 거친 후 상속인들에게 분배됩니다. 이는 미국에서도 동일합니다. 반면, 한국에서는 상속이 개시되면 재산이 상속인들에게 즉시 포괄적으로 승계됩니다.

캐나다에서 고인의 유산(Estate)은 신탁(Trust)으로 간주됩니다. 따라서, 유언 집행자(Executor)는 수탁자(Trustee)로서 신의 성실의 의무(Fiduciary Duty)를 지니고 유산을 관리하고, 채무를 변제하며 모든 세금을 신고 및 납부할 책임이 있습니다. 기간은 최소 1년정도 걸립니다(일명, The Executor's Year). 반면, 한국의 유언 집행자는 상속인의 대리인(Agent)으로서 선량한 관리자의 주의로 상속재산을 유언 내용에 따라 집행하게 됩니다(민법 제1103조, 제681조). 다시 말해, 한국 유언 집행자는 상속재산을 임의로 매각하거나 투자할 수 있는 권한이 없습니다.

다소 당연하게 들릴 수 있지만, 캐나다에서 유언장은 영어 또는 프랑스어로 작성되어야 합니다. 하지만 영어가 불편한 다수의 1세대 이민자들에게는 정식 유언장 대신 익숙한 한국어로 가족에게 구두로 유언 의사를 표현하거나, 한글로 간단한 자필 유언장을 작성하는 경우가 종종 있습니다.

물론 한국어로 작성되었다 하더라도 유언 의사(Testamentary

Intention)가 충분히 반영되었다고 생각되면 공인 번역사의 번역을 통해 법원의 심리를 거쳐 법적 효력을 인정받을 수 있습니다.

하지만 더 큰 문제는 언어의 차이에서 비롯되는 오해의 소지입니다.

설령, 정식 유언장을 작성하기 위해 현지 변호사를 찾아가 상담을 받아도, 통역을 거치는 과정에서 미묘한 뉘앙스가 잘못 전달될 수 있습니다. 더 나아가, 현지 변호사는 한국 문화와 제도에 익숙하지 않아 비록 영어로 작성된 정식 유언장이라 할지라도 유언자의 진정한 의사를 온전히 반영하지 못할 수 있습니다. 쉽게 말해, 캐나다 유언장에 한국 아파트가 의도치 않게 누락될 수 있다는 것입니다.

아울러, 캐나다에서 이루어지는 가업승계는 또 다른 문제입니다. 많은 한인 1세대 이민자들은 낮은 중소기업 법인세율을 적용받기 위해 법인을 설립하여 사업을 운영해 왔습니다. 식당, 세탁소, 미장원, 편의점 등 거의 모든 자영업이 법인 형태로 운영되어 왔습니다. 만약, 자녀들에게 해당 사업을 물려주고 싶다면 캐나다에서만 존재하는 특별한 사후 절세 전략(Post-Mortem Tax Planning)을 활용해 볼 수 있습니다. 이런 전략들이 존재하는 이유는 캐나다에서는 고인에게 상속세(Inheritance/Estate Tax)가 아니라 양도소득세(Capital Gains Tax)가 부과되기 때문입니다.

우선, 가업승계는 해당 주식(Shares)을 자녀에게 물려주는 형태로 이루어집니다. 따라서, 유언장에는 어느 종류의 주식을 누구에게 몇 주를 물려준다고 기재해야 합니다. 그리고 고인이 사망하면 고인이 보유하고 있던 주식은 공정시장가치로 처분된 것으로 간주되어 양도소득세가 부과됩니다. 사망 당시 주식의 가치를 정확히 평가하기 위해서는 전문 가치평가사(Chartered Business Valuator)의 도움이 필요할 수도 있습니다.

일반적으로 캐나다 중소기업 주식(Qualified Small Business Corporation Shares)은 2025년 기준 $1,250,000의 공제 혜택을 받을 수 있습니다. 또한, 주식을 상속받기 위해서는 유언 검인 절차(Probate)가 일반적으로 필요 없어 이에 따른 유언 검인 수수료(Probate Fee) 부담은 없습니다.

다만, 사업을 성공적으로 운영해 온 까닭에 해당 주식의 가치가 급격히 상승해 사망 시 간주 처분으로 발생하는 양도소득세가 공제 한도를 초과할 수 있습니다. 이 경우, 양도소득세를 일부 상쇄시킬 수 있는 '손실 이월 전략(Loss Carryback Strategy)'을 고려해 볼 수 있습니다. 이 것이 첫번째 전략입니다.

두 번째 전략으로는 '파이프라인 전략(Pipeline Strategy)'이 있습니다. 이는 유산이 주식을 법인에 환매(Share Redemption)하는 과정에서 발생할 수 있는 배당소득세(Dividend Tax)를 상쇄하도록 설계되어 있습니다.

마지막으로, '스텝업 전략(Step-Up Strategy)'이 있습니다. 이는 법인이 보유했던 비감가상각 자본 자산(Non-Depreciable Capital Property)의 가치를 고인 사망 당시의 공정시장가치로 인위적으로 증액(Step-Up)시켜 추후 해당 자산을 매각할 때 발생할 수 있는 법인 양도소득세를 줄여주는 역할을 합니다.

가업승계는 전문적인 영역입니다. 다만, 한국에서 이루어지는 가업승계 방법과 서로 비교해 보며 캐나다에서 사망 시 부과되는 양도소득세가 가업승계 과정에서 어떻게 적용되는지 알아볼 수 있습니다.

제2부는 유언과 가업승계를 다룹니다.

제13장과 제14장에서는 한국어로 녹음한 스마트폰 음성 파일이나 급하게 쓴 한글 손글씨 메모가 유언으로 인정될 수 있는지 실제 캐나다 판례들을 통해 살펴봅니다.

제15장에서는 개인이 질병으로 의사결정 능력을 상실하는 경우를 대비하여, 결정권한을 대리인(Representative) 또는 수임인(Attorney)에게 부여하는 여러 법적 도구들을 살펴봅니다.

마지막으로, **제16장**에서는 캐나다에서 이루어지는 가업승계 과정을 살펴봅니다.

사례 13

기억력이 흐려지는 고령의 부모님
(The Elderly Parent with Fading Memory)

80대 후반의 강씨 부부는 손주들에게 재산을 남기기 위해 유언 내용을 변경하기로 결정했습니다. 부부는 스마트폰에 변경 내용을 음성으로 녹음하였고 구체적인 사항은 컴퓨터 워드 문서로 정리했습니다.
하지만, 변경 내용을 기존 유언장에 반영하지 못한 채 강씨 할아버지는 사망하셨고 자녀들은 음성 파일과 워드 문서가 유효한 유언인지 판단하기 위해 조언을 구하고 있습니다.

CHAPTER 13 강씨 부부의 고민: 디지털 시대의 유언장, 어디까지 유효할까?

늦가을 햇살이 따뜻하게 비치는 어느 오후, 80대 후반의 강철수 씨와 김영자 씨 부부는 거실에 앉아 깊은 고민에 빠져 있었습니다. 강철수 씨는 초기 치매 증상을 앓고 있었지만, 아직은 일상생활에 큰 무리는 없었습니다.

두 분에게는 자식들 외에 유독 아끼는 손주들이 있었습니다. 특히, 강철수 씨는 손주들이 성인이 되었을 때 작은 유산을 남겨주고 싶다는 마음이 간절했습니다. 오래전 작성해 둔 유언장에는 손주들에 대한 언급이 없었기에, 부부는 유언장을 업데이트하기로 결정했습니다.

강씨 부부의 '새로운' 유언장: 희망인가 혼란인가?

강철수 씨는 디지털 기기에 익숙한 편이었습니다. 그는 스마트폰의 음성 녹음 기능을 켜고, 자신의 새로운 유언 내용을 또렷한 목소리로 녹음하기 시작했습니다. "내 죽거든, 우리 손주 민준이에게는 대학 등록금에 보태라고 2천만 원, 그리고 막내 손녀 수아에게는 결혼 자금으로 3천만 원을 남겨주고 싶네. 영자 씨도 이 뜻을 알아줬으면 좋겠고…" 옆에서 김영자 씨는 남편의 말을 받아 적었고, 더 구체적인 재산 목록과 손주들의 인적 사항을 컴퓨터 워드 문서로 정리했습니다.

하지만, 부부는 이 녹음 파일과 문서들을 갖고 변호사를 찾아가 정식으로 유언장(Will)을 만들지는 못했습니다. 강철수 씨의 건강이 나빠져 미루고 미루다 결국, 강철수 씨가 세상을 떠나게 되었습니다.

부부의 자녀들은 아버지의 유품을 정리하다가 이 음성 녹음 파일과 타이핑된 문서를 발견하게 되었습니다. 그들은 이 문서들이 아버지의 마지막 뜻임이 분명하다고 생각했지만, 과연 법적으로 유효한 유언(Testamentary Disposition)으로 인정받을 수 있을지 의문이 들었습니다. 특히, 아버지가 초기 치매 증상을 앓고 계셨다는 점이 마음에 걸렸습니다.

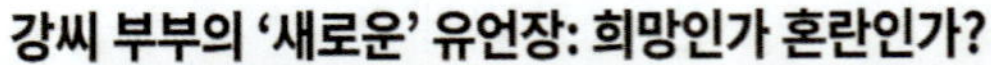

일반적으로 유언장은 고인의 마지막 의사를 법적으로 확정하는 매우 중요한 문서이므로, 엄격한 형식적 요건을 갖추어야 합니다. 가장 기본적인 요건은 다음과 같습니다.

- **서명:** 유언자가 직접 서명해야 합니다.
- **증인:** 일반적으로 2명의 증인이 유언자가 서명하는 것을 지켜보고, 증인들도 유언자의 앞에서 서명해야 합니다.
- **자필:** 자필 유언장은 전부 유언자 본인의 자필로 작성되어야 합니다.

이러한 엄격한 형식적 요건은 유언의 진정성을 확보하고, 위조나 강요에 의한 유언을 방지하기 위함입니다.

강씨 부부의 경우, 음성 녹음이나 타이핑된 문서는 이러한 요건들을 전혀 갖추지 못했습니다. 서명도 없고, 증인의 입회도 없었습니다. 과연 이러한 '디지털 유언'이 법적으로 효력을 가질 수 있을까요?

디지털 시대의 유언장: 법원은 무엇을 보는가?

다행히도 현대 법은 이러한 디지털 시대의 변화를 어느 정도 반영하고 있습니다. 특히, BC주의 Wills, Estate and Succession Act(WESA)와 같은 유언 관련 법률에는 형식적 요건을 완벽하게 갖추지 못한 문서라도, 고인의 유언 의사(Testamentary Intention)가 명확하다면 법원이 이를 유효한 유언으로 인정할 수 있도록 하는 '결함 치유 조항(Curing Deficiencies Provision)'이 마련되어 있습니다(WESA, Section 58).

이 조항은 "기록(Record)"의 의미를 '전자적으로 기록되거나 저장된 데이터(Data that is Recorded or Stored Electronically)'로 정의하며, 디지털 형태의 문서도 유언으로 인정될 가능성을 열어두고 있습니다.

Rempel Estate 사건에서 배우는 교훈

실제로 캐나다 BC주에서는 강씨 부부의 사례와 매우 유사한 Rempel Estate (Administrator of) v. Dudley, 2020 BCSC 1766 사건이 있었습니다. 이 사건에서 법원은 고인이 남긴 여러 디지털 문서를 통해 그의 진정한 유언 의사가 존재했는지 판단했습니다.

고인 Rempel 씨는 정식 유언장을 작성하지 않은 채 사망했습니다. 하지만 그의 컴퓨터에서는 두 개의 메모리 스틱(Memory Stick)이 발견되었는데, 여기에는 다음과 같은 내용이 담겨 있었습니다.

- **첫 번째 메모리 스틱:** 고인이 공증인과 유언장 작성에 대해 논의하는 음성 녹음(Voice Recordings) 파일들이 있었습니다. 그는 전화 통화에서 자신의 재산 목록과 새로운 유언 내용을 구체적으로 언급했습니다.
- **두 번째 메모리 스틱:** 유언장 초안으로 보이는 여러 타이핑된 문서(Typed Drafts)들이 있었습니다. 이 문서들은 1998년부터 2014년까지 여러 차례 수정된 버전이었고, "나에게 무슨 일이 생기고 다른 정식 유언장이 없다면, 내 재산은 이렇게 처리되기를 원한다"는 문구로 시작하여 "이것이 나의 바람이다"로 끝났습니다. 일부 문서에는 그의 이름과 날짜가 표시되어 있었지만, 서명은 없었습니다.

법원은 이 문서들이 정식 유언장의 요건을 갖추지 못했음에도 불구하고, WESA Section 58에 따라 유효한 유언으로 인정할 수 있는지 심리했습니다.

법원의 판단 기준: '확고하고 최종적인 의사'

법원은 유언의 내용이 확고하고 최종적인 의사(Deliberate or Fixed and Final Expression of Intention)였는지를 살펴봅니다.

법원은 Rempel 씨의 여러 문서를 검토한 결과, 1998년에 작성된 가장 오래된 타이핑된 문서가 유효한 유언이라고 판단했습니다. 그 이유는 다음과 같습니다.

- **제목과 내용:** 파일 이름에 "Will"이 포함되어 있었고, "내 재산은 이렇게 처리되기를 원한다"는 명확한 유언 선언으로 시작했습니다.
- **구체성:** 재산을 5부분으로 나누고 각 부분의 상속인을 명확히 지정하는 등 매우 상세했습니다.
- **마무리 문구:** "이것이 나의 바람이다"라는 확고한 문구로 끝났고, 그의 이름과 날짜가 표시되어 있었습니다.

반면, 이후에 작성된 다른 초안들은 "XXXX"와 같이 특정 상속인 이름이 비어 있거나, 공증인에게 제공하기 위한 설문지 형태였고, Rempel 씨가 최종적으로 완성하지 못한 채 공증인과의 연락을 끊었기에, 법원은 이 문서들을 확고하고 최종적인 의사로 보지 않았습니다.

유언 의사 판단 시 법원이 고려하는 주요 요소

법원이 형식적 요건을 갖추지 못한 문서의 유언 의사를 판단할 때 고려하는 요소들은 다음과 같습니다.

- **문서의 진정성:**
  문서가 고인이 직접 작성했거나 고인의 지시에 따라 작성되었는지 여부.
- **이전 유언장의 존재 여부:**
  이전에 정식 유언장이 있었는지, 만약 있다면 새로운 문서가 이를 대체하려 했는지.
- **장례 지시:** 문서에 장례 방식 등 개인적인 지시가 포함되어 있는지.

- **구체적인 유증:**
  재산이 어떻게 누구에게 분배될지 구체적으로 명시되어 있는지.
- **구문서의 제목:**
  문서의 제목이 "유언장", "마지막 유언" 등 유언임을 암시하는 표현들이 사용되었는지.
- **구집행인 지정 여부:**
  유언 집행자를 명확히 지정했는지.
- **구서명 및 날짜:**
  비록 정식 서명은 아니더라도, 고인의 이름이나 날짜가 기재되어 있는지.
- **구다른 사람과의 논의 여부:**
  유언 내용을 가족, 변호사 등과 논의했는지.
- **구문서의 완성도:**
  문서가 완성된 형태인지, 아니면 초안이나 미완성된 형태인지.
- **구일관성:**
  고인의 유언 의사가 여러 문서를 통해 일관되게 나타나는지.

강씨 부부의 유언, 법적 효력은?

Rempel 사건의 교훈을 강씨 부부의 사례에 적용해보면 어떨까요?

강철수 씨의 음성 녹음 파일과 김영자 씨가 타이핑한 문서는 분명 강씨 부부의 유언 의사(Testamentary Intention)를 담고 있습니다. 손주들에게 특정 금액을 남겨주겠다는 구체적인 내용, 그리고 아내의 동의까지 있었으니, 이는 단순한 희망 사항을 넘어선 '확고한 의사'로 보일 여지가 있습니다.

하지만 몇 가지 어려운 점도 존재합니다.

- **형식적 결함:** 서명이나 증인 없이 오직 음성 녹음과 타이핑된 문서로만 존재한다는 점은 법원이 유효성을 인정하기까지 더 많은 증거를 요구할 수 있습니다.
- **문서의 성격:** 김영자 씨가 타이핑한 문서가 단순히 남편의 말을 '받아 적은' 것에 불과한지, 아니면 '정식 유언장을 만들기 위한 초안'이었는지에 따라 법적 해석이 달라질 수 있습니다. 만약 초안으로 간주된다면, Rempel 사건의 다른 초안들처럼 '확고하고 최종적인 의사'로 인정받기 어려울 수 있습니다.

강씨처럼 초기 치매 증상이 있는 경우, 유언 당시의 유언자의 능력(Testamentary Capacity) 또한 중요한 변수로 작용할 수 있습니다. 법원은 유언자가 자신의 재산과 상속인, 그리고 유언의 내용을 충분히 이해하고 있었는지 면밀히 검토합니다. 아무리 유언 내용이 명확하더라도, 유언 능력이 결여된 상태에서 작성되었다면 법적 효력을 인정받기 어렵습니다.

법원은 단순한 '희망 사항'과 '확고하고 최종적인 유언 의사'를 엄격하게 구분합니다. 아무리 상세한 메모라도 '초안'으로 간주될 경우 유효성을 인정받기 어렵습니다. 따라서 유언자의 '최종적인 의사'를 입증하는 것이 핵심입니다.

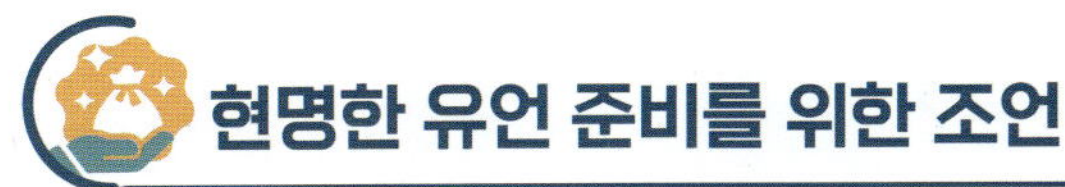

현명한 유언 준비를 위한 조언

강씨 부부의 사례는 디지털 시대에 유언을 준비하는 모든 이들에게 중요한 교훈을 줍니다.

유언 준비, 이것만은 꼭 기억하세요!

1. **정식 유언장 작성:** 가장 확실한 방법은 변호사나 공증인의 도움을 받아 법적 요건을 완벽하게 갖춘 정식 유언장을 작성하는 것입니다.
2. **정기적인 검토 및 업데이트:** 가족 상황이나 재산 변동이 있을 때마다 유언장을 검토하고 필요시 업데이트해야 합니다.
3. **유언 능력 확인:** 고령이거나 건강상의 문제가 있는 경우, 유언 작성 당시 유언 능력이 충분했음을 증명할 수 있는 기록(의사 소견서 등)을 남기는 것이 좋습니다.
4. **디지털 자료의 활용:** 음성 녹음 파일이나 컴퓨터로 작성된 문서 등 디지털 자료는 고인의 유언 의사를 입증하는 보조 자료가 될 수 있지만, 그 자체로 완벽한 유언이 되기는 어렵습니다.

사례 14

급작스러운 유언장 변경
(Sudden Will Amendment)

최근 말기 암 진단을 받은 80대 초반의 1세대 이민자 윤씨 할아버지는 한국어로 손글씨 메모를 작성해 장남에게 밴쿠버 주택과 서울 소형 아파트를 상속하겠다는 의사를 밝혔습니다. 하지만 이 메모가 유언으로서 법적 효력이 있는지를 두고 가족 간 갈등이 생기기 시작했습니다.

메모 한 장에 담긴 마지막 유언, 효력은 어디까지일까?

요즘은 스마트폰이나 컴퓨터로 유언장을 작성하는 경우가 많습니다. 하지만 법에서 요구하는 형식 요건을 제대로 갖추지 못하면, 법적 효력을 인정받기 위해 법원의 판단을 받아야 합니다. 그리고 이는 상속인들에게 막대한 비용으로 이어질 수 있습니다.

손으로 쓴 메모는 어떨까요? 자필 유언장(Holograph Will)이라 불리는 이런 메모 역시 법적 효력을 인정받으려면 법원의 검증을 거쳐야 합니다. 이번 장에서는 윤씨 어르신의 사례를 통해, 겉보기엔 사소해 보이는 메모 한 장이 어떤 상황에서 진정한 유언으로 인정될 수 있는지 다양한 판례를 통해 알아보겠습니다.

윤씨 어르신의 마지막 흔적: 밴쿠버와 서울을 잇는 메모

캐나다 밴쿠버에 거주하시던 80대 초반의 윤씨 어르신은 평생을 성실하게 살아오신 1세대 이민자였습니다. 최근 갑작스러운 말기 암 진단을 받으시고 투병 중이셨지만, 정신만은 또렷했습니다. 그는 자신의 마지막을 정리하며 가장 중요한 재산인 밴쿠버의 집과 고향 서울에 있는 작은 아파트의 상속에 대해 고민하고 있었습니다.

어느 날, 윤씨 어르신은 거실 테이블에 앉아 손으로 직접 한글로 된 메모를 작성하기 시작했습니다. 장남인 준호 씨에게 보내는 편지 형식으로, "내 밴쿠버 집은 준호 네가 갖고, 서울 아파트는 수미(딸)에게 주거라. 남은 재산은 너희 남매가 공평하게 나누고…"라고 적었습니다. 그는 메모의 마지막에 자신의 이름 석 자를 또렷이 쓰고 서명했습니다. 윤씨 어르신은 이 메모만으로도 자신의 뜻이 충분히 전달될 것이라고 믿었습니다. 따로 변호사를 찾아가거나 증인 앞에서 정식으로 유언장을 작성하지 않았습니다.

하지만 어르신이 세상을 떠나고 얼마 뒤, 이 메모를 발견한 준호 씨와 수미 씨는 깊은 고민에 빠졌습니다. 아버지의 마지막 뜻임은 분명했지만, 과연 이 메모가 법적으로 유효한 유언(Testamentary Disposition)으로 인정받을 수 있을지 불투명했습니다. 특히 캐나다와 한국 양쪽에 있는 부동산에 이 메모의 효력이 미칠 수 있을지 의문이었습니다.

자필 유언장(Holograph Will)의 조건: '내 손으로 직접 쓴' 유언의 힘

캐나다의 상속법은 손으로 작성한 메모도 예외적으로 유효한 유언으로 인정하는데, 이를 자필 유언장(Holograph Will)이라고 합니다.

자필 유언장이란 유언자가 본인의 필체로 전부 작성하고, 본인이 직접 서명한 유언장을 말합니다. 일반적인 유언장과 달리 증인의 입회나 서명이 필요 없다는 점이 가장 큰 특징입니다.

이러한 자필 유언장이 인정되는 이유는, 유언자 본인의 필체로 모든 내용이 작성되었다는 사실 자체가 위조나 강요의 가능성을 낮추는 강력한 증거가 되기 때문입니다. 급박한 상황에서 정식 유언장을 작성하기 어려운 경우에도 고인의 마지막 뜻을 존중하기 위한 제도라고 할 수 있습니다.

스티커 메모, 맥도날드 냅킨, 그리고 봉투 속 메모: 법정에서 유언으로 인정받다

캐나다 법원은 때로는 놀라울 정도로 다양한 종류의 글을 자필 유언(Holographic Will)으로 인정하기도 합니다.

1. 스티커 메모 유언: Dalla Lana Estate 사건

앨버타 주에서 발생한 Dalla Lana Estate (Re), 2020 ABQB 135 사건은 자필 유언장에 담긴 고인의 의사를 우선시한 대표적인 사례입니다.

Dalla Lana 씨는 1997년에 정식 유언장을 작성했습니다. 그런데 사망 4일 전, 그는 두 장의 스티커 메모지에 손글씨로 기존 유언장을 거의 전면 수정하는 내용의 유언을 작성했습니다. 그리고 본인이 서명하였고 아들이 증인으로 서명하였습니다.

앨버타 주의 Wills and Succession Act, Section 16은 자필 유언장을 "유언자 본인의 필체로 전체가 작성되고, 증인 없이 유언자가 서명한 문서"로 규정하고 있습니다.

법원은 이 스티커 메모가 자필 유언장(Holograph Will)의 요건을 모두 충족하였다고 판단했습니다. 모든 내용이 Dalla Lana 씨 본인의 필체로 작성되었고, 그가 직접 서명했으며, 스티커 메모의 내용이 기존 유언장을 완전히 대체하려는 확정적이고 최종적인 의사(Fixed and Final Expression of Intention)를 담고 있다고 보았습니다.

그 결과, 이 스티커 메모는 1997년의 정식 유언장을 철회하는 새로운 유언으로 인정받았습니다.

2. 맥도날드 냅킨 유언: Gust v. Langan 사건

더욱 흥미로운 사건은 서스캐처원주에서 발생한 Gust v. Langan, 2020 SKQB 42 사건입니다.

랑간 씨는 맥도날드에서 식사를 하던 중 심장마비 증상을 느꼈습니다. 그는 급히 얇은 갈색 종이 냅킨에 펜으로 "론 랑간, 데니스 랑간, 샤론 랑간... 내 재산을 공평하게 나누어라, 아버지 필립 랑간"이라고 적었습니다. 그리고 이 냅킨을 딸 샤론에게 건네며 "이것이 내 유언이다. 만약 나에게 무슨 일이 생기면 이것을 보관해라"라고 말했습니다.

랑간 씨가 사망한 후, 자녀들 사이에서 이 냅킨 유언의 효력을 두고 분쟁이 발생했습니다. 법원은 이 냅킨 유언을 유효한 자필 유언장(Holograph Will)으로 인정했습니다.

법원이 주목한 것은 랑간 씨가 심장마비를 의심했던 긴박한 상황, 냅킨을 딸에게 즉시 전달하며 했던 말("이것이 내 유언이다"), 그리고 재산 분배에 대한 명확한 지시였습니다. 이러한 정황들이 그의 확정적이고 최종적인 유언 의사를 충분히 보여준다고 판단한 것입니다.

3. '변호사와 상의해야 함' 문구가 있어도 유효? Ludlow v. Clubbe 사건

온타리오주의 Ludlow v. Clubbe, 2019 ONSC 941 사건은 미완성처럼 보이는 메모도 자필 유언장으로 인정될 수 있음을 보여주는 사례입니다.

루들로우 씨는 정식 유언장이 있었습니다. 그런데 사망 후 봉투 안에서 자필 메모가 발견되었습니다. 이 메모에는 특정 딸이 별장 지분에서 제외된 것을 보상하기 위해 현금을 받도록 한다는 내용이 적혀 있었고, 마지막에는 "이 변경 사항에 대해 테리 프레이저(변호사)를 만나야 함 KRL"이라는 문구가 쓰여져 있었습니다.

다른 자녀는 이 문구를 근거로 메모가 단지 유언 변경에 대한 '고인의 생각'일 뿐 최종적인 유언이 아니라고 주장했습니다.

그러나 법원은 이 메모를 유효한 자필 유언장 보충서(Holograph Codicil)로 인정했습니다. 법원은 메모의 형식(자필, 날짜, 서명)과 함께 변호사와 이미 별장 소유권 변경에 대해 논의했던 정황, 그리고 딸에게 현금 보상을 하려는 확고한 의사 등을 종합적으로 고려했습니다.

특히 법원은 '변호사와 상의해야 함'이라는 문구를 오히려 변호사가 진행 중이던 별장 소유권 변경 절차를 중단하고 현금 보상으로 대체하겠다는 최종 의사로 해석할 수 있다고 보았습니다.

윤씨 어르신의 메모, 과연 유효할까?

이제 윤씨 어르신의 상황에 적용해보겠습니다.

윤씨 어르신은 메모를 직접 한글로 작성했고 서명했습니다. 이 부분은 자필 유언장(Holograph Will)의 형식적 요건을 충족할 가능성이 높습니다. 핵심은 그의 확정적이고 최종적인 유언 의사가 메모에 반영되어 있는가 하는 점입니다.

우선, 윤씨 어르신은 말기 암 진단으로 투병 중이셨지만, 정신은 또렷했다고 하니 유언 능력(Testamentary Capacity)과 관련해서는 문제가 없을 것으로 보입니다.

"내 밴쿠버 집은 준호 네가 갖고, 서울 아파트는 수미에게 주거라. 남은 재산은 너희 남매가 공평하게 나누고…"라는 문구는 재산 분배에 대한 명확한 지시를 담고 있습니다. 또한, '내가 죽으면 이건 이렇게…'라는 어르신의 평소 생각도 유언 의사를 뒷받침하는 정황 증거가 될 수 있습니다.

밴쿠버와 서울에 있는 재산을 명확히 언급한 것은 그의 유언이 포괄적이며 최종적인 재산 처분 의사를 담고 있음을 시사합니다. 캐나다 법원은 유언의 언어보다는 그 내용과 유언 의사를 중요하게 보기 때문에, 한글로 작성된 유언이라고 해서 무조건 무효가 되는 것은 아닙니다. 다만, 법적 절차를 위해서는 전문 번역가의 번역문이 첨부되어야 합니다.

윤씨 어르신의 메모는 자필 유언장으로 인정될 여지가 충분하지만, 법적 다툼의 소지를 안고 있습니다. '변호사를 만나지 않았다'는 점이 '아직 최종적인 결정이 아니었다'는 반박의 빌미가 될 수도 있습니다.

유언의 진정성을 위한 노력

윤씨 어르신의 사례는 고인의 마지막 뜻을 존중하고자 하는 법원의 노력을 보여주지만, 동시에 비정형적인 유언이 얼마나 많은 불확실성과 분쟁을 야기할 수 있는지를 일깨워줍니다. 아무리 명확하다고 생각하는 유언이라도, 법적 형식을 갖추지 않으면 그 효력을 다투는 과정에서 가족 간의 불화와 막대한 비용이 발생할 수 있습니다.

사례 15

영어 구사에 어려움을 겪는 이민자 부부 (Immigrant Couple with Limited English Proficiency)

최씨 부부는 캐나다에 이민 온 지 오래되었지만, 여전히 영어로 된 법률 용어와 문서 이해에 어려움을 겪고 있습니다. 장차 건강이 악화되어 의사 결정 능력이 저하되거나 상실되는 상황에 대비해, 본인들의 의사가 정확히 반영된 '대리인 계약서(Representation Agreement)'와 '지속적인 위임장(Enduring Power of Attorney)'을 준비하고자 합니다.

언어의 장벽을 넘어, 우리 부부의 미래를 지키는 지속적인 위임장과 대리인 계약서

최씨 부부의 고민: 언어의 장벽, 그리고 불확실한 미래에 대한 두려움

캐나다 밴쿠버에 거주하는 70대 초반의 최씨 부부는 이민 후 캐나다를 제2의 고향으로 여기며 평온한 노년을 보내고 있었습니다. 그럼에도 한국에서 태어나고 자란 부부에게 영어로 작성된 법률 용어와 문서는 여전히 높은 장벽으로 다가왔습니다.

최근 지인 한 분이 갑작스러운 건강 악화로 의사결정 능력을 잃고 자녀들이 큰 어려움을 겪는 모습을 보면서 부부의 불안은 커져만 갔습니다.

"만약 우리에게도 그런 일이 생기면 어떻게 될까? 우리가 원하는 치료를 받고, 우리가 평생 일군 재산이 우리의 뜻에 따라 안전하게 관리될 수 있을까?"

부부는 자신의 의사가 반영된 지침서(Instructions)를 미리 준비하기 위해 변호사를 찾아갔습니다.

의사결정 능력 상실에 대비하는 지혜로운 도구들

변호사는 차분하게 설명했습니다. "어르신 스스로 의사결정을 내릴 수 없게 될 때를 대비해 (1) 지속적인 위임장(Enduring Power of Attorney)과 (2) 대리인 계약서(Representation Agreement)를 준비할 수 있습니다."

1. 지속적인 위임장 (Enduring Power of Attorney)

지속적인 위임장(Enduring Power of Attorney)은 위임인(Principal)이 수임인(Attorney)에게 재정(Financial) 및 법적(Legal) 사무를 처리할 권한을 맡기는 문서입니다. 가장 큰 특징은 위임인이 장차 의사결정 능력을 잃더라도 문서의 효력이 계속 유지된다는 점입니다.

일반 위임장(Power of Attorney)은 위임인이 의사결정 능력을 상실하면 효력이 사라집니다. 반면 지속적인 위임장은 무능력(Incapacity) 상태 이후에도 효력이 유지됩니다. 최씨 부부가 이를 미리 작성해 두면, 수임인이 은행 업무, 부동산 거래, 투자 등 재정 관련 일을 처리할 수 있는 권한을 갖게 됩니다.

수임인의 권한은 원칙적으로 재정 및 법적 사무에 한정됩니다. 따라서 의료 치료나 거주지 결정 등 건강 및 개인 돌봄에 관한 사항은 포함되지 않습니다.

지속적인 위임장은 필요에 따라 범위를 넓게 정할 수도 있고, 특정 자산이나 기간으로 제한할 수도 있습니다. 금융기관이 제공하는 위임장 양식은 대체로 권한 범위가 금융거래로 제한되어 있습니다.

작성 요건도 엄격합니다. 위임인은 만 19세 이상이어야 하며, 위임인이 서명·날짜를 기재하고 원칙적으로 두 명의 증인 앞에서 서명해야 합니다. 다만 증인 중 한 명이 BC주 변호사 또는 공증인이라면 증인 1명으로도 가능합니다(Power of Attorney Act, Sections 10, 16(1), 16(4)). 2023년 1월 1일부터는 일정 요건을 충족하는 경우 원격 증인(Remote Electronic Witnessing)도 가능합니다(Power of Attorney Act, Section 17.1).

조건부 위임장(Springing Power of Attorney)도 작성할 수 있습니다. 이는 위임장이 작성 즉시 효력을 갖는 것이 아니라, 위임인이 의사결정 능력을 상실하는 등 특정 사건이 발생했을 경우에만 효력을 갖도록 설정한 위임장입니다. 다만 효력 발생 요건인 '무능력(Incapacity)' 시점을 입증해야 하는 어려움이 있음으로, 무능력 판단 기준(예: 의사 진단서)이 무엇인지를 위임장에 명확히 명시하는 것이 중요합니다.

가장 신중해야 할 부분은 '누구를 수임인(Attorney)으로 선정할 것인가' 입니다. 신뢰할 수 있고 책임감 있는 사람을 선택해야 합니다. 만약, 여러 명의 수임인(Multiple Attorneys)을 지정할 경우, 위임장에 이들이 단독으로 행동할지, 아니면 만장일치로 행동해야 할지 명확히 명시해야 합니다. 명시되지 않으면 만장일치로 행동하게 됩니다(Power of Attorney Act, Section 18(5)). 주 수임인이 역할을 할 수 없게 될 경우를 대비해 예비 수임인(Alternate Attorney)을 지정해 두는 것도 좋습니다. 비거주자를 수임인으로 두는 경우에는 세금·관할권 문제로 이어질 수 있어 주의해야 합니다.

수임인은 위임인의 최선의 이익(Best Interests)을 위해 행동해야 하며, 이해 상충(Conflict of Interest) 상황을 피해야 하는 신의성실의 의무(Fiduciary Duty)를 가집니다(Power of Attorney Act, Section 19). 수임인은 자신의 자금과 위임인의 자금을 혼합해서는 안 됩니다(Power of Attorney Act, Section 19(4)). 수임인은 유언장을 작성·변경·철회할 권한이 없으며 (Power of Attorney Act, Section 21), 업무 처리 내역을 정확히 기록하고 필요 시 보고해야 합니다(Power of Attorney Regulation, Section 2).

지속적인 위임장은 위임인의 사망, 위임장의 철회, 수임인의 사임, 또는 법에서 정한 사유가 발생하면 종료됩니다(Power of Attorney Act, Section 29). 위임장이 변경 또는 철회되는 경우에는 각 수임인에게 서면으로 통지해야 합니다(Power of Attorney Act, Section 28).

유언장을 작성하기 위해 변호사를 찾아갈 때, 지속적인 위임장(Enduring Power of Attorney)도 함께 준비하면 좋습니다.

내일의 안심: 지속적인 위임장 (EPOA) 가이드

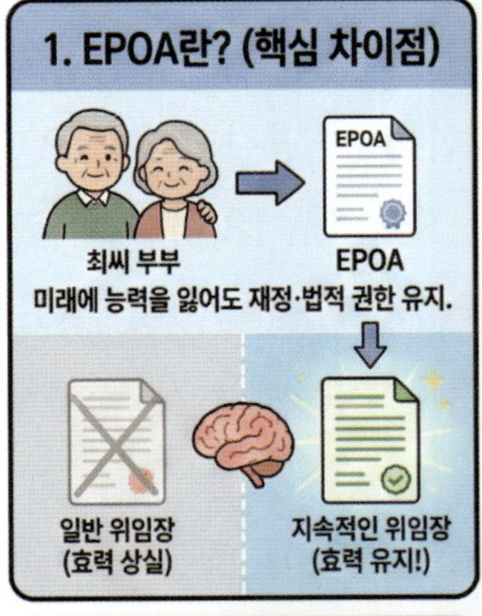

2. 대리인 계약서 (Representation Agreement)

대리인 계약서는 성인(Adult)이 대리인(Representative)에게 자신의 건강관리(Health Care) 및 개인 돌봄(Personal Care)과 관련된 의사결정 권한을 부여하는 문서입니다. 경우에 따라서는 일상적인 재정 관리(Routine Management of the Adult's Financial Affairs) 권한까지 함께 부여할 수 있습니다.

대리인 계약서는 크게 두 유형으로 구분됩니다.

먼저, **표준 대리인 계약서(Standard Representation Agreement, Section 7)**는 의사결정 능력이 일부 저하되어 복잡한 법적 개념을 완전히 이해하기 어려운 경우에도 작성할 수 있는 문서입니다. 이 계약서에 따라 대리인은 성인(Adult)의 식사, 복장, 주거지 선택 등 개인적 돌봄에 필요한 사항은 물론, 수술 동의나 약물 투여 등 주요 건강관리(Major Health Care) 및 경미한 건강관리(Minor Health Care)와 관련된 사항에 대해서도 폭넓게 의사결정을 할 수 있습니다. 다만, 연명치료 거부(Refuse Life-Supporting Care or Treatment)와 같은 중대한 결정은 할 수 없습니다(Representation Agreement Act, Section 7(2.1)).

또한 표준 대리인 계약서에는 일상적인 재정 관리(Routine Management of Financial Affairs)와 관련된 권한도 부여할 수 있는데, 관련 규정은 그 범위를 매우 구체적으로 정하고 있습니다. 예컨대 연금 수령, 공과금 납부, 기존 대출의 갱신 등은 허용되지만, 신규 대출, 부동산 매매, 신규 신용카드 발급 등은 불가합니다(Representation Agreement Regulation, Section 2).

만약 표준 대리인 계약서에 이러한 일상적인 재정 관리 권한을 포함시킬 경우, 대리인의 권한 남용을 방지하기 위해 반드시 별도의 감독관(Monitor)을 지정해야 합니다. 다만 대리인이 배우자이거나 신탁회사인 경우, 또는 두 명 이상의 대리인이 만장일치로 결정하도록 설정한 경우에는 감독관 선임 의무가 면제될 수 있습니다.

비표준 대리인 계약서(Non-Standard Representation Agreement, Section 9)는 보다 포괄적이고 중대한 권한을 위임하기 위한 유형으로, 작성 시 성인(Adult)은 계약의 성격과 그 법적 효과를 충분히 이해할 수 있는 정신적 상태여야 합니다. 대리인은 성인이 회복 불가능한 상태에 빠졌을 때 연명 치료를 거부(Refuse Life-Supporting Care or Treatment)하거나 중단할 수 있는 권한을 가질 수 있으며, 성인의 안전을 위해 필요한 경우 신체적 구속 또는 특정 인물과의 접촉을 제한하는 결정까지도 내릴 수 있습니다.

대리인은 의사결정을 함에 있어 성인의 현재 의사를 확인하기 위해 노력해야 하며, 그것이 불가능한 경우에는 성인이 의사결정 능력이 있었을 때 표현했던 지시(Instructions)나 의사(Wishes)를 따라야 합니다. 그마저도 확인이 어렵다면, 그동안 알려진 신념(Beliefs)과 가치관(Values)에 근거하여 성인의 최선의 이익(Best Interests)을 위해 행동해야 합니다(Representation Agreement Act, Section 16).

꼭 기억하세요!

만약, 대리인 계약서(Representation Agreement)의 재정 관련 조항(Provisions Regarding Financial Affairs)이 지속적인 위임장(Enduring Power of Attorney)의 조항과 충돌할 경우, 지속적인 위임장이 우선합니다 (Power of Attorney Act, Section 40).

따라서 두 문서를 함께 작성할 때는 전문가의 도움을 받아 내용이 서로 충돌하지 않도록 조율해야 합니다.

요약하자면, 재산 관리는 지속적인 위임장(Enduring Power of Attorney)으로, 건강 및 개인 돌봄은 대리인 계약서(Representation Agreement)로 준비할 수 있습니다.

나를 위한 든든한 결정:
대리인 계약서 알아보기

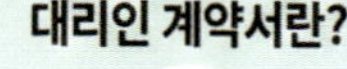

대리인 계약서란?

성인이 대리인에게 건강 및 개인 돌봄 의사결정 권한을 부여.
경우에 따라 일상적 재정 권한도 포함.

유형 1: 표준 대리인 계약서
(Section 7)

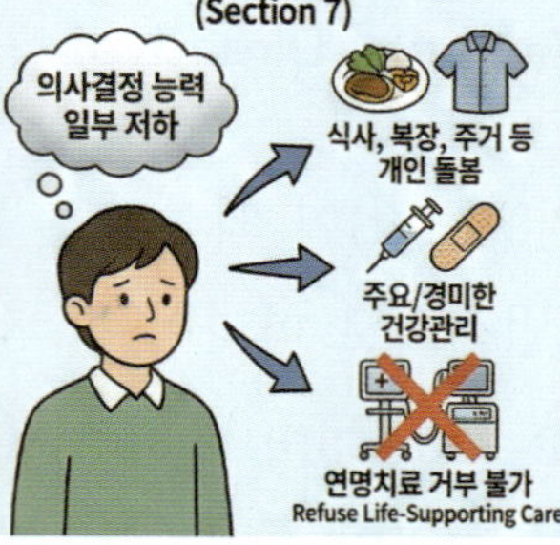

복잡한 개념 이해 어려워도 작성 가능.
폭넓은 일상 결정.
단, 연명치료 거부 등 중대 결정 불가.

표준형의 재정 권한 & 감독관

일상적 재정 관리만 구체적 허용.
권한 남용 방지 위해 감독관 지정 필수
(예외 있음).

유형 2: 비표준 대리인 계약서
(Section 9)

계약의 법적 효과 충분히 이해해야 함.
포괄적이고 중대한 권한 위임 가능.

대리인의 의사결정 기준
(순서대로)

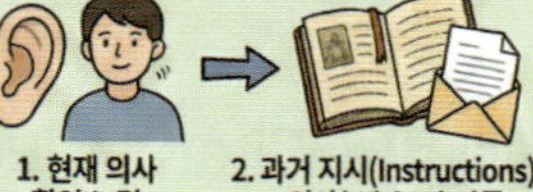

현재 의사 우선, 불가능 시 과거 표현,
그마저 없으면 최선의 이익 고려.

꼭 기억하세요!
(중요 & 요약)

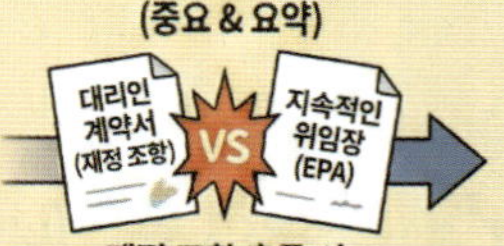

재정 조항 충돌 시,
지속적인 위임장(EPA)이 우선!
(전문가 조율 필요)

재산 관리 =
지속적인 위임장 (EPA)

건강/개인 돌봄 =
대리인 계약서 (RA)

두 가지로 나누어 준비하세요!

 사전 의료 지침서(Advance Directive)와 생전 유언(Living Wills)

대리인 계약서(Representation Agreement) 외에도, 건강 관리에 대한 자신의 의사를 미리 밝힐 수 있는 문서들이 있습니다.

1. 사전 의료 지침서(Advance Directive)

사전 의료 지침서는 성인(Adult)이 의사결정 능력을 상실했을 때 의료진(Healthcare Provider)이 법적으로 따라야 할 지침서를 제공하는 문서입니다(Health Care (Consent) and Care Facility (Admission) Act, Sections 19.1 to 19.91). 이 지침서는 성인이 특정 의료 행위에 대한 동의를 거부하는 등 구체적인 지침을 담을 수 있습니다. 대리인 계약서와 마찬가지로 두 명의 증인 앞에서 서명해야 합니다.

2. 생전 유언(Living Will) 및 개인 선언서(Personal Declaration)

일부 사람들은 법적 구속력이 있는 사전 의료 지침서 대신, 존엄한 죽음을 맞이하고자 하는 자신의 소망을 담은 생전 유언(Living Will) 또는 개인 선언서(Personal Declaration)를 작성하기도 합니다. 이는 의료진에게 법적으로 구속력을 가지지는 않지만, 자신의 의사를 전달할 수 있는 중요한 수단이 될 수 있습니다.

꼭 기억하세요!

사전 의료 지침서(Advance Directive)와 대리인 계약서(Representation Agreement)의 내용이 충돌할 경우, 대리인 계약서가 우선하는 것으로 간주될 수 있습니다(Health Care (Consent) and Care Facility (Admission) Act, Section 19.3). 다만, 대리인 계약서에 해당 사안은 사전 의료 지침서에 따라 결정하도록 명시되어 있을 경우, 사전 의료 지침서가 우선합니다.

계획이 없을 때: 임시 대리 결정권자와 후견인 지정

만약 지속적인 위임장이나 대리인 계약서를 준비하지 못한 상태에서 의사결정 능력을 상실했다면 어떻게 될까요? 이때는 법에서 정한 절차에 따라 임시 대리 결정권자(Temporary Substitute Decision-Maker, TSDM) 또는 후견인(Committee)이 지정될 수 있습니다.

임시 대리 결정권자(TSDM)

성인(Adult)이 의사결정 능력을 상실하였고 대리인 계약서나 후견인이 없는 경우, 의료진은 Health Care (Consent) and Care Facility (Admission) Act, Section 16에 따라 임시 대리 결정권자(Temporary Substitute Decision Maker, TSDM)를 선정할 수 있습니다. 배우자, 자녀, 부모, 형제자매 등 법으로 정해진 순위에 따라 선정되며, 이들은 성인의 최선의 이익(Best Interests)을 위해 결정을 내려야 합니다.

후견인 지정(Nomination of Committee)

성인(Adult)이 재산 또는 본인 관리에 완전히 무능력(Incapacity)하다고 판단되면, 법원은 Patients Property Act에 따라 후견인(Committee)을 선임할 수 있습니다. 성인이 미리 후견인을 지명해 두었더라도 법원은 이를 참고할 수 있지만, 반드시 따라야 하는 것은 아닙니다. 후견인 선임은 법원 절차를 거쳐야 하므로 상당한 시간과 비용이 들 수 있습니다.

가족 간 분쟁이 있거나 적절한 후견인을 찾기 어려운 경우에는, 공공 후견인 및 수탁자(Public Guardian and Trustee)가 재산 후견인으로 선임될 수 있습니다.

임시 대리 결정권자나 후견인 지정은 법이 정한 '최후의 수단'입니다. 이들은 본인의 의사를 정확히 반영하기 어려울 수 있으며, 가족 간의 갈등으로 이어질 수 있습니다. 최씨 부부처럼, 미리 지속적 위임장과 대리인 계약서를 작성하여 자신의 의사를 분명히 남겨 두는 것이 가장 바람직합니다.

사례 16

한인 가족 사업체의 주식 평가 (Valuation of a Korean Immigrant Family Business)

김씨 가족은 밴쿠버 코리아타운에서 30년 넘게 '김가네 한정식'을 성공적으로 운영해왔습니다. 창업주 김 할아버지가 갑작스럽게 세상을 떠나시면서, 식당의 법인 주식은 사망 시점에 처분된 것으로 간주되어 양도소득세가 부과되었습니다. 이에 따라 주식의 정확한 가치 평가와 이를 둘러싼 사후 절세 전략이 시급한 과제가 되었습니다.

사망 시 간주 처분으로 발생하는 양도소득세, 어떻게 계산할까?

캐나다 밴쿠버 코리아타운에서 30년 넘게 '김가네 한정식'을 성공적으로 운영해온 김 할아버지가 갑작스럽게 세상을 떠나셨습니다. 식당 사업체는 물론 밴쿠버의 주택, 캐나다 내 금융자산, 그리고 한국에 있는 아파트와 토지까지, 한국의 상속세와 캐나다의 양도소득세를 어떻게 신고하고 납부할지 고민이 깊어졌습니다. 가족은 상속법 및 세무 전문가인 박 변호사를 찾아갔습니다.

박 변호사는 김 할아버지의 사망으로 인해 발생할 수 있는 여러 세금 문제들을 차분히 설명하기 시작했습니다. "캐나다에서는 개인이 사망하면, 보유하고 있던 전 세계 자본 자산(Capital Property)을 사망 직전에 공정시장가치(Fair Market Value)로 처분한 것으로 간주합니다. 이로 인해 발생한 양도소득의 50%가 과세 대상이며, 여기에 고인의 한계세율(Marginal Tax Rate)을 곱해 양도소득세를 부과합니다."

 자산 유형에 따라 달라지는 양도소득세

박 변호사는 김씨 가족이 보유한 자산들을 유형별로 분류하여, 각각 양도소득세가 어떻게 부과되는지 설명했습니다.

자본 자산(Capital Property)에 대한 양도소득세

김가네 한정식 건물(Building)과 토지(Land)는 자본 자산(Capital Property)으로 분류됩니다. 이러한 자산들은 공정시장가치(Fair Market Value)로 처분된 것으로 간주되어 양도소득세가 부과됩니다.

양도소득세는 담보 제공 시 최대 10년간 분할하여 납부(Installment Payments)할 수 있습니다(Income Tax Act, Sections 70(5)(a) and 159(5)).

양도손실(Capital Loss)은 사망 연도의 소득이나 사망 전년도의 소득에 소급 적용할 수 있습니다(Income Tax Act, Section 111(2)).

감가상각 자본 자산(Depreciable Capital Property)에 대한 양도소득세

식당의 주방 설비(Equipment)나 차량(Vehicle)과 같은 감가상각 대상 자산(Depreciable Property)은 사망 시점에 공정시장가치로 간주 처분된 것으로 봅니다. 그 결과, 과거에 공제받았던 감가상각비가 다시 소득(Income)으로 환수(Recapture)될 수 있습니다.

예를 들어, 주방 설비를 $50,000에 구입한 후 감가상각비로 $20,000를 공제받아 사망 당시 미상각잔액(Undepreciated Capital Cost, UCC)이 $30,000였다고 가정해 보겠습니다. 사망 시점의 공정시장가치가 $70,000이라면, 과거 공제받은 감가상각비가 먼저 환수됩니다. 즉, $20,000는 환수되어 소득으로 과세되고 취득원가를 초과한 금액($20,000 = $70,000 - $50,000)은 양도소득으로 잡혀 50%가 과세됩니다.

반대로 사망 시점의 공정시장가치가 미상각잔액(UCC)보다 낮을 경우, 그 차액은 최종손실(Terminal Loss)로 공제받을 수 있습니다. 예컨대, 차량을 $30,000에 구매해 감가상각비로 $10,000를 공제받아 사망 당시 미상각잔액이 $20,000라고 가정한다면, 사망 시 공정시장가치가 $15,000라면 간주 처분을 반영하고도 미상각잔액이 $5,000 남게 됩니다. 만약 해당 그룹(Class 10 또는 Class 10.1)에 다른 자산이 없다면, $5,000는 최종손실로 처리되어 고인의 최종 소득세에서 공제됩니다.

주거용 부동산(Principal Residence)에 대한 양도소득세

김 할아버지께서 사시던 밴쿠버 주택은 '주 거주지 면제(Principal Residence Exemption)' 덕분에 양도소득세의 전부 또는 일부를 공제받을 수 있습니다(Income Tax Act, Section 40(2)(b)).

부부가 공동명의(Joint Tenants)로 등록되어 있는 경우, 생존 배우자에게는 '배우자 롤오버(Spousal Rollover)' 규정이 자동으로 적용됩니다. 배우자는 고인의 지분을 공정시장가치가 아닌 원래 취득원가(Original Cost Base)로 상속받게 되어 양도소득세가 이연(Deferral) 됩니다(Income Tax Act, Section 40(4)).

가족 농장 및 어업 자산(Family Farm and Fishing Properties)과 RRSP에 대한 양도소득세

농장이나 어업 관련 자산은 배우자뿐만 아니라 자녀에게 상속하는 경우에도 롤오버(Rollover) 혜택을 받을 수 있습니다(Income Tax Act, Section 70(9)).

등록 은퇴 저축 계좌(RRSP)는 사망 직전 모두 공정시장가치로 수령된 것으로 간주되어 고인의 최종 소득세 신고서에 100% 포함됩니다(Income Tax Act, Section 146(8)). 하지만 배우자나 경제적으로 부양하는 자녀 또는 손자녀에게 상속되는 경우, 이 금액은 보험료 환급(Refund of Premiums)으로 간주되어 상속인의 소득으로 과세될 수 있습니다. 이 경우 상속인이 자신의 RRSP로 자금을 이체하면 세금을 다시 유예할 수 있습니다(Income Tax Act, Sections 146(8.9) and 60(l)).

'김가네 한정식' 법인의 주식(Shares) 평가와 양도소득세

김 할아버지가 세상을 떠나시면서, 그가 소유하셨던 김가네 한정식 법인(Private Business Corporation)의 주식(Shares)은 사망 시점에 공정시장가치(Fair Market Value, FMV)로 처분된 것으로 간주합니다(Income Tax Act, Section 70(5)). 주식의 조정된 취득원가(Adjusted Cost Base, ACB)는 일반적으로 처음 주식이 발행되었을 때 법인에 납부했던 납입자본금(Paid-Up Capital, PUC)입니다.

공정시장가치(Fair Market Value)란 무엇인가?

캐나다에서 '공정시장가치'란, 합리적인 구매자와 판매자가 서로 이해관계 없이 자유로운 시장에서 거래할 때 성립되는 가격을 말합니다. 양쪽 모두 자발적으로 거래에 참여하고, 강요받지 않으며, 해당 사업체에 대해 충분히 인지하고 있는 상태여야 합니다.

김가네 한정식 법인의 주식은 '적격 중소기업 주식(Qualified Small Business Corporation (QSBC) Shares)'에 해당할 가능성이 높습니다. 적격 중소기업 주식으로 인정받기 위해서는 세 가지 요건을 충족해야 합니다(Income Tax Act, Section 110.6(1)). 첫째, 주식 처분 시점에 해당 법인이 '중소기업 법인(Small Business Corporation)'이어야 합니다. 즉, 법인 자산의 공정시장가치 중 90% 이상이 캐나다 내에서 영위하는 '적극적 사업(Active Business)'에 사용되어야 합니다. 둘째, 처분 전 24개월 동안 해당 주식이 본인 또는 관련인(Related Person)에 의해서만 소유되어야 합니다. 셋째, 처분 전 24개월 동안 법인 자산의 공정시장가치 중 50% 이상이 캐나다 내 적극적 사업에 사용되어야 합니다.

만약, 모든 요건을 충족할 경우, 김 할아버지는 '평생 양도소득 공제(Lifetime Capital Gains Exemption, LCGE)'를 활용할 수 있습니다.

2025년 기준 1인당 $1,250,000까지 공제가 가능합니다.

양도소득세를 계산하기 위해서는 먼저 주식의 공정시장가치를 평가해야 합니다.

김가네 한정식처럼 비상장 법인의 주식 가치를 평가하기 위해서는 전문 가치평가사(Chartered Business Valuator, CBV)를 선임해야 합니다. 평가사는 사업의 특성, 재무 상태, 그리고 시장 환경을 종합적으로 고려하여 사망 시점의 공정시장가치를 산정합니다.

가치평가사는 사업의 특성에 따라 다양한 서류를 검토합니다. 김가네 한정식의 경우, 다음과 같은 서류가 필요할 수 있습니다.

- 지난 5년간의 연간 재무제표 및 법인세 신고서
- 주식 종류별 내역
- 사업 계획 및 예산
- 월별 경영 보고서
- 과거 사업 가치 평가 보고서
- 자산 감정평가서 (건물, 기계 등)
- 사업 매각 제안서
- 주요 직원 목록 및 조직도
- 비경상적 수익 및 비용 항목 내역
- 주요 고객 및 공급업체 계약서
- 임대 계약서
- 주주 계약서

가치평가는 크게 두 가지 방식 중 하나로 이루어집니다. 첫째, **'지속운영 평가 방식(Going Concern Approach)'**은 사업이 예측 가능한 미래에도 계속 운영될 것이라는 가정하에 이루어지는 평가 방식입니다. 둘째, **'청산 평가 방식(Liquidation Approach)'**은 사업이 청산될 것이라고 가정하며, 사업이 재정적으로 어려움을 겪거나 자산을 최적으로 활용하지 못하는 경우에 사용됩니다. 김가네 한정식은 지속운영 방식으로 평가될 가능성이 높습니다.

어떤 접근 방식을 사용할지는 가치평가사의 재량에 달려 있으며, 일반적으로 지속운영 평가 방식이 청산 평가 방식보다 높은 가치를 산출합니다. '지속운영 평가 방식(Going Concern Approach)' 내에서도 두 가지 주요 평가 방법이 있으며, 사업의 특성과 자산 구성에 따라 하나 또는 둘 다 사용될 수 있습니다.

1. 자산 기반 가치평가(Asset-based Valuation Method)

자산 기반 가치평가는 주로 투자 지주 회사와 같이 자산 보유가 주요 활동인 기업에 적합합니다. 만약 김가네 한정식이 자체 건물과 토지를 소유하고 있거나 고가의 주방 설비를 많이 보유하고 있다면, 이 방법이 전체 또는 부분적으로 적용될 수 있습니다. 특히 부동산 가치가 사업 전체 가치에서 상당한 비중을 차지하는 경우, 이 방법은 중요한 평가 기준이 됩니다.

평가 과정은 먼저 자산을 시장 가치로 재조정하는 것으로부터 시작됩니다. 재무제표의 자산은 일반적으로 기존 취득원가(Historical Cost Base), 즉 최초 취득시의 가격으로 기록되어 있습니다. 그러나 실제 시장 가치는 시간이 지나면서 크게 변동할 수 있습니다. 특히 부동산의 경우 취득 후 수십 년이 지나면 가치가 몇 배로 상승하는 것이 일반적입니다. 따라서 평가사는 전문 감정사를 통해 식당 건물과 토지의 현재 시장 가치를 감정받고, 주방 설비 및 가구의 중고 시장 가치를 조사하며, 재고 자산인 식자재와 주류 등도 현재 가치로 평가합니다.

다음 단계에서는 잠재적 법인 소득세(Recognition of Corporate Income Tax)를 추정하여 차감합니다. 만약 사업체가 이러한 자산의 일부 또는 전부를 실제로 매각한다면, 상당한 양도소득세가 발생할 것입니다. 특히 장부가치와 시장가치의 차이가 클수록 잠재적 세금 부담도 커집니다. 그러나 이 세금은 실제로 자산을 매각하지 않는 한 발생하지 않는 잠재적 부담입니다. 따라서 가치평가사는 재량에 따라 이러한 잠재적 법인 소득세를 일정 비율로 할인하여 차감합니다. 할인율은 세금이 실제로 발생할 가능성, 발생 시기, 세무 계획을 통한 경감 가능성 등을 고려하여 결정됩니다.

김가네 한정식의 자산 기반 평가를 구체적인 예시로 살펴보겠습니다. 김가네 한정식이 보유한 건물과 토지, 주방 설비는 장부에 취득 원가로 기록되어 있지만, 30년이 넘는 기간 동안 밴쿠버의 부동산 가격이 급등했을 것입니다. 토지의 경우 장부가치는 $200,000지만 현재 시장가치는 $1,500,000로 평가될 수 있습니다. 건물은 장부가치 $300,000에서 시장가치 $800,000로, 주방 설비는 장부가치 $100,000에서 시장가치 $150,000로 재조정됩니다. 가구 및 집기는 장부가치 $50,000에서 노후화로 인해 시장가치 $40,000로 하향 조정될 수 있습니다.

가치평가사는 이러한 재조정된 시장 가치를 기준으로 평가를 진행하며, 만약 이 자산들을 매각할 경우 발생할 수 있는 양도소득세와 감가상각(CCA) 환수(Recapture) 등 잠재적 법인 소득세를 계산합니다. 예를 들어, 토지와 건물 매각으로 발생하는 양도소득이 $1,800,000라면, 이에 대한 법인세 부담은 상당할 것입니다. 평가사는 이러한 세금 부담을 고려하되, 실제 발생 가능성에 따라 차감하여 최종 순자산 가치를 산정합니다.

2. 수익 기반 가치평가(Income-based Valuation Methods)

수익 기반 가치평가는 김가네 한정식처럼 지속적으로 운영 수익을 창출하는 식당 사업에 가장 적합하고 널리 사용되는 방법입니다. 이 방법의 핵심 논리는 사업의 가치가 미래에 그 사업이 벌어들일 수 있는 수익에서 나온다는 것입니다. 투자자나 구매자의 관점에서 보면, 사업을 인수하는 것은 곧 미래 수익 흐름을 구매하는 것과 같습니다. 따라서 이 방법은 미래에 사업체가 벌어들일 수 있는 연간 수익을 추정하고, 여기에 적절한 승수(Multiplier) 또는 자본화율(Capitalization Rate)을 적용하여 공정시장가치를 산출합니다.

A. 자본화된 현금 흐름 방식(Capitalized Cash Flow Method)

자본화된 현금 흐름 방식(Capitalized Cash Flow Method)은 캐나다에서 비상장 운영 기업을 평가할 때 가장 일반적으로 사용되는 방법입니다. 이 방법은 사업이 안정적인 수익을 창출하고 있으며, 향후에도 유사한 수준의 수익이 지속될 것으로 예상될 때 특히 적합합니다. 평가는 여러 단계를 거쳐 체계적으로 진행됩니다.

1) 유형 자산 담보 가치(Tangible Asset Backing)

첫 번째 단계는 유형 자산 담보 가치를 결정하는 것입니다. 이는 사업의 유형 자산 시장 가치에서 부채를 뺀 순자산 가치를 의미합니다. 이 수치는 사업 소유와 관련된 재무적 위험을 평가하는 데 중요한 기준이 됩니다. 만약 사업의 유형 자산 담보 가치가 높다면, 사업이 실패하더라도 자산 매각을 통해 상당 부분 회수할 수 있으므로 투자 위험이 낮아집니다. 반대로 유형 자산이 적고 대부분의 가치가 무형 자산이나 영업권에 있다면, 위험은 더 높아집니다.

2) 재량적 현금 흐름(Discretionary Cash Flows)

두 번째이자 가장 중요한 단계는 재량적 현금 흐름을 결정하는 것입니다. 재량적 현금 흐름이란 사업 운영을 위태롭게 하지 않으면서 소유주에게 실제로 분배될 수 있는 세후 연간 수익 금액을 의미합니다. 이는 단순한 회계상 순이익과는 다릅니다. 가치평가사는 여러 조정 과정을 거쳐 사업의 진정한 수익 창출 능력을 도출합니다.

평가사는 먼저 과거 재무제표를 분석합니다. 일반적으로 최근 3년에서 5년간의 재무제표를 상세히 검토하여 수익의 추세와 안정성을 파악합니다. 단일 연도의 실적만으로는 사업의 지속 가능한 수익성을 판단하기 어렵기 때문입니다. 여러 해의 데이터를 분석함으로써 일시적인 변동과 구조적인 추세를 구분할 수 있습니다.

다음으로 비경상적 항목을 조정합니다. 재무제표에는 정상적인 사업 운영과 무관한 일회성 항목들이 포함되어 있을 수 있습니다. 예를 들어, 특정 연도에 발생한 소송 비용이나 보험금 수령, 대규모 설비 수리 비용 같은 것들입니다. 또한 최근 몇 년간 팬데믹으로 인해 식당 업계는 극심한 변동성을 경험했습니다. 가치평가사는 이러한 팬데믹 기간 동안의 비경상적인 실적을 고려하여, 평상시 운영 상태에서의 수익 창출 능력을 추정합니다.

소유주 급여 조정은 특히 중요한 부분입니다. 중소기업, 특히 가족 경영 기업의 경우, 소유주가 세금 최적화나 개인적인 이유로 시장 가치와 다른 급여를 받는 경우가 많습니다. 김 할아버지의 경우, 법인세율과 개인소득세율의 차이를 고려하여 의도적으로 낮은 급여를 받고 배당으로 수익을 가져갔을 수도 있고, 반대로 가족 구성원에게 실제 기여도보다 높은 급여를 지급했을 수도 있습니다. 가치평가사는 이러한 급여를 경제적 급여(Economic Salary), 즉 시장에서 유사한 역할과 책임을 가진 전문 경영인을 고용하는 데 소요되는 비용으로 조정합니다. 이를 통해 사업의 순수한 수익 창출 능력을 정확히 반영할 수 있습니다.

비현금성 비용은 다시 더해집니다. 주방 설비의 감가상각비(Depreciation)와 같은 비용은 회계상으로는 비용으로 처리되지만, 실제로 현금이 유출되지 않는 비현금성 비용입니다. 이미 과거에 자산을 구매할 때 현금이 지출되었고, 감가상각은 그 비용을 여러 해에 걸쳐 배분하는 회계 처리일 뿐입니다. 따라서 현금 흐름을 계산할 때는 이를 다시 더해야 합니다.

반면에 유지 자본 재투자(Sustaining Capital Reinvestment)는 공제해야 합니다. 사업을 현재 수준으로 유지하기 위해서는 지속적인 투자가 필요합니다. 주방 설비의 주기적 교체, 인테리어 리모델링, 냉난방 시스템 개선 등이 여기에 해당합니다. 이러한 투자는 사업을 확장하기 위한 것이 아니라, 현재 수익 수준을 유지하기 위해 반드시 필요한 지출입니다. 따라서 소유주에게 실제로 분배 가능한 현금을 계산할 때는 이를 공제해야 합니다.

마지막으로 미래 사업 전망을 고려합니다. 과거 실적만으로 미래를 완벽하게 예측할 수는 없습니다. 평가사는 코리아타운의 인구 구성 변화와 외식 트렌드의 변화, 새로운 경쟁 업체의 출현 가능성, 식당의 위치와 접근성의 변화 등 외부 환경 요인을 분석합니다. 동시에 김가네 한정식이 30년간 쌓아온 브랜드 가치와 충성도 높은 단골 고객층이라는 강점도 고려합니다. 이러한 요소들이 재무 데이터와 결합되어 미래 수익 가능성에 대한 종합적인 판단이 이루어집니다.

3) 자본화율(Capitalization Rate) 또는 승수(Multiplier) 적용

재량적 현금 흐름을 산출했다면, 다음 단계는 이를 현재 가치로 전환하는 것입니다. 이때 사용되는 것이 자본화율(Capitalization Rate) 또는 그 역수인 승수(Multiplier)입니다. 자본화율은 투자자가 요구하는 수익률을 반영하며, 이는 곧 투자의 위험도와 직결됩니다. 높은 위험은 높은 기대 수익률을 요구하므로 높은 자본화율을 의미하고, 결과적으로 낮은 승수와 낮은 가치로 이어집니다.

가치평가사는 여러 위험 요소들을 체계적으로 분석하여 적절한 자본화율을 결정합니다. 먼저 산업 특유의 위험을 고려합니다. 식당 산업은 일반적으로 진입 장벽이 낮고 경쟁이 치열하며, 소비자 선호도의 변화에 민감합니다. 또한 식재료 가격 변동, 인건비 상승, 경기 변동에 따른 외식 수요 변화 등 여러 불확실성에 노출되어 있습니다. 이러한 산업 전반의 특성은 상대적으로 높은 위험을 내포하며, 따라서 더 높은 수익률을 요구하게 됩니다.

다음으로 사업 특유의 리스크를 평가합니다. 김가네 한정식의 경우 몇 가지 특수한 위험 요소들이 있습니다. 가장 중요한 것은 김 할아버지 개인에 대한 의존도입니다. 그의 경영 능력, 요리 실력, 커뮤니티 내 인맥과 명성이 사업 성공에 얼마나 중요한 역할을 했는지 평가해야 합니다. 만약 사업 성공이 크게 그의 개인적 특성에 기인한다면, 그의 사망으로 인한 부정적 영향이 클 수 있습니다.

소유권 이전에 따른 고객 이탈 가능성도 중요한 고려사항입니다. 단골 고객들이 새로운 소유주나 경영진에게도 동일한 충성도를 보일지는 불확실합니다. 음식의 맛이 달라지거나, 서비스 품질이 변화하거나, 분위기가 바뀌면 일부 고객은 다른 식당으로 옮겨갈 수 있습니다. 핵심 직원들의 유지도 중요합니다. 숙련된 주방장과 주방 직원들, 경험 많은 서빙 직원들이 소유주 변경 후에도 계속 근무할 것인지, 아니면 새로운 기회를 찾아 떠날 것인지는 사업의 지속성에 큰 영향을 미칩니다.

만약 김가네 한정식이 건물을 자가 소유하고 있다면 이는 위험을 낮추는 요소가 됩니다. 임대 계약의 경우 계약 만료 시 갱신이 보장되지 않으며, 임대료 인상의 위험도 있기 때문입니다. 자가 소유는 이러한 불확실성을 제거하고 장기적 안정성을 제공합니다.

이러한 모든 위험 요소들을 종합적으로 고려하여, 가치평가사는 적절한 자본화율 또는 승수를 결정합니다. 이 과정은 과학이라기보다는 예술에 가깝습니다. 유사한 거래 사례, 산업 벤치마크, 평가사의 경험과 전문적 판단이 모두 작용합니다. 같은 사업을 평가하더라도 평가사에 따라 다소 다른 자본화율을 적용할 수 있으며, 이는 최종 평가액의 차이로 이어집니다.

4) 공정시장가치(Fair Market Value) 산출

모든 요소를 고려하여 재량적 현금 흐름과 자본화율을 결정했다면, 이제 최종 가치 범위를 산출할 수 있습니다. 가치평가사는 일반적으로 단일 숫자가 아닌 가치 범위를 제시합니다. 왜냐하면 여러 가정과 추정이 포함되어 있고, 각 가정에 따라 결과가 달라질 수 있기 때문입니다.

김가네 한정식의 평가를 구체적인 예시로 살펴보겠습니다. 가치평가사가 과거 재무 데이터를 분석하고 여러 조정을 거쳐, 재량적 현금 흐름을 낮은 추정치 $180,000에서 높은 추정치 $220,000 사이로 산출했다고 가정해 봅시다. 이 범위는 보수적 시나리오와 낙관적 시나리오를 모두 반영합니다. 위험 분석을 통해 승수는 3.5에서 4.0 사이로 결정되었습니다. 낮은 승수 3.5는 더 높은 위험을 반영하고, 높은 승수 4.0은 상대적으로 안정적인 상황을 가정합니다.

이를 곱하면, 낮은 추정치는 $180,000 × 3.5 = $630,000이 되고, 높은 추정치는 $220,000 × 4.0 = $880,000이 됩니다. 따라서 김가네 한정식의 공정시장가치는 $630,000에서 $880,000 사이로 추정될 수 있습니다. 이러한 범위는 최종 세금 신고나 가족 간 자산 분배 시 협상의 기초가 됩니다. 실제 거래에서는 이 범위 내에서 구매자와 판매자의 협상에 따라 최종 가격이 결정되며, 세무 신고 목적으로는 보수적인 접근이 일반적으로 선호됩니다.

5) 영업권(Goodwill)

영업권은 사업 전체의 공정시장가치와 유형 자산 담보 가치의 차이로 정의됩니다. 만약 김가네 한정식의 평가액이 $750,000이고 유형 자산 순가치가 $400,000라면, 영업권은 $350,000입니다. 이 영업권은 눈에 보이지 않는 무형 자산의 가치를 나타내며, 김가네 한정식의 경우 여러 요소들이 이 영업권을 구성합니다.

상업적 영업권(Commercial Goodwill)은 사업 자체의 특성에서 비롯되는 가치입니다. 코리아타운 중심부의 우수한 입지는 높은 유동 인구와 접근성을 보장합니다. 30년간 성공적으로 운영되면서 쌓아온 브랜드 명성은 신뢰와 품질의 상징이 되었습니다. "김가네 한정식"이라는 이름 자체가 커뮤니티 내에서 인지도와 긍정적 이미지를 가지고 있습니다. 충성도 높은 단골 고객층은 안정적이고 예측 가능한 수익을 보장하며, 입소문을 통해 새로운 고객을 유치하는 역할도 합니다.

독특한 한정식 메뉴와 레시피는 경쟁 우위의 원천입니다. 다른 식당에서 쉽게 모방할 수 없는 맛과 품질은 고객들이 김가네 한정식을 선택하는 이유가 됩니다. 또한 오랜 기간 함께 일해온 훈련된 주방 직원들은 일관된 품질을 유지하는 데 필수적입니다. 이들은 단순히 조리 기술뿐만 아니라, 효율적인 주방 운영, 재고 관리, 팀워크 등 사업 운영의 노하우를 체화하고 있습니다.

개인적 영업권(Individual Goodwill)은 김 할아버지 개인의 특성에서 비롯되지만, 다른 사람에게 이전 가능한 가치를 의미합니다. 그의 뛰어난 경영 능력과 요리 실력은 시스템과 매뉴얼로 어느 정도 전수될 수 있습니다. 지역 한인 커뮤니티 내에서의 광범위한 인맥은 사업 네트워크를 형성하고 있으며, 후계자가 이를 일부 승계할 수 있습니다. 개인적 명성과 신뢰는 "김가네 한정식" 브랜드에 내재화되어 있어, 적절한 승계 과정을 거치면 상당 부분 유지될 수 있습니다. 이러한 개인적 영업권이 가족 구성원이나 새로운 경영진에게 얼마나 성공적으로 이전될 수 있는지가 사업 가치에 중요한 영향을 미칩니다.

참고하세요!

캐나다 소득세법(Income Tax Act)상 영업권(Goodwill)은 Class 14.1 자산으로 분류됩니다. Class 14.1에는 영업권뿐만 아니라 특정 지적재산권, 정부가 부여한 쿼터(Quota)와 같은 권리 등 사업의 무형자산도 포함됩니다.

일반적으로 Class 14.1 자산은 감가상각 자산(Depreciable Property)으로서 감가상각(Capital Cost Allowance, CCA) 및 환수(Recapture) 규정이 적용됩니다. 그러나 사망 시에는 Class 14.1 자산에 대해 '특별한 간주 처분 규정(Special Deemed Disposition Provision)'이 적용됩니다. 이 특별 규정은 다음의 경우를 제외하고 적용됩니다: (1) 수익자가 신탁으로부터 Class 14.1 자산을 분배받는데 해당 신탁이 이미 감가상각비(CCA) 공제를 청구한 경우, (2) 적격자본자산(Eligible Capital Property)이 배우자나 사실혼 배우자, 또는 배우자가 통제하는 법인에게 처분되고 그들이 계속해서 사업을 운영하는 경우.

특별 간주 처분 규정이 적용되면, Class 14.1 자산은 취득원가(Capital Cost)와 사망 당시의 미상각잔액(Cost Amount) 중 낮은 금액으로 처분된 것으로 간주됩니다. 이는 결과적으로 Class 14.1 자산이 롤오버(Rollover)되어 양도소득세가 이연되는 것을 의미하며, 피상속인에게 어떠한 소득이나 공제도 발생하지 않습니다.

반면 인적 영업권(Personal Goodwill)은 김 할아버지만의 고유하고 독특한 특성으로 인해 발생하는 가치로, 본질적으로 다른 사람에게 이전될 수 없는 것입니다. 예를 들어, 김 할아버지만이 가진 특별한 요리 감각이나 창의적인 메뉴 개발 능력, 또는 그의 인격적 매력이 고객들을 끌어들이는 핵심 요소였다면, 이는 그의 사망과 함께 사라지는 가치입니다. 이러한 인적 영업권은 가상의 시장에서 거래될 수 없으므로 사업의 공정시장가치에 포함되지 않습니다. 가치평가사는 전체 영업권 중 어느 부분이 상업적 영업권이고, 어느 부분이 개인적 또는 인적 영업권인지를 신중하게 구분해야 합니다.

B. 기타 수익 기반 평가 방법

자본화된 현금 흐름 방식(Capitalized Cash Flow Method) 외에도 여러 다른 수익 기반 평가 방법들이 상황에 따라 사용될 수 있습니다.

자본화된 소득 방식(Capitalized Income Method)은 자본화된 현금 흐름 방식과 기본 구조가 유사하지만, 한 가지 중요한 차이점이 있습니다. 이 방법은 감가상각비 등 비현금성 항목을 소득 계산에서 다시 더하지 않고 그대로 유지합니다. 따라서 회계상의 순이익에 가까운 수치를 기반으로 평가가 이루어집니다. 이 방법은 서비스 업종이나, 현금 흐름보다는 회계적 수익성을 중시하는 경우에 사용될 수 있습니다.

EBITDA 방식(EBITDA Method)은 이자(Interest), 세금(Taxes), 감가상각비(Depreciation), 무형자산상각비(Amortization) 차감 전 이익에 승수(Multiplier)를 적용하는 방법입니다. EBITDA는 기업의 순수한 영업 성과를 나타내는 지표로 널리 사용되며, 특히 자본 구조와 세무 상황의 차이를 배제하고 기업 간 비교를 용이하게 합니다. 이 방법은 식당 체인이나 프랜차이즈 평가에 자주 사용되며, 산업별로 벤치마크 승수가 존재하는 경우에 특히 유용합니다. 예를 들어, 유사한 식당 체인들이 EBITDA의 4배에서 6배 정도에 거래되는 것으로 알려져 있다면, 이를 김가네 한정식의 EBITDA에 적용할 수 있습니다.

수익 기반 방식(Revenue-Based Method)은 연간 매출액에 직접 승수(Multiplier)를 적용하는 가장 단순한 방법입니다. 이 방법은 주로 수익성보다는 매출 규모가 중요한 특정 업종에서 사용됩니다. 일부 식당 업종, 특히 프랜차이즈나 패스트푸드 체인에서는 매출의 일정 배수로 거래되는 관행이 있을 수 있습니다. 그러나 이 방법은 수익성을 직접 고려하지 않으므로, 동일한 매출을 올리더라도 이익률이 크게 다른 사업체들을 정확히 비교하기 어렵다는 한계가 있습니다. 따라서 이 방법은 일반적으로 초기 대략적 평가나 다른 방법과 함께 보조적으로 사용됩니다.

할인 현금 흐름 방식(Discounted Cash Flow Method)은 미래 여러 해

의 현금 흐름을 각각 예측하고, 이를 현재 가치로 할인하여 합산하는 방법입니다. 자본화된 현금 흐름 방식이 미래 현금 흐름이 일정하다고 가정하는 반면, 할인 현금 흐름 방식은 매년 변동하는 현금 흐름을 다룰 수 있습니다. 이 방법은 사업의 성장 단계나 쇠퇴 단계에 있어 매년 수익이 크게 변동할 것으로 예상되는 경우, 또는 사업 기간이 제한적인 경우에 적합합니다. 김가네 한정식의 경우, 만약 임대 계약의 만료가 임박했고 갱신이 불확실하다면, 남은 임대 기간 동안의 현금 흐름만을 할인하여 평가하는 것이 더 적절할 수 있습니다. 또한 소유권 이전 초기에는 고객 이탈로 수익이 감소했다가 점차 회복될 것으로 예상된다면, 이러한 변동 패턴을 반영할 수 있는 할인 현금 흐름 방식이 유용합니다.

이러한 다양한 평가 방법들은 각각의 장단점과 적용 상황이 있습니다. 숙련된 가치평가사는 사업의 특성, 산업 관행, 이용 가능한 데이터, 평가 목적 등을 종합적으로 고려하여 가장 적절한 방법을 선택하거나, 여러 방법을 병행하여 사용한 후 결과를 상호 검증합니다. 김가네 한정식과 같은 안정적인 운영 사업체의 경우, 자본화된 현금 흐름 방식을 주요 방법으로 사용하되, 자산 기반 가치평가로 하한선을 확인하고, 다른 수익 기반 방법들로 결과의 합리성을 검증하는 접근이 일반적입니다.

3. 김가네 한정식 평가 시 특별 고려사항

김가네 한정식의 주식 가치를 평가할 때, 가치평가사와 법률 전문가들은 여러 특수한 상황들을 면밀히 검토해야 합니다. 이러한 고려사항들은 최종 평가액에 상당한 영향을 미칠 수 있으며, 상속인들의 세금 부담과 자산 분배에도 직접적인 영향을 줍니다.

1) 특별 구매자(Special Purchasers)

시장에는 김가네 한정식에 대해 일반 구매자보다 더 높은 가치를 부여할 수 있는 특별 구매자들이 존재할 수 있습니다. 예를 들어, 다른 한식당 체인이나 프랜차이즈 기업은 김가네 한정식을 인수함으로써 상당한 시너지 효과를 얻을 수 있습니다. 30년간 쌓아온 브랜드 인지도, 코리아타운의 우수한 입지, 충성도 높은 고객층은 기존 사업과 결합될 때 더 큰 가치를 창출할 수 있기 때문입니다.

그러나 가치평가사는 이러한 특별 구매자의 존재 여부와 그들이 지불할 의향이 있는 구체적인 가격을 항상 확실하게 결정할 수는 없습니다. 특별 구매자가 실제로 시장에 나타날지, 그들이 얼마나 높은 프리미엄을 지불할 의향이 있는지는 불확실한 요소입니다. 따라서 공정시장가치 평가 시 이러한 특별 구매자의 잠재적 존재를 고려할 수는 있지만, 일반적인 시장 참여자를 기준으로 평가하는 것이 원칙입니다.

2) 소수 지분 할인(Minority Discounts)

김 할아버지의 유산 분배 방식에 따라 소수 지분 할인 문제가 중요하게 부각될 수 있습니다. 만약 자녀들이 각각 소수 지분, 예를 들어 각 25%씩을 물려받는다면, 각 자녀가 받는 주식의 가치를 어떻게 평가할 것인가 하는 문제가 발생합니다. 소수 지분 소유자는 사업 운영에 대한 통제권이 없고, 배당 결정에 영향을 미칠 수 없으며, 주식을 매각하기도 어렵다는 불리한 점이 있습니다. 이러한 불이익을 반영하여 비례 가치(Pro Rata Value)에서 일정 비율을 할인하는 것이 소수 지분 할인입니다.

그러나 캐나다 국세청(CRA)은 가족 또는 그룹 통제(Family or Group Control)가 있는 경우 소수 지분 할인을 적용하지 않는다는 명확한 입장을 취하고 있습니다. 김씨 가족의 경우 자녀들이 함께 회사를 통제할 수 있다면, 세금 목적상 소수 지분 할인을 적용받지 못할 가능성이 높습니다. 하지만 향후 가족법 분쟁이나 유산 분쟁이 발생할 경우, 법원은 이를 다르게 해석할 수 있으며, 실제 시장에서 소수 지분을 매각해야 하는 상황에서는 할인이 현실화될 수 있습니다.

3) 세금(Recognition of Taxes)

주식 가치 평가 시 두 가지 유형의 세금을 고려해야 합니다. 첫째는 법인 소득세(Corporate Income Taxes)입니다. 만약 김가네 한정식이 보유한 건물이나 주방 설비 등의 자산을 매각할 경우, 상당한 양도소득세와 감가상각비(CCA) 환수(Recapture)가 발생할 수 있습니다. 특히 30년 전에 취득한 부동산은 현재 시장가치가 크게 상승했을 가능성이 높아, 잠재적 세금 부담도 상당할 것입니다. 가치평가사는 이러한 잠재적 법인 소득세를 평가액에 반영하되, 실제로 발생하지 않을 수도 있다는 점을 고려하여 일정 비율로 할인하여 적용합니다.

둘째는 분배세(Personal or Distributive Taxes)입니다. 이는 상속인들이 회사에서 현금을 배당금으로 인출하거나, 주식을 제3자에게 매각할 때 발생하는 개인 소득세를 의미합니다. 일반적으로 공정시장가치 계산에는 이러한 분배세가 포함되지 않습니다. 왜냐하면 이는 주식 자체의 가치가 아니라 주주 개인의 세무 상황에 따른 것이기 때문입니다. 그러나 변호사는 평가사에게 분배세 계산을 별도로 요청할 수 있으며, 특히 가족법 분쟁이나 유산 분할 시 이는 중요한 정보가 될 수 있습니다.

이와 관련하여 Sinai v. Mahmoud, 2017 BCCA 155 판례는 중요한 선례를 남겼습니다. 이 판결에서 브리티시컬럼비아(BC)주 항소법원은 법원이 당사자가 직면할 분배세 부담을 고려하지 않는 것은 원칙적인 오류라고 명확히 판시했습니다. 이는 특히 가족법 맥락에서 자산 분할 시, 주식의 명목 가치뿐만 아니라 실제로 현금화했을 때 당사자가 손에 쥘 수 있는 순액을 고려해야 한다는 것을 의미입니다.

4) 잉여 자산(Redundant Assets)

김가네 한정식의 법인 자산 중에는 식당 사업 운영에 직접 필요하지 않은 자산이 포함되어 있을 수 있습니다. 예를 들어, 김 할아버지가 개인적으로 투자 목적으로 구매한 부동산이나 금융 자산을 법인 명의로 보유하고 있을 수 있습니다. 이러한 잉여 자산(Redundant Assets)은 식당 사업의 운영 가치와는 별도로 평가되어야 합니다. 왜냐하면 이들은 식당의 수익 창출 능력과는 무관하며, 시장 가치로 즉시 매각 가능한 자산이기 때문입니다.

또한 숨겨진 잉여(Hidden Redundancy)라는 개념도 있습니다. 만약 김가네 한정식이 최저 수준보다 훨씬 적은 부채를 가지고 있다면, 추가로 부채를 조달하여 현금을 인출할 수 있는 잠재력이 있습니다. 많은 중소기업들이 재무 건전성을 유지하기 위해 낮은 부채 비율을 유지하는데, 이는 역설적으로 즉시 현금화할 수 있는 숨겨진 가치를 의미합니다. 가치평가사는 이러한 재무 구조를 분석하여 적절한 부채 조달 가능성과 그에 따른 가치를 평가에 반영할 수 있습니다.

5) 주주 계약서(Shareholder Agreement)

만약 김가네 한정식에 주주 계약서(Shareholder Agreement)가 체결되어 있다면, 이는 주식 가치 평가에 결정적인 영향을 미칠 수 있습니다. 주주 계약서에는 종종 주식 평가 방법에 관한 구체적인 조항들이 포함되어 있기 때문입니다. 먼저 영업권(Goodwill) 포함 여부를 살펴봐야 합니다. 일부 주주 계약서는 주식 가치 산정 시 영업권을 제외하도록 규정하는데, 이는 평가액에 상당한 차이를 만들 수 있습니다.

소수 지분 할인 적용 여부도 주주 계약서에 명시되어 있을 수 있습니다. 계약서에서 소수 지분 할인을 적용하지 않기로 합의했다면, 앞서 논의한 캐나다 국세청(CRA)의 입장과 관계없이 계약 조항이 우선합니다. 평가 방법론 자체가 계약서에 지정되어 있는 경우도 있습니다. 예를 들어, 특정 승수(Multiplier)를 사용하거나, 특정 기간의 재무 데이터를 기준으로 하거나, 특정 가치평가사를 선임하도록 규정할 수 있습니다.

또한 매수-매도 조항(Buy-Sell Provisions)은 주주의 사망이나 장애 발생 시 주식을 다른 주주나 회사가 매입할 수 있는 권리와 의무를 규정합니다. 이러한 조항이 있다면, 주식의 공정시장가치보다는 계약상 합의된 가격이나 공식이 적용될 수 있습니다. 따라서 가치평가를 시작하기 전에 주주 계약서를 면밀히 검토하여 어떤 조항들이 평가에 영향을 미치는지 파악하는 것이 필수적입니다.

6) 특별 주식(Special Shares)

상속 계획의 일환으로 김 할아버지가 생전에 의결권이나 배당권이 다른 특별 주식(Special Shares)을 발행했을 가능성이 있습니다. 예를 들어, 일부 자녀에게는 의결권 있는 보통주를 주고, 다른 자녀들에게는 고정 배당을 받을 수 있는 우선주를 주는 방식으로 상속 계획을 세웠을 수 있습니다. 이러한 특별 주식 구조는 세금 최적화와 공정한 자산 분배를 위해 자주 사용됩니다.

그러나 특별 주식이 존재하면 가치 평가가 훨씬 복잡해집니다. 각 주식 클래스의 권리와 제한이 다르기 때문에, 전체 회사의 가치를 각 클래스별로 어떻게 배분할 것인가 하는 문제가 발생합니다. 의결권이 있는 주식은 프리미엄을 받아야 하는가? 배당 우선권이 있는 주식은 어떻게 평가해야 하는가? 이러한 질문들에 대한 답은 회사의 재무 상태, 미래 배당 정책, 주주 간 관계 등 다양한 요소를 고려해야 합니다. 가치평가사는 각 클래스의 특성을 면밀히 분석하고, 적절한 평가 방법론을 적용하여 공정한 가치 배분을 도출해야 합니다.

7) 사업 장부(Book of Business) 평가

김가네 한정식은 30년이라는 긴 세월 동안 충성도 높은 고객 기반을 구축해왔습니다. 이러한 단골 고객 목록과 고객 데이터베이스는 사업의 중요한 무형 자산입니다. 정기적으로 방문하는 개인 고객들, 가족 모임이나 행사를 위해 예약하는 단골들, 케이터링이나 단체 예약을 반복적으로 하는 기업 고객들까지, 이 모든 관계는 안정적인 수익 흐름을 보장합니다.

가치평가사는 이러한 고객 포트폴리오의 가치를 평가할 때 여러 요소를 고려합니다. 고객 충성도와 반복 방문율이 높을수록, 그리고 고객 이탈률이 낮을수록 가치는 높아집니다. 또한 소유권 이전 후에도 이러한 고객 관계가 유지될 가능성을 평가해야 합니다. 만약 고객들이 주로 김 할아버지 개인과의 관계 때문에 방문했다면, 그의 사망 후 고객 이탈 위험이 클 수 있습니다. 반면, 고객들이 음식의 질, 서비스, 분위기 등 사업 자체의 특성 때문에 방문했다면, 이러한 가치는 새로운 소유주에게도 이전될 수 있습니다.

이러한 고객 포트폴리오의 가치는 궁극적으로 영업권(Goodwill)의 일부로 평가됩니다. 보험 설계사나 부동산 모기지 중개인과 같은 일부 산업에서는 사업 장부(Book of Business)가 별도로 명시적으로 평가되기도 하지만, 식당 업종에서는 일반적으로 전체 영업권 평가에 통합되어 고려됩니다.

4. 정확한 가치평가가 필요한 이유

김 할아버지의 갑작스러운 사망으로 인한 김가네 한정식 주식의 간주 처분은 가족에게 상당한 세금 부담을 초래할 수 있습니다. 사망 시점의 공정시장가치와 원래 취득원가 사이의 차이에 대해 양도소득세가 부과되며, 이는 최종 소득세 신고서에 반영되어야 합니다. 30년간 운영되어 온 성공적인 사업체의 경우, 자산 가치 상승과 영업권 축적으로 인해 상당한 양도소득이 발생할 가능성이 높습니다.

이러한 상황에서 전문 가치평가사(Chartered Business Valuator, CBV)를 통한 정확한 공정시장가치 평가는 필수적입니다.

가장 먼저, 정확한 평가는 캐나다 국세청(CRA)에 제출할 최종 세금 신고서의 신뢰성을 보장합니다. 부정확한 평가는 추후 세무 감사 시 심각한 문제가 될 수 있습니다. 평가액을 과소 신고하면 벌금과 이자가 발생하고, 과다 신고하면 불필요하게 많은 세금을 납부하게 됩니다. 전문 평가사의 보고서는 국세청(CRA)이 평가액을 검토할 때 신뢰할 수 있는 근거 자료가 됩니다.

둘째, 정확한 평가는 상속인들 간의 공정한 자산 분배를 가능하게 합니다. 여러 자녀가 주식을 상속받는 경우, 각자가 받는 지분의 정확한 가치를 알아야 공평한 분배가 이루어질 수 있습니다. 특히 의결권이나 배당권이 다른 특별 주식 구조가 있거나, 소수 지분 할인 같은 복잡한 문제가 있을 때, 전문적인 평가는 향후 가족 간 분쟁을 예방하는 데 중요한 역할을 합니다.

셋째, 정확한 가치 평가는 상속인들이 중요한 결정을 내릴 때 필요한 정보를 제공합니다. 사업을 가족이 계속 운영할 것인지, 전문 경영인을 고용할 것인지, 아니면 제3자에게 매각할 것인지 결정해야 합니다. 사업의 정확한 가치를 알아야 각 선택지의 재무적 의미를 이해하고 현명한 결정을 내릴 수 있습니다. 또한 매각을 결정한다면, 전문 평가 보고서는 잠재 구매자들과의 협상에서 중요한 출발점이 됩니다.

박 변호사는 김씨 가족에게 신뢰할 수 있는 가치평가사를 조속히 선임할 것을 강력히 권고했습니다. 캐나다 세법에 따라 사망 후 세금 신고 기한이 정해져 있으며, 포괄적인 평가 과정에는 일반적으로 몇 주에서 몇 달의 시간이 소요됩니다. 재무제표 분석, 자산 감정, 시장 조사, 위험 평가 등 여러 단계를 거쳐야 하므로, 가능한 한 빨리 전문가의 도움을 받는 것이 중요합니다.

김가네 한정식의 사후 세무 전략(Post-Mortem Tax Planning)

김 할아버지의 주식 평가가 완료되면, 이제는 사망으로 인해 발생할 수 있는 이중 과세(Double Taxation) 또는 삼중 과세(Triple Taxation) 위험을 최소화하는 전략을 수립해야 합니다.

이중 및 삼중 과세(Double or Triple Taxation)의 위험

캐나다 소득세법상 개인이 사망하면 주식을 공정시장가치로 처분한 것으로 간주되어 1차적으로 양도소득세(Capital Gains Tax)가 발생합니다. 이후 유산(Estate)이 고인의 양도소득세를 납부한 후 주식을 보유하게 되는데, 만약 유산이 법인으로부터 자금을 인출하기 위해 주식을 환매(Share Redemption)하거나 법인을 청산(Liquidation)하게 될 경우, 인출된 자금은 법인 단계에서 주주에게 지급하는 배당금으로 간주(Deemed Dividend)되어 2차적으로 배당소득세(Taxable Dividend)가 부과됩니다. 즉, 동일한 주식에 대해 한 번은 양도소득세로, 한 번은 배당소득세로 이중 과세되는 상황이 발생하는 것입니다.

더 나아가 법인 자체가 보유한 자산(예: 식당 건물)을 처분하여 현금을 마련하는 과정에서 법인세(Corporate Income Tax)가 부과되면, 이는 삼중 과세로 이어집니다.

구체적으로 살펴보겠습니다. 김 할아버지가 30년 전 김가네 한정식 법인을 설립할 때 $100에 주식을 취득하였고, 사망 시점에 주식의 공정시장가치가 $10,000,000라고 가정해봅시다. BC주 최고 한계세율을 적용하면, 사망 시 발생하는 양도소득세는 약 $2,675,000입니다($9,999,900 양도소득 × 50% 과세율 × 53.50% 세율).

유산은 이제 $10,000,000의 취득원가로 주식을 보유하게 됩니다. 유산이 법인에서 자금을 인출하기 위해 주식을 환매(Share Redemption)할 경우, 환매 대금에서 주식의 납입자본금(Paid-Up Capital, PUC)을 초과하는 금액은 세법상 배당금으로 간주됩니다(Deemed Dividend for Tax Purposes). 김 할아버지가 처음 주식을 취득할 때 $100을 납입했다면, 납입자본금(PUC)은 $100이므로, $9,999,900가 간주 배당(Deemed Dividend)이 됩니다.

이 배당금이 적격 배당(Eligible Dividend)으로 과세되면 세율은 39.34%로 $3,934,000의 배당소득세가 발생하고, 비적격 배당(Non-Eligible Dividend)으로 과세되면 세율은 47.74%로 $4,774,000의 배당소득세가 발생합니다.

캐나다 배당금 유형(Types of Dividend in Canada)

캐나다의 배당금은 '적격 배당(Eligible Dividend)'과 '비적격 배당(Non-Eligible Dividend)'으로 나뉩니다.

'적격 배당(Eligible Dividend)'은 일반 법인세율(연방 및 주 세율 합산 약 26~31%)로 과세된 소득에서 지급되는 배당을 말합니다. 보통 상장기업이나 대기업에서 지급하는 배당이 여기에 해당합니다.

'비적격 배당(Non-Eligible Dividend)'은 상대적으로 낮은 중소기업 법인세율(연방 및 주 합산 약 12~13%)로 과세된 소득에서 지급되는 배당을 말합니다. 대표적으로 $500,000 미만의 사업소득(Active Business Income)에서 지급되는 배당이 여기에 해당합니다.

이 구분이 중요한 이유는 각 유형의 따라 적용되는 증액(Gross-Up)과 배당세액공제(Dividend Tax Credit)가 다르기 때문입니다.

따라서, 유산(Estate)이 부담해야 할 총 세금은 $6,610,000에서 $7,450,000 사이가 됩니다. 같은 주식에 대해 한 번은 양도소득세로, 한 번은 배당소득세로 과세되는 것입니다.

여기에, 만약 김가네 한정식 법인이 보유한 투자 자산을 처분할 경우, 법인 차원에서 양도소득세가 부과됩니다. 이것이 3차 과세입니다.

예를 들어, 법인이 30년 전 $200,000에 매입한 토지(Land)를 $1,500,000의 가격으로 매각할 경우, 법인은 $1,300,000의 양도소득에 대해 법인세를 납부해야 합니다. 투자소득에 대한 법인세율은 BC주 기준 약 50.67%입니다. 이는 약 $329,355의 법인세를 의미합니다.

이러한 삼중 과세 구조는 한 평생 쌓아온 사업 자산의 상당 부분이 세금으로 사라지는 결과로 이어질 수 있습니다. 따라서 치밀한 사전 계획과 사후 세무 전략(Post-Mortem Tax Planning)이 반드시 필요합니다.

사후 세무 전략 1: 손실 이월 전략(Loss Carryback Strategy)

캐나다 소득세법 Section 164(6)은 누진세율 유산(Graduated Rate Estate, GRE)이 첫 과세 연도(Estate's First Taxation Year)에 실현한 순 양도손실(Net Capital Loss)을 고인의 최종 소득세 신고서(Terminal Tax Return of the Deceased)에 소급 적용하여 양도소득(Capital Gains)을 차감할 수 있도록 허용합니다. 이 규정을 활용한 것이 바로 '**손실 이월 전략(Loss Carryback Strategy)**'입니다.

손실 이월 전략의 핵심은 유산(Estate)이 주식을 법인에 환매(Share Redemption)하는 대가로 받은 간주 배당금(Deemed Dividend)과 그 과정에서 발생하는 양도손실(Capital Loss)을 활용하는데 있습니다.

- **1단계: 사망 시 간주 처분.** 김 할아버지가 사망하면, 김가네 한정식 주식은 사망 시점의 공정시장가치인 $10,000,000에 처분된 것으로 간주됩니다. 주식의 원래 취득원가(Paid-Up Capital, PUC)는 $100이므로, 양도소득은 $9,999,900입니다. 캐나다 소득세법상 양도소득의 50%만 과세소득에 포함되므로, 과세 대상 양도소득은 $4,999,950이고, 여기에 BC주 최고 세율(53.50%)을 적용하면 약 $2,675,000의 양도소득세가 발생합니다.
- **2단계: 유산의 주식 취득.** 유산(Estate)은 이 주식을 $10,000,000의 취득원가로 받습니다. 여기서 말하는 유산이란 반드시 고인 사망 후 설립되는 '누진세율 유산(Graduated Rate Estate, GRE)'이어야 합니다.
- **3단계: 주식 환매와 간주 배당.** 유산이 주식을 환매(Share Redemption)할 때 법인으로부터 그 대가로 $10,000,000를 받습니다. 주식의 납입자본금(Paid-Up Capital, PUC)은 $100이므로, Section 84(3)에 따라 $9,999,900가 간주 배당(Deemed Dividend)으로 취급됩니다.

- **4단계: 양도손실 발생.** 캐나다 소득세법은 유산(Estate)이 주식을 환매 할 때 주식을 처분한 것으로 간주하여 처분 대가(Share Redemption Proceeds)를 산정하도록 규정하고 있습니다. Section 54의 "처분 대가(Proceeds of Disposition)" 정의에 따르면, 주식 환매 시 주식의 납입자본금(PUC)을 의미합니다. 즉, 유산의 주식 처분 대가는 $100입니다. 유산의 주식 취득원가가 $10,000,000이므로, 양도손실(Capital Loss)은 $9,999,900입니다. 이것이 손실 이월 전략의 핵심 메커니즘입니다. 간주 배당(Deemed Dividend) 금액은 소득세법상 처분 대가(Proceeds of Disposition)에 포함되지 않기 때문에, 유산은 높은 취득원가와 낮은 처분 대가의 차이만큼 양도손실(Capital Loss)을 실현하게 됩니다.
- **5단계: 손실의 소급 적용.** 이 양도손실을 고인의 최종 소득세 신고서에 소급 적용하여, 사망 시 발생한 양도소득 $9,999,900를 모두 상쇄합니다. 결과적으로 양도소득세 $2,675,000는 모두 공제되고, 배당소득세만 남게 됩니다.

2024년 세법 개정: 3년 규칙

2016년 이후 과세 연도부터는 '누진세율 유산(Graduated Rate Estate, GRE)'만이 손실 이월 전략을 활용할 수 있게 되었습니다. GRE는 일반적으로 사망 후 첫 36개월 동안만 존재할 수 있으며, 한 개인은 하나의 GRE만 가질 수 있습니다. GRE가 아닌 유산이 양도손실을 실현할 경우, 그 손실은 유산 자체에 고립되어 고인의 양도소득을 상쇄하는 데 사용할 수 없습니다.

실무적으로 이 전략의 가장 큰 제약은 시간적 한계였습니다. 유산의 첫 번째 과세 연도 내에 주식 환매를 완료하고 손실을 실현해야 했으며, 이는 보통 사망 후 12개월 이내를 의미했습니다. 유언 검인(Probate) 절차가 지연되거나 유언장이 다투어지는 경우, 이 기한을 맞추기가 매우 어려웠습니다.

2024년 세법 개정안은 이 문제를 크게 완화했습니다. 이제 누진세율 유산(Graduated Rate Estate, GRE)은 36개월 과세 연도 동안 실현된 양도손실을 고인의 최종 소득세 신고서에 소급 적용할 수 있습니다. 이는 사후 세무계획을 실행할 수 있는 시간을 사실상 3년으로 연장한 것으로, 유산 관리인에게 훨씬 더 많은 유연성을 제공합니다.

손실 억제 규칙(Stop-Loss Rules)의 함정

손실 이월 전략(Loss Carryback Strategy)을 실행할 때 반드시 고려해야 할 것이 **'손실 억제 규칙(Stop-Loss Rule)'**입니다. Section 112(3)은 자본배당계정(Capital Dividend Account, CDA)에서 비과세 자본배당금(Tax-Free Capital Dividend)이 분배되는 경우, 분배된 배당금만큼 양도손실(Capital Loss)이 감소된다고 규정하고 있습니다. 이는 양도소득을 상쇄하기 위해 활용될 수 있는 양도손실을 사실상 축소하는 효과를 줍니다.

그러나 2016년 이후 도입된 Section 112(3.2)는 GRE에 대해 특별한 구제 조치를 제공합니다. 이 조항은 GRE가 첫 과세 연도(2024년 세법 개정안 이후 36개월 과세 연도)에 실현한 양도손실에 대해, 손실 억제 규칙이 적용되더라도 최소한 고인의 사망 시 실현된 양도소득의 50%까지는 상쇄할 수 있도록 보장합니다.

다행히, 손실 억제 규정(Stop-Loss Rule)을 피하기 위한 방법은 바로 50% 해결책(The 50 Percent Solution)입니다. 이 방법에서는 자본배당계정(Capital Dividend Account, CDA) 잔액의 50%만을 비과세 자본배당(Tax-Free Capital Dividend)으로 지급하여 주식을 환매(Share Redemption)하는데 사용하도록 합니다.

자본배당계정(Capital Dividend Account, CDA)이란?

자본배당계정(CDA)은 캐나다의 비상장 기업(Canadian-Controlled Private Corporation, CCPC)에만 존재하는 매우 특별한 세무상 기록형 계좌(Notional Account)입니다. 이는 실제 은행 계좌가 아니라, 법인이 주주에게 비과세로 배당할 수 있는 한도를 기록해 두는 장부상의 계좌입니다.

일반적으로 주주가 배당금을 받을 때는 개인 소득세를 내야 하지만, 자본배당계정(CDA)에서 받은 배당금은 비과세(Tax-free Capital Dividend)로 받을 수 있습니다.

자본배당계정(CDA)에 포함(누적)되는 항목은 다음과 같습니다. 첫째, 법인이 부동산이나 주식을 처분하여 얻은 양도소득(Capital Gains)의 비과세 부분입니다. 캐나다에서는 양도소득의 50%만 과세되므로, 나머지 50%가 CDA에 추가됩니다. 둘째, 법인이 수령한 생명보험금에서 조정된 취득원가(Adjusted Cost Base, ACB)를 차감한 순수익 부분입니다.

즉, "법인이 세금을 내지 않고 번 소득을 주주도 세금 없이 가져가게 해주는 통로"라고 이해하시면 됩니다.

김가네 한정식의 예시로 구체화해 보겠습니다. 법인이 김 할아버지의 생명보험금으로 $2,000,000를 받아 자본배당계정(Capital Dividend Account, CDA)에 추가되었다고 가정합니다. 일반적인 방법에서는 주식을 환매하는 과정에서 $2,000,000 전체를 비과세 자본배당(Tax-Free Capital Dividend)으로 주주(Shareholder)에게 지급했을 것입니다. 그러나 50% 해결책에서는 $1,000,000를 비과세 자본배당(Tax-Free Capital Dividend)으로, 나머지 $1,000,000은 과세 배당(Taxable Dividend)으로 지급하게 됩니다.

이렇게 하면 손실 억제 규정(Stop-Loss Rule)이 적용되지 않아 전체 양도손실(Capital Loss)을 사망 시 간주 처분으로 발생하는 고인의 양도소득(Capital Gains)을 상쇄하는데 사용할 수 있습니다. 또한 GRE에 대한 50% 보호 조항이 작동하여, 최소한 고인의 양도소득의 50%는 손실로 인정될 수 있습니다. 물론 $1,000,000 과세 배당(Taxable Dividend)에 대한 배당소득세가 발생하지만, 이는 양도소득세를 납부하는 것보다 때론 낮을 수 있습니다. 아울러, 자본배당계정(CDA) 잔액의 50%를 보존할 수 있어 향후 다른 주주들이나 상속인들이 비과세로 배당금을 받을 수 있게 됩니다.

손실 이월 전략(Loss Carryback Strategy)을 고려할 때 법인의 '환불가능 배당세(Refundable Dividend Tax On Hand, RDTOH)' 잔액을 반드시 확인해야 합니다. 2019년 과세 연도부터 RDTOH는 두 개의 별도 계정으로 분리되었습니다: '적격 RDTOH(Eligible RDTOH, ERDTOH)'와 '비적격 RDTOH(Non-Eligible RDTOH, NERDTOH)'입니다.

RDTOH 시스템은 투자소득에 대해 법인이 선납한 세금을 배당금 지급 시 환급받을 수 있도록 설계되어 있습니다. 쉽게 말해, 법인이 배당금을 지급하면, 배당액의 38.33%에 해당하는 금액까지 RDTOH 잔액에서 환급받을 수 있습니다.

김가네 한정식의 예를 들어보겠습니다. 법인이 $1,160,000의 NERDTOH 잔액을 보유하고 있다고 가정합니다. 유산이 $3,000,000 상당의 주식을 환매하면, $2,999,900의 간주 배당(Deemed Dividend)이 발생합니다(PUC $100 차감). 이 배당금 지급으로 인해 법인은 약 $1,150,000의 배당 환급액(Dividend Refund)을 받을 수 있습니다($2,999,900 × 38.33%).

이 환급액은 유산이 배당소득세로 납부해야 할 금액과 거의 같습니다. 비적격 배당의 최고세율이 47.74%이므로, 유산은 $2,999,900 배당에 대해 약 $1,432,000의 배당소득세를 납부해야 합니다. 그러나 양도소득세 $2,675,000가 완전히 공제되고, 법인은 $1,150,000를 환급 받음으로, 전체적인 면에서 절세 효과를 볼 수 있습니다.

따라서 법인이 상당한 RDTOH 잔액을 보유하고 있는 경우, 손실 이월 전략은 매우 효과적일 수 있습니다. RDTOH 환급이 유산의 배당소득세 부담을 일부 상쇄하기 때문입니다.

실무적 고려사항

손실 이월 전략을 실행할 때 몇 가지 중요한 고려사항이 있습니다.

첫째, 손실 이월 전략은 자산별(Asset-by-Asset Basis)로 이루어집니다. 즉, 유산이 여러 자산을 보유하고 있는 경우, 어떤 자산의 손실을 고인의 최종 소득세 신고서로 소급할지 결정해야 합니다.

둘째, 유언 집행자는 손실 이월 전략을 활용하기 위해 GRE의 첫 과세 연도 신고 기한까지 또는 고인의 최종 소득세 신고서 기한 중 늦은 날짜까지 Regulation 1000에 규정된 양식을 제출해야 합니다. 유산의 첫 과세 연도의 양도소득과 양도손실 명세서또한 첨부해야 합니다.

셋째, 고인의 최종 소득세 신고서로 소급된 양도손실은 오직 사망 연도의 양도소득을 상쇄하거나 사망 연도의 기타 소득을 상쇄하는데만 활용이 가능합니다(Income Tax Act, Section 164(6)(f)).

넷째, 손실 이월 전략은 주식 환매뿐만 아니라 다른 상황에서도 활용될 수 있습니다. 예를 들어, 유산이 보유한 상장 주식의 가치가 사망 후 하락한 경우, 이를 매각하여 실현된 양도손실을 고인의 사망 시 양도소득을 상쇄하는데 사용할 수 있습니다. 또한 파트너십 지분이나 외국 법인 주식에 대해서도 유사한 전략을 사용할 수 있습니다.

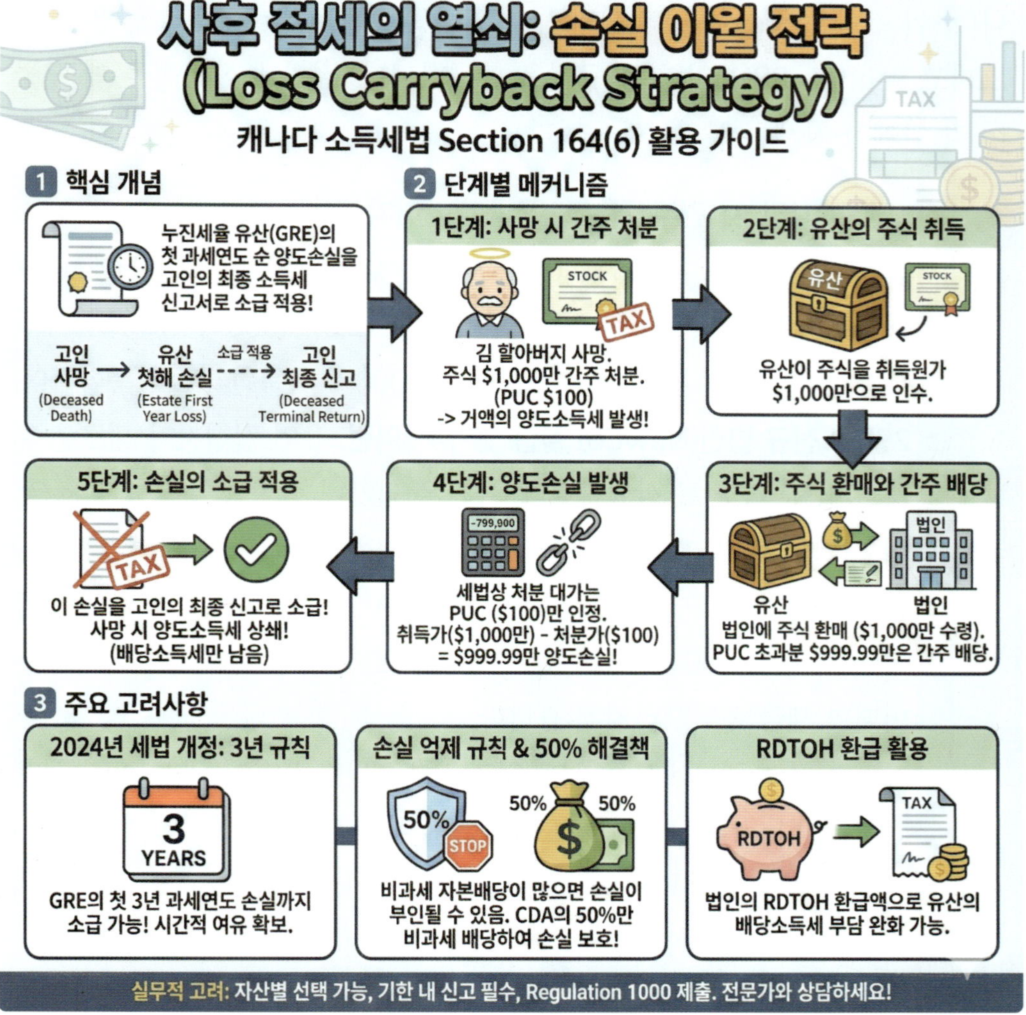

사후 세무 전략 2: 파이프라인 전략(Pipeline Strategy)

'파이프라인 전략(Pipeline Strategy)'은 이중 과세 문제를 해결하는 또 다른 강력한 방법입니다. 이 전략의 핵심은 법인 잉여금(Corporate Surplus)을 배당금이 아닌 대출금 상환(Loan Repayment)의 형태로 인출함으로써, 배당소득세를 완전히 회피하고 오직 사망 시 발생한 양도소득세만 납부하도록 하는 것입니다.

파이프라인 전략은 복잡해 보이지만, 그 원리를 이해하면 매우 논리적입니다. 이 전략은 Section 85(1)의 세금 이연 규정, Section 87의 합병 규칙, 그리고 Section 88(1)의 청산 규정을 활용합니다. 김가네 한정식을 예로 들어 각 단계를 자세히 살펴보겠습니다.

- **1단계: 사망 시 간주 처분.** 김 할아버지가 2026년 1월에 사망하면, 김가네 한정식 주식($10,000,000 가치, $100 취득원가)에 대해 $9,999,900의 양도소득이 발생하고, 약 $2,675,000의 양도소득세가 부과됩니다. 유산은 이 주식을 $10,000,000의 취득원가로 취득합니다.
- **2단계: 신규 법인(NewCo) 설립 및 주식 이전.** 유언 집행자가 새로운 지주회사(NewCo)를 설립합니다. 유산은 김가네 한정식 주식을 NewCo에 이전하고, 그 대가로 $10,000,000의 약속어음(Promissory Note)을 받습니다. 이 거래는 Income Tax Act Section 85(1)에 따라 세금 이연 방식(Tax-Deferred Rollover)으로 진행되므로, 이 단계에서는 어떠한 세금도 발생하지 않습니다.

  Section 85(1)에서는 양도인과 양도받는 법인이 공동으로 선택(Joint Election)하여 양도 대가를 취득원가로 설정할 수 있습니다. 이 경우, 유산과 NewCo는 양도 대가를 $10,000,000로 선택하여, 유산이 추가적인 양도소득을 실현하지 않도록 합니다.

  여기서 중요한 점은 약속어음의 구조입니다. 약속어음은 회사법상 적법한 부채여야 하며, 합리적인 이자율과 상환 일정을 담고 있어야 합니다. Section 85(1)(g)에 따른 부채 한도 또한 준수해야 합니다.
- **3단계: 1년 대기 기간.** 김가네 한정식은 NewCo와 합병하기 전에 최소 1년 동안 계속 영업 활동을 유지해야 합니다. 이는 캐나다 국세청(CRA)이 파이프라인 전략을 인정하기 위한 핵심 요건입니다. 캐나다 국세청(CRA)은 단순한 "현금 법인(Cash Corporation)"이 되는 것을 허용하지 않습니다.

- **4단계: 합병(Amalgamation).** 1년이 지난 후, NewCo와 김가네 한정식을 합병하여 새로운 법인(FusionCo)을 만듭니다. Section 87에 따른 합병은 세법상 두 법인이 하나의 새로운 법인으로 지속되는 것으로 간주됩니다. 합병의 대안으로 김가네 한정식을 청산(Wind-Up)하여 NewCo로 자산을 이전하는 방법도 있습니다. Section 88(1)에 따른 청산도 세법상 롤오버로 처리될 수 있습니다. 어느 방법을 사용하든, 결과는 동일합니다. 이제 하나의 법인(FusionCo)이 김가네 한정식의 모든 자산($10,000,000)을 보유하게 됩니다.

  합병 단계에서 중요한 것은 자산 평가 증액(Step-Up) 가능성입니다. Income Tax Act, Section 88(1)(d)는 특정 조건하에서 법인의 비감가상각 자본 자산(Non-Depreciable Capital Property)의 취득원가를 공정시장가치로 증액할 수 있도록 허용합니다. 이는 파이프라인 전략과 결합될 때 특히 강력합니다.
- **5단계: 점진적 대출 상환.** FusionCo는 이제 유산에게 빚진 $10,000,000의 약속어음(Promissory Note)을 상환해야 합니다. 그러나 캐나다 국세청(CRA)은 이 상환이 즉시 일시불로 이루어지는 것을 허용하지 않습니다. 상환은 점진적으로 이루어져야 합니다.

김가네 한정식의 경우, 총 일정은 다음과 같을 수 있습니다:

- 1년차 (사망 후 1년): NewCo 설립, 주식 이전, 김가네 한정식 정상 운영 유지.
- 2년차 (사망 후 2년): 합병 실행, FusionCo 형성.
- 3년차 (사망 후 3년): 분기별로 $2,500,000씩 약속어음 상환 (총 4회).

이것이 파이프라인 전략의 핵심입니다. 유산이 FusionCo로부터 받는 $10,000,000는 배당금이 아니라 대출금 상환입니다. 대출금 상환은 과세 대상이 아닙니다. 대출을 해준 사람이 원금을 돌려받는 것은 소득이 아니기 때문입니다.

따라서 유산은 $10,000,000 전체를 배당소득세 없이 받게 됩니다. 유일하게 납부된 세금은 김 할아버지의 사망 시 발생한 양도소득세 $2,675,000입니다. 실효세율은 26.76%로, 손실 이월 전략에서 배당소득세를 납부할 때의 47.74%나 39.34%에 비해 현저히 낮습니다.

- **6단계: 법인 청산.** 약속어음이 완전히 상환되면, FusionCo는 더 이상 자산이 없거나 미미한 자산만 보유하게 됩니다. 이 시점에서 FusionCo를 청산할 수 있으며, 가치가 거의 없으므로 과세 배당이나 양도소득이 발생하지 않습니다.

사후 세무 전략 3: 법인 자산의 가치 재평가, 스텝업 전략 (Step-Up Strategy)

'스텝업 전략(Step-Up Strategy)'은 파이프라인 전략과 함께 사용될 수 있으며 법인이 보유한 자산을 처분할 때 발생하는 양도소득세(법인세)를 완화하는데 목적이 있습니다.

김가네 한정식의 상황을 다시 한번 보겠습니다. 법인이 30년 전 $200,000에 취득한 토지(Land)를 현재 $1,500,000에 매각한다면, $1,300,000의 양도소득이 발생합니다. 이 중 50%인 $650,000이 과세 소득이 되며, 투자소득(Investment Income)에 대한 법인세율(BC주 기준 약 50.67%)을 적용하면 약 $329,355의 법인세가 발생합니다.

이 법인세는 주주의 양도소득세나 유산의 배당소득세와는 별개로 법인 차원에서 먼저 신고 및 납부되어야 합니다.

스텝업 전략은 이 문제를 해결합니다. Income Tax Act, Section 88(1)(d)는 법인 자산의 가치를 세금 목적상 공정시장가치(Fair Market Value, FMV)로 재평가하는 것을 허용합니다. 다만, 이 전략은 토지(Land)와 같은 비감가상각 자본 자산(Non-Depreciable Capital Property)에만 적용됩니다.

이 전략은 일반적으로 캐나다 법인(모회사)이 자회사 주식의 90% 이상을 소유하고 자회사가 해산(Wound-Up)될 때 적용됩니다. 예를 들어, 김 할아버지의 유산(Estate)은 김가네 한정식 법인 주식을 새로운 법인(NewCo)에 이전하고, NewCo는 유산에 약속어음(Promissory Note)을 발행합니다. 그 후 김가네 한정식 법인은 NewCo로 해산됩니다. 이 과정에서 김가네 한정식 법인 내 자산의 가치가 재평가되어, 해당 자산 매각 시 양도소득이 발생하지 않으며, 약속어음 상환을 통해 유산에 세금 없이 매각 자금이 지급될 수 있습니다.

결론: 김가네 한정식 사례가 주는 교훈

김가네 한정식의 사례는 이민 1세대 창업주들이 겪는 가업승계의 어려움과 그 해결책을 보여줍니다. 김 할아버지가 30년간 땀 흘려 일구어낸 $10,000,000의 자산은, 아무런 사후 세무 전략(Post-Mortem Tax Planning) 없이 상속될 경우 이중 또는 삼중 과세로 인해 $6,000,000에서 $7,500,000의 세금이 부과될 수 있습니다.

그러나 손실 이월 전략(Loss Carryback Strategy)을 활용하면 양도소득세를 일부 상쇄할 수 있게 됩니다. 파이프라인 전략(Pipeline Strategy)을 활용하면 배당소득세를 피할 수 있게 됩니다. 스텝업 전략(Step-Up Strategy)을 활용하면 비감가상각 자산 매각 시 법인에게 부과될 수 있는 양도소득세(법인세)를 최소화할 수 있게 됩니다.

김가네 한정식의 이야기는 캐나다 한인 사회의 많은 1세대 창업주들이 직면할 수 있는 현실입니다. 이들이 평생 일구어낸 자산이 다음 세대에게 온전히 전달될 수 있도록 치밀한 계획이 필요합니다.

•• 마무리하며:
국경을 넘는 지혜, 세대를 잇는 마음

평생에 걸쳐 쌓아 올린 삶의 결실을 사랑하는 이들에게 온전히 전하고자 하는 마음은 누구나 같을 것입니다. 다만, 우리의 삶과 자산이 여러 나라에 흩어져 있을 경우, 그 마음이 온전히 전달되기 위해서는 국경이라는 현실의 장벽을 넘어야만 합니다.

우리는 한국, 미국, 캐나다의 상속세 규정을 한인 이민자의 관점에서 살펴보았습니다. 어찌 보면 국경을 넘나드는 상속 계획은 소수의 사람들에게만 해당되는 문제처럼 보일 수 있습니다.

그러나 우리가 잊지 말아야 할 것은, 재산이 어느 나라에 있든 그것은 모두 우리 부모님이 피땀 흘려 일구어낸 소중한 자산이라는 점입니다. 대한민국 역사상 오늘날처럼 전 세계에 걸쳐 우리 국민의 자산이 축적된 시기는 없었습니다. 그리고 그 자산이 다음 세대로 넘어가고 있는 이 중요한 시기에, 우리가 할 수 있는 것은 부모님의 재산이 불필요하게 다른 국가의 세금과 비용으로 소멸되는 것을 막는 것입니다.

이는 단순히 한 가정의 재산을 지키는 문제가 아닙니다. 우리 다음 세대의 기반을 구축하는 일이며, 더 나아가 대한민국의 국력을 지키는 일이기도 합니다.

부디, 우리 모두가 함께 부모님의 소중한 유산을 계승하고 발전시켜, 힘과 부가 세상을 좌우하는 이 혼란스러운 시대에 더욱 강한 대한민국을 세울 수 있기를 진심으로 바랍니다.

김시현 변호사 (캐나다, 미국)

김준식 세무사 (대한민국)

저자 약력

김시현

변호사 (British Columbia, Ontario, New York)

University of British Columbia, B.A. International Relations (외교정치학)

McGill University Faculty of Law, B.C.L., LL.B. (법학전문대학원)

École du Barreau du Québec (퀘벡주 사법연수원)

김준식

세무사(대한민국)

세무법인 택스월드

한국세무사회

자문위원회 위원

성년후견센터장(전)

윤리위원회 상임위원(전)

울산가정법원 후견감독 사무 상담위원

울산과학대학교 겸임교수(전)

울산지방검찰청 형사조정위원, 검찰시민위원(전)

국제로타리 3721지구 총재(2017-18)

(재)한국로타리장학문화재단 관명장학의 인

정기 간행물 「작은 역할」 발행인(전)

Email: taxworld2001@naver.com

국경을 넘나드는 상속과 세금

초판발행 2026년 2월 12일

지은이 김시현·김준식
펴낸이 안종만·안상준

편 집 나세현
기획/마케팅 정성혁
표지디자인 BEN STORY
제 작 고철민·김원표

펴낸곳 (주) 박영사
서울특별시 금천구 가산디지털2로 53, 210호(가산동, 한라시그마밸리)
등록 1959.3.11. 제300-1959-1호(倫)
전 화 02)733-6771
f a x 02)736-4818
e-mail pys@pybook.co.kr
homepage www.pybook.co.kr
ISBN 979-11-303-9902-7 03360

정 가 30,000원